EUROPAVERLAG**BERLIN**

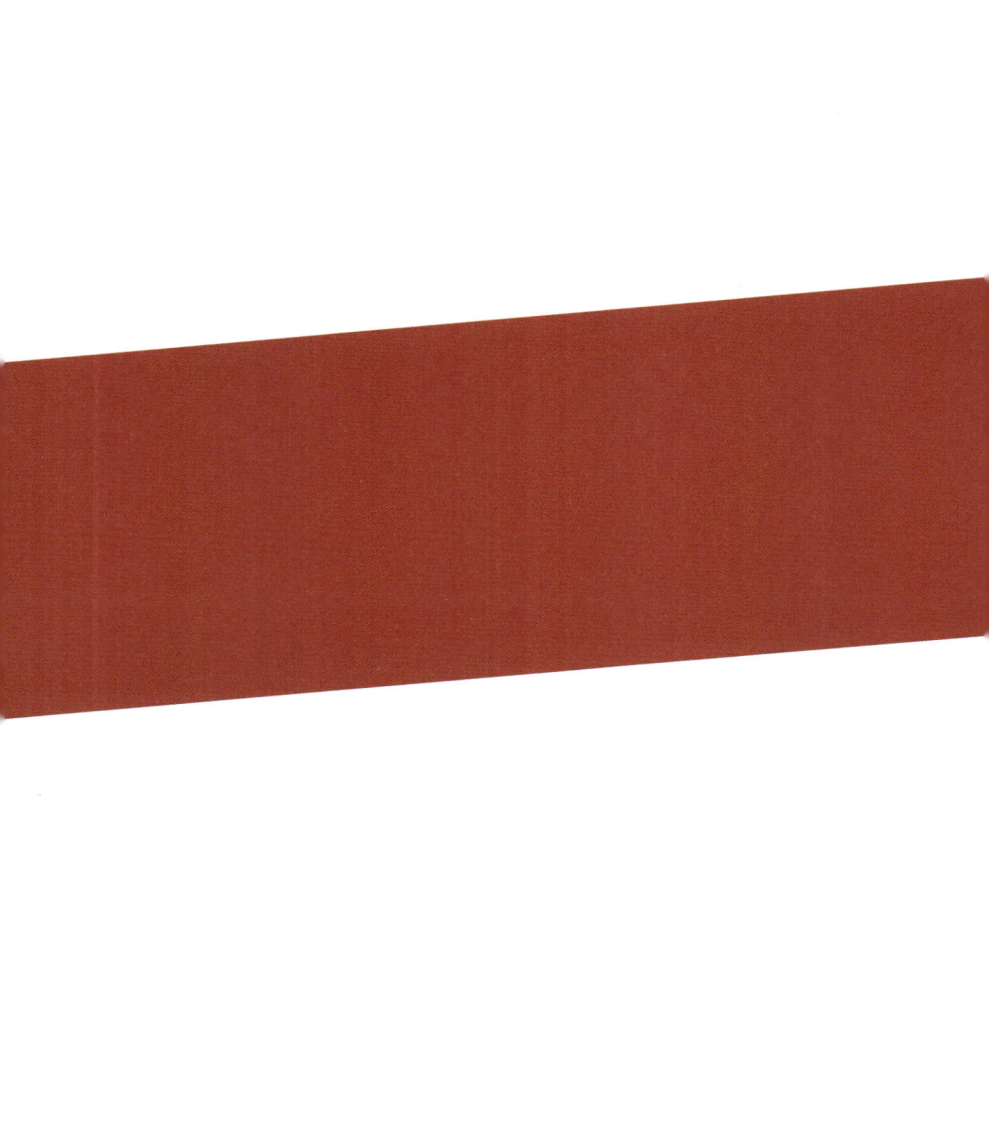

MATTHIAS KESSLER

EINE ABRECHNUNG

DIE WAHRHEIT ÜBER ADOLF HITLERS »MEIN KAMPF«

EUROPAVERLAGBERLIN

Editorischer Hinweis des Verlags:
Die Originalpassagen wurden in der alten Rechtschreibung belassen.

© 2015 Europa Verlag GmbH & Co. KG, Berlin · München · Wien
Umschlaggestaltung: Hauptmann & Kompanie Werbeagentur, Zürich,
unter Verwendung eines Motivs von © Popperfoto/Kontributor/Getty Images
Lektorat: Palma Müller-Scherf
Innenlayout und Satz: BuchHaus Robert Gigler, München
Druck und Bindung: cpi Clausen & Bosse, Leck
ISBN 978-3-944305-94-3

In Erinnerung an Stéphane Hessel.
Sein Brevier *Empört Euch!* feuerte mich
aus meinen Zweifeln heraus.

In Erinnerung an meinen Vater Günter.

INHALT

21 Jahre Kampf um Deutschland

AUFN.: HEINRICH HOFFMANN

1914
Der Mann in der Menge

1916
Herzblut für Deutschland

1921
Einer gegen eine Welt

1923
Die Hoffnung der Besten

1923
Kampf um die Macht

1924
Die Fahne der Zersprengten

1925
Sammlung der Nation

1932
Deutschland mit Ihm

1935
Ein Volk, ein Führer

Adolf Hitler, Porträts von Heinrich Hoffmann

DIE REISE BEGINNT

»Es fordert Blut! Blut, sagt man, fordert Blut!«

»Strauchelt der Gute und fällt der Gerechte,
Dann jubilieren die höllischen Mächte.«

»… in die Brust die böse Saat,
Aber dem Menschen gehört die Tat.«*

Das schmale, hellblaue Büchlein aus dem Jahr 1929 wird die ganze Zeit neben *Mein Kampf* liegen.

Diese Bannsprüche habe ich gleich zu Beginn in Hitlers Buch geschrieben. Schillers Kraft und Shakespeares Eleganz, ihre klaren Gedanken, sollen mich vor Hitlers Dämonie der Phrase beschützen, vor seinem Pathos, und mir helfen, nicht den Verstand zu verlieren: damit es gelingt, seine Physik des Bösen restlos zu dekuvrieren, also zu enthüllen.

---

* William Shakespeares *Macbeth*. Zur Vorstellung auf dem Hoftheater zu Weimar eingerichtet und bearbeitet von Friedrich Schiller

MEIN GEPÄCK

I

»… Es gibt keinen Schlussstrich in der Geschichte. In keiner. … Aber Auschwitz ist nun mal passiert. … Dieser Teil unserer Geschichte ist in seiner Abartigkeit so einzigartig, dass er gar nicht vergessen werden kann. …« Das sagte Anja Reschke in den *Tagesthemen* zum Auschwitz-Gedenken 2015.

Sie spricht mir aus der Seele, und ich danke ihr dafür. Auch ich zähle zur dritten Generation. Auch ich war nicht dabei, was mir bei mancher Diskussion aufs Butterbrot geschmiert wurde. »Du hast kein Recht zu urteilen! Du warst nicht im Krieg! Du weißt nicht, wie das ist!« Mit diesen Totschlagargumenten wurde ich abgekanzelt. Wollte ich urteilen? Nein. Ich wollte verstehen. Ich wollte was erfahren, was Ehrliches. »Und außerdem muss ich ja die Henne nicht kennen, um zu wissen, ob mir ihr Ei schmeckt«, frechte ich dann zurück. »Du hast keinen blassen Schimmer, was Krieg bedeutet!« Damit war jede Diskussion sinnlos und beendet.

Als ich einmal in Auschwitz-Birkenau eine Filmsequenz drehte, fragte ich den uns von der Gedenkstätte zur Seite gestellten Begleiter, ob man hier Deutsch sprechen dürfe. Er bejahte. Indes wollte ich die Sprache der Täter nicht an diesem Ort aus meinem Mund hören, so sehr schämte ich mich. Mit seinem

Wiener Schmäh holte mich mein wunderbarer Kameramann Harald aus meiner Schockstarre. Er meinte trocken: »Geh, mein Freund, jetzt müssen wir aber was drehen.« Und dann gelang ihm ein anspruchsvoller Schwenk mit gleichzeitigem Zoom und einer Schärfenverlagerung aus dem Inneren der Frauenbaracke durchs Fenster auf den Appellplatz. Er albtraumte mit seiner Kamera ein Bild, das wiedergab, was wir empfanden: einen anderen Planeten. Der Film porträtiert Emilie Schindler und ihren Mann Oskar, der 300 Frauen seiner Krakauer Belegschaft aus Auschwitz freikaufte und damit rettete. Aus dieser Hölle!

»Auschwitz? Auschwitz, das war wie Plaszow, ein anderer Planet«, hatte mir zuvor Dr. Moshe Bejski bei einem Interview in Tel Aviv erklärt. Was er damit sagen wollte, die Konstruktion des moralischen Supergaus, habe ich erst in Auschwitz begriffen; in Plaszow gibt es nichts mehr. Deshalb meine ich: Ein Besuch von Auschwitz und Birkenau gehört auf den Stundenplan jeder europäischen Schule.

Moshe Bejski, Richter in Israel und President of Yad Vashem's Righteous Commission. zählte sich zu den »Schindler-Juden«. Er mochte diesen Ausdruck. Und ich mochte ihn, der Oskar Schindler geholfen hatte. Moshe Bejski sorgte dafür, dass Oskar seinen Lebensabend bei seinen »Kindern« – so nannte Schindler jene, die auf seiner Liste standen – verbringen konnte. In Würde.

II

Darf man ein Buch über Hitler schreiben? Muss man da jemanden um Erlaubnis fragen? Die Bayerische Staatsregierung vielleicht? Ich weiß es nicht. Das darf auch keine Rolle spielen.

Was ich jedoch weiß, ist, dass wir Deutschen ein Volk von Spezialisten sind. Bei einem Casting zu DSDSD, »Deutschland sucht den Superdeutschen«, dürften die Kategorien »Wir sind

Fußball«, »Wir sind Baumarkt« und »Wir sind Auto« auf keinen Fall fehlen. Darin sind wir vermutlich die penetrantesten Kenner der Materie. So ähnlich verhält es sich auch in Sachen Adolf Hitler. Viele wissen wenig Gescheites, wenige wissen viel, aber alle wissen Bescheid. Am Anfang meiner Recherche fühlte ich mich wie ein Ertrinkender: im Ozean der Hitlerkenner, Hitlerdeuter und heimlichen Hitlerverehrer. Ja, diese Spezies gibt es immer noch. Vermutlich stirbt sie nie aus.

Aber: Was will ich? Die Idee für mein Buch ist eigentlich simpel. Ich lese gewissenhaft Hitlers *Mein Kampf*. Und zwar den ersten Band: *Eine Abrechnung*, der 1925 erschien; weil Hitler darin seinen persönlichen Werdegang und seinen Wertekanon beschreibt. Im zweiten Band, der später dazukam, porträtiert er *Die nationalsozialistische Bewegung*.

Ich lese *Mein Kampf* zum ersten Mal. Weil die Urheberrechte am 1. Januar 2016 auslaufen und das einen Wendepunkt markiert. Dann sind die Worte Hitlers – sozusagen – frei.

Was passiert mit mir, wenn ich das Buch lese? Was empfinde ich? Welche Fragen drängen sich mir auf? Gehe ich als Demokrat hinein und komme als Nazi heraus?

Ich bin ein Autor für alle und keinen. In der Politik und in den Medien existieren ja zahlreiche dissoziative Persönlichkeiten, die beständig um ihr eigenes Ich kreisen. Zu ihnen zähle ich mich nicht, weil ich nichts Besonderes bin oder sein will. Ich bin Mitte. Es gehört zu meinem Beruf, Ideen zu entwickeln, sie auszuführen und dann niederzuschreiben. Dabei bin ich auch auf die Hilfe von Experten, Zeitzeugen und Freunden angewiesen.

Den Titel *Mein Kampf* kennt die ganze Welt, beim Inhalt des Buches scheiden sich die Geister: Mehr Spekulation als Wissen rollt hier die Straße runter. Und darum geht es mir: Was steht denn nun drin? Ist es die Pforte zur Hölle oder dilettiert hier ein Soldat als Philosoph?

III

Für meine Expedition habe ich mir Regeln gegeben:

Erstens: Lesen, ohne gleich Schaum vorm Mund zu bekommen.

Zweitens: Wörter und Sätze auf mich wirken lassen.

Drittens: Gefährlich, aber notwendig: sich öffnen für die Wirkung.

Viertens: Es gibt einfache Fragen, aber keine einfachen Antworten.

Fünftens: Alles ist von Bedeutung, auch das Nebensächliche.

Sechstens: Ehrlich schreiben, was passiert, sonst ist es sinnlos.

Siebtens: Das Äußerste wagen und nicht aufgeben.

IV

Die Vorrecherche ist abgeschlossen. Morgen kaufe ich das Buch. Schnell ein letzter Schluck aus dem Hitlerozean: *Spiegel*-Serie von 1964, »Anatomie eines Diktators«. Der Autor Percy Ernst Schramm war ein honorabler Geschichtsprofessor, heute gilt er eher als apologetischer Geschichtskonstrukteur, weil er – so heißt es – Hitler zum Alleinschuldigen stilisiere, eine Pathologisierung zum größten Rattenfänger aller Zeiten, statt Gröfaz, größter Feldherr aller Zeiten, nun Grörazfaz. Also, mal hineinlesen in des Professors Anatomievorlesung: »Hitler faszinierte die Menschen durch seine knallblauen, immer schon leicht hervorstechenden strahlenden Augen, denen viele Besucher nicht standzuhalten vermochten. Hitler war sich dieser Einwirkung bewusst und pflegte den Menschen lange in die Augen zu schauen; dabei schlug er die Lider nur langsam nieder. … Hitlers Teint könnte als geradezu mädchenhaft bezeichnet werden; er war empfindlich gegen Sonne und Licht und hätte deshalb einer Sonnenbrille bedurft, trug sie aber nicht; belästigte ihn grelles Licht, hielt er die Hand vor die Augen. Auch Wärme und Föhn störten ihn. Hitler war schließlich gleichmäßig ergraut, wies aber keinen Ansatz zur Glatze auf. Sein Bartwuchs war nicht stark; er rasierte sich selbst und schnitt sich selten. Er hatte sorgfältig gepflegte, aber schlechte Zähne, und eine große Zahl war durch Brücken ersetzt. Hitler war sich dessen wohl instinktiv bewusst: Er hielt sich beim Lachen die Hand vor das Gesicht. … Wichtige Entscheidungen wälzte Hitler gewöhnlich lange in seinem Verstand hin und her; bei der letzten Entscheidung verließ er sich dann aber auf das, was er ›Instinkt‹ nannte – gemeint war: politische Hellsichtigkeit. In unwichtigen Angelegenheiten griff er, wenn der Verstand zu keiner Entscheidung führte, zu dem alten Mittel, eine Münze zu werfen und sich danach zu richten, ob ›Kopf‹ oder ›Wappen‹ oben lag. Doch war ihm Aberglauben völlig fremd. … Der Kreis der Vertrauten stand unter dem Eindruck, wie sehr der ›Chef‹ auf das Wohl seiner Umgebung bedacht war, wie er an ihrem Freud und Leid teilnahm, so überlegte er zum Beispiel vor den Geburtstagen, welches Geschenk dem Bedachten eine besondere Freude machen werde. … Ja, in seinem Kreise war Hitler, der Mensch ohne Familie und Freunde, ein guter ›Kamerad‹ – was Kameradschaft bedeutet, hatte er ja im Ersten Weltkrieg erlebt, und an dieser Erfahrung hielt er in seinem weiteren Leben fest. … Das war das eine Gesicht Hitlers, nicht gespielt, keine Tarnung, sondern echt. Aber dieser furchtbare Mann hatte noch ein zweites Gesicht, und dies hat er seiner Tafelrunde nicht gezeigt: es war gleichfalls echt. … In seinen Unterhaltungen sprach Hitler wohl davon, dass er den, der dies oder das verbrechen werde, selbst über den Haufen schießen wolle. Aber die Runde wußte, daß Hitler nie persönlich einen Schuß auf einen politischen Gegner abgegeben hatte, und nahm dies wohl als ›Rodomontade‹, als Aufschneiderei – ins Bayerische übersetzt, wäre zu sagen: ›er mache Sprüche‹. … Nie geht die Rechnung auf, wenn man den Menschen Hitler zu fassen versucht: Sein Kontakt mit Kindern und mit Hunden, seine Freude an Blumen und kultivierten Dingen, seine Bewunderung für schöne Frauen, sein Verhältnis zur Musik waren echt; ebenso echt war aber die mitleidlose, die ›eiskalte‹ – ein Lieblingswort Hitlers –, die alle moralischen Bedenken überspringende Konsequenz, mit der er die Gegner seiner Herrschaft und die, die er als virtuelle Gegner ansah, vernichtete. Diese beiden Gesichter waren die Ursache, weshalb Hitler so verschieden – die einen begeisternd, die anderen abstoßend – wirkte. Er konnte sie von einem zum anderen Augenblick auswechseln, so daß die eben noch Angezogenen, die eben noch Abgestoßenen sich nicht mehr zurechtfanden. Hitler, abwechselnd geleitet durch Verstand, durch Gemüt, durch dunkle Triebe, war hintergründiger, als je ein Mensch es war, der in die deutsche Geschichte einging.«

V

In der Nacht vor dem Kauf des Buches hatte ich einen Traum.

Mein Traum wirrte sich seinem Ziel zu, das spürte ich. Voller Verzweiflung wurde mir bewusst, dass mir nur noch wenig Zeit blieb. Aus dem Umherirren zwischen Menschenmassen auf einer längst vergangenen Wiesn wurde ein Running Wild: Frauen zuckten Charleston, Männer soffen, Kinder schrien. Ich stieß gegen Menschenmauern, taumelte, stürzte, kroch hindurch, stand auf, rannte weiter, meinen Sehnsuchtsort fest im Blick. In verwegener Hast löste ich ein Billet für dieses Fahrgeschäft. »Kommen Se rinn, da können Se rauskieken!«, lockte der Conférencier, kassierte mein Ticket und beförderte mich mit einem Stoß in eine schwarze venezianische Gondel. Bevor ich überhaupt denken konnte: »Was für eine Abartigkeit beginnt jetzt?«, klackte sich meine Gondel in die Zugkette ein. Mitgefangen, mitgehangen! Belehrungen aus meiner Jugend brachen sich Bahn. In meiner Gondel hockend, glitt ich vorwärts zum Vorhang. Tatataa! Welche Art von Welt wohl dahinter lag? Und sozusagen im letzten Moment, bevor ich ins angepriesene Entertainment eintauchen konnte, saß er neben mir, der Conférencier mit den stahlblauen Augen, und sprachspeichelte mir seine Losung mitten ins Gesicht: »In die Brust die böse Saat, aber dem Menschen gehört die Tat.« Wir waren im Innern angekommen, und bevor ich etwas erkennen konnte, brüllte er mich wach mit seinem: »Hallo! Willkommen in der Gespensterbahn!«

Adolf Hitler, Postkartenporträt von Heinrich Hoffmann
vor der Machtergreifung 1933, von der NS-Publizistik
nicht zur Veröffentlichung freigegeben

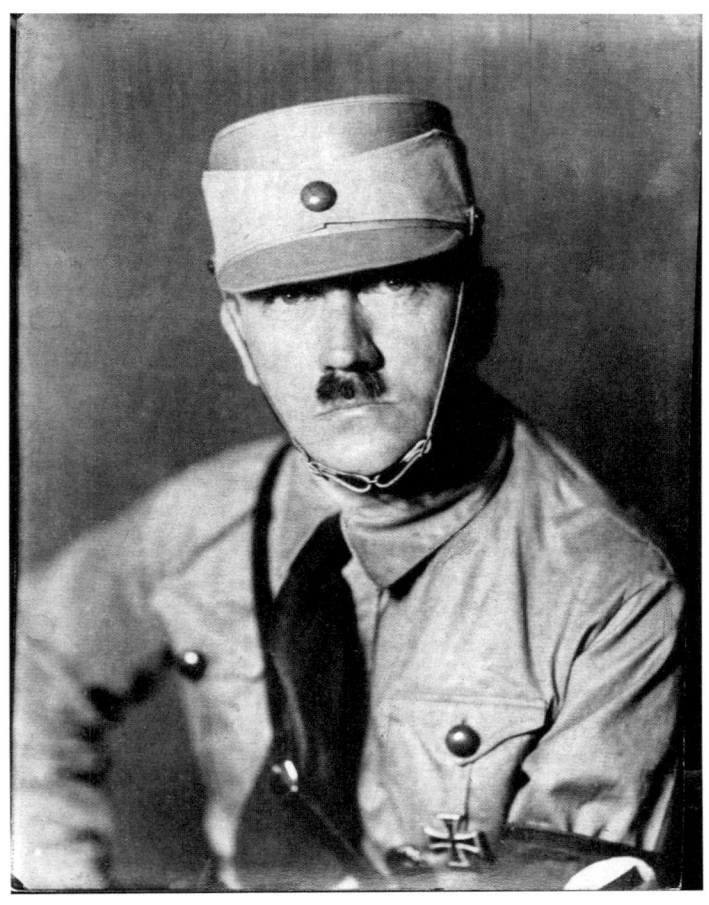

WILLKOMMEN IN DER GESPENSTERBAHN

I

Wie kauft man *Mein Kampf?* Darf man das? Kann man das einfach so heute in Deutschland? Nun, der Kauf einer antiquarischen Ausgabe von *Mein Kampf* ist nicht verboten, sondern nur der Nachdruck. Jeder seriöse Händler wird einen Nachweis fordern, für was das Buch verwendet werden soll.

Doch es ist etwas anderes, das mich gerade umtreibt. Ich bin wieder aus einer Parallelwelt aufgetaucht. Ich schalte schnell den Fernseher ein. Es ist Juni 2014.

Mein Kampf liegt vor mir auf dem Tisch. Klein. Blau. Eine Goldprägung ziert den Buchdeckel: ein Adler mit Lorbeerkranz. Darin das Hakenkreuz. Das Buch wirkt schlicht. Einmal gedreht: Auf dem Buchrücken, auch in Goldprägung: Adolf Hitler. MEIN KAMPF. In Fraktur. Die Schrift, in der damals gedruckt wurde. Später gab es Hochzeitsausgaben in Antiqua, wie auch heute noch gedruckt wird. Leichter zu lesen, für mich aber nicht so authentisch. Ich habe auf einer Fraktur-Ausgabe bestanden, denn ich will in diese Zeit eintauchen. Auf meiner Zunge bildet sich ein leicht pelziger Geschmack, was immer passiert, wenn ich in alten Büchern oder Urkunden stöbere. Das Buch riecht auch ein wenig muffig. Ich mache es schnell wieder zu; ich weiß bereits, dass auf Seite 2 sein Foto über seiner Signatur droht, einen seine Augen, die knallblauen, fixieren. Auf diesem Sepiaporträt sind sie natürlich dunkel. Egal.

Dann ein hauchdünnes, durchsichtiges Blatt, dahinter schimmern der Titel auf Seite 3 sowie die restlichen, urheberrechtlichen Daten des Verlages: 261./262. Auflage, 1937. Eine Standardausgabe. Das transparente Papier knistert beim Umblättern. Es ist beschnitten, kleiner als das Buchformat. Das verleiht der folgenden Seite, dem Titel oder dem Hitlerbild, etwas als geheimnisvoll zu Entdeckendes. Ich kann nicht glauben, was ich da schreibe, aber es ist so. Ich habe mir geschworen, ehrlich zu sein. Innere Stimmen treiben mich um, wollen nicht schweigen.

Mein Exemplar von *Mein Kampf*,
erworben in einem Militaria-Handel in München, 2014

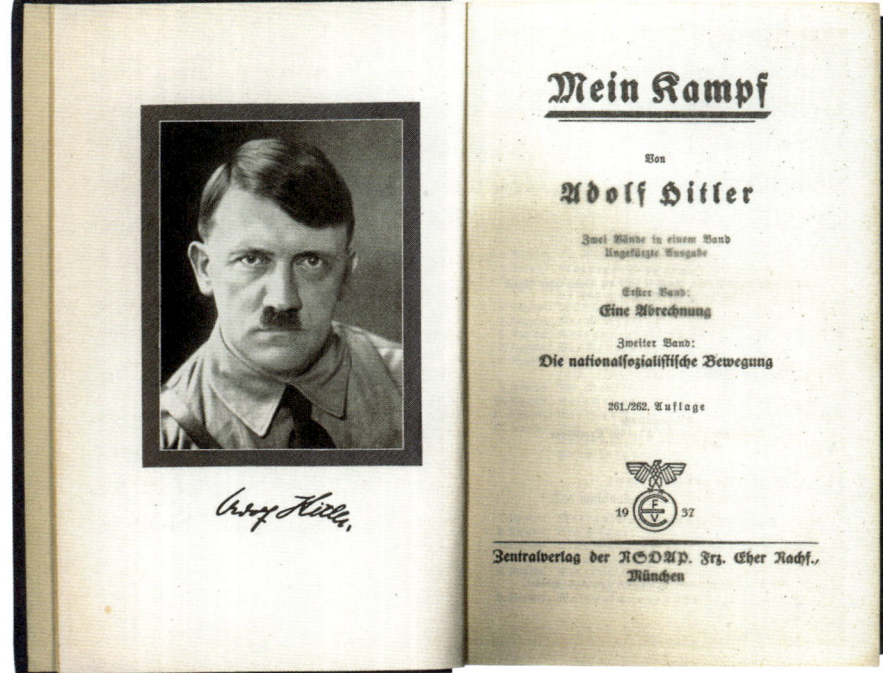

Darf ich das Buch überhaupt lesen? Bin ich dann ein Nestbeschmutzer? Nach so langer Zeit. Das ist doch alles vorbei. Du warst nicht dabei. Du hast kein Recht, dir über etwas eine Meinung zu bilden, was du nicht selbst erlebt hast. Lass es doch ruhen. Das ist alles schon längst aufgearbeitet. Schluss. Das macht doch keinen Sinn.

Doch, es macht Sinn: nicht wieder den gleichen Fehler zu begehen. Nicht zu schweigen. Nicht durch Verbieten zu mystifizieren. Es geht ums Dekuvrieren: Entlarven, als das, was es ist. Hitler war: Hass. Lüge. Manipulation. Hochmut. Neid. Raserei.

Mein Kampf liegt vor mir auf dem Tisch. Meine Hand darauf. Ich habe das dünne Papier zehnmal hin und her geblättert, und dann hat es mir etwas verraten: Jetzt, da deine heile Welt dem Abend zugeht, solltest du dir voller Furcht bewusst sein, dass dir nur wenig Zeit bleibt, diese Aufgabe zu bewältigen. Deshalb empfehle ich dir etwas Unerhörtes: Lies jedes Wort und jeden Satz und nimm alles ernst.

Das folgende Zitat stammt aus dem *Hexenhammer,* dem *Malleus Maleficarum,* einem Vorläufer von *Mein Kampf.* Hammer-Schriften sind Vernichtungsliteratur. Heinrich Kramer, der Inquisitor, schrieb: »Jetzt, da sich die Welt dem Abend zuneigt, ist sich der Teufel voller Wut bewusst, dass ihm nur noch wenig Zeit bleibt, deshalb hat er eine ungewohnt ketzerische Verworfenheit im Acker des Herrn emporwachsen lassen, die Ketzerei der Hexen.«

Danach wütete die Inquisition. Über Jahrhunderte hinweg.

Am 18. Juli 1925 erschien *Mein Kampf* zum ersten Mal. Der erste Band: *Eine Abrechnung.* Das Buch und sein Autor betraten die Weltbühne in einer Zeit des Chaos, und als das Reich der Finsternis und des Leids seinen Höhepunkt erreicht hatte, glaubten viele Menschen, dass Gott vor Hitler kapituliert habe.

Gott ist der Kuss zwischen Seele und Verstand. Wenn man nicht mehr küssen kann, kann man nicht mehr leben.

Es existiert ein unumstößliches Fundament der Moral: Das Gute kann ohne das Böse gefunden werden, das Böse ohne das Gute niemals, das ist gegründet auf Gottes Schöpfung, die in sich gut ist. Das entmenschlichte Adolf Hitler. Sein Wertekodex lautete: Recht ist schlecht und schlecht ist Recht. Fortzeugend produzierte *Mein Kampf* immer neues Böses, bis schließlich der Verfasser am 30. April 1945 mit seiner Frau Eva gemeinsam Selbstmord beging. »Der Chef brennt, ich hau jetzt ab!« Diese nichtoffizielle Stellungnahme aus dem Kreis des Führerbunker-SS-Personals benannte den Status quo des Tausendjährigen Reichs.

Nach dem Ende von Nazi-Entmenschlichung, politischer Verantwortungslosigkeit und grausamster Verbrechen startete die Entnazifizierung; der Wiederaufbau folgte, und dann kamen wir, die dritte Generation, die geburtenstarken Jahrgänge. Ich bin ein Kind der 1960er-Jahre. Mein Vater hatte Hitler noch gehört, im deutschen Jungvolk. Er war ein sogenannter Weißer Jahrgang. Im Dezember 1930 geboren. Meine beiden Großväter dienten in der Wehrmacht, kämpften in Russland und in Griechenland. Ich kenne ihre Sünden nicht. Ich war zu jung, um beharrlich ihre Geschichten einzufordern. Anders bei meinem Vater. Wir rangen miteinander, es ging um Ehrlichkeit; wir stritten, es ging um: »Warum erzählst du nie was vom Krieg?« Ich hasste ihn manchmal dafür, fürchtete, er verheimliche mir etwas, habe ein zweites Gesicht. Dem war nicht so. Es hatte einen anderen Grund. Er war gut zu mir, und während ich das schreibe, steckt mir ein Trauerkloß im Hals. Er starb so früh.

Das Buch vor mir. Unscheinbar. Es hat 90 Euro gekostet. Ich habe es zehn Euro günstiger bekommen, weil am Buchrücken eine Ecke fehlt. Ich halte es seit einer Stunde in der Hand. Vor drei Stunden war ich noch Herr meiner kleinen Welt.

Am Morgen hatte ich einen Termin in einem Militaria-Geschäft in Neuhausen, einem gutbürgerlichen Viertel in München.

Ich rumpelte mit einer alten Trambahn Richtung Rotkreuzplatz, der Holzsitz teilte mir die Straßenbeschaffenheit unmittelbar mit. Zu viel Luxus taugt nichts, dachte ich bei jedem Schlag, täuscht nur Bequemlichkeit vor, die es in Wirklichkeit gar nicht gibt.

Wer München kennt, liebt die Stadt oder hasst sie. Dazwischen gibt's nichts. Ich liebe das ursprüngliche München und seine Münchner, das zugreiste reiche Gschwerl hasse ich.

Ich komme darauf, weil neben der Tram ein Bentley-Cabriolet fuhr. Darin ein Mann am Krokolederlenkrad, der aufgeregt mit seinem goldenen Handy telefonierte. Ich kann es nicht verhehlen, ich freute mich, dass ich wenigstens höher saß und so seine hektischen Versuche, an der Tram vorbeizukommen, mitleidig belächeln durfte. Neben mir hockte eine ältere Dame mit Hütchen. Typ wandelnde Münchner Gschichten. Ich nickte in Richtung Fahrbahn, meinte, sie möge doch mal schauen. »Mei«, seufzte sie, »Geld ist gut, zu viel Geld ist gar nicht gut.« Das war zwar nicht die größte Weisheit unter der Sonne, doch sie fügte noch etwas Entscheidendes hinzu: »Meine Oma hat mal fünf Milliarden Mark besessen. Das war nur ein Schein, hat sie gsagt. 1923. Und dann hat sie noch gmeint: Kind, das war so gut wie nix wert. Die Reparationen, die Zinswucherer, die Spekulanten. Dann hat der Hitler geputscht. Is ins Gfängnis kommen, is wieder rauskommen und is dann an die Macht kommen. Mehr sag ich nicht, hat sie gsagt.«

Sie schwieg, schaute angestrengt nach draußen, der Bentley war schon außer Sicht. Als ich dann an ihr vorbei zum Ausstieg drängte, schraubstockte ihre zierliche Hand für einen Moment meinen Arm. »Respekt, das ist mal ein Griff«, raunte ich, und sie flüsterte mir mit kluger Sanftheit etwas zu, das mich noch lange beschäftigen sollte: »Wissen S' was? Warum ist Schnee eigentlich weiß und nicht schwarz? Weil's ein Naturgesetz ist und nicht, weil's für uns so schön ist. Verstehn S' mi? Es gibt so 'ne Kausalität des Seins: Auf Spekulation folgt Zusammenbruch, auf den folgt Chaos und dann gibt's Gewalt. Da kommt niemals nix Guads daher. Wissen S', was ich mein …«

Und als ich an der Tramtür stand und noch einmal zu ihr schaute, hatte sie so einen schelmischen Zug um den Mund; wie die Therese Giehse, die Urmünchner Oma aller Zeiten, die Brecht-Giehse, die wunderbare.

Sieben Zigaretten später kam der Besitzer des Militaria-Handels endlich. Ich stand vor einem Genossenschaftsbau aus den 1920er-Jahren. Seinen Laden hatte er in einem alten Müllhäusl eingerichtet. Die Fenster waren mit Gittern versehen. Er schloss die Tür auf und führte mich in sein Reich. Alte Uniformen aus dem Ersten Weltkrieg, kopflosen Puppen übergestreift, an der Seite hingen Säbel oder Degen. Egal. Viele Bücher in den Regalen. Sowie Helme. Stahlhelme aus dem Zweiten Weltkrieg. In der Vitrine: Siegelringe mit SS-Runen. SS-Ehrendolche mit Sinnsprüchen: Jedem das Seine. »Steht das nicht über dem KZ Buchenwald?«, fragte ich.

»Ja. Kann schon sein. Schauen Sie mal da. Der Dolch: Mehr Sein als Scheinen. Der ist doch schön, oder?«

»Na ja, wer's braucht.« Verkniffenes Lächeln.

»Also, was ist jetzt mit dem Buch? Wolln mer oder wolln mer net?«

»Jaja, wir wollen«, antwortete ich. Er verschwand in den Tiefen des Müllhäuschens. Ich wartete erneut.

Ich hatte zunächst in Schwabing gesucht, das mir mehr hitleraffin erschien, auch so ein Dummwort, weil Adolf Hitler angeblich häufig in Schwabing verkehrte, dort sozusagen zu Hause war: Schelling-Salon, Osteria Antiqua und der ganze Wo-Hitler-überall-war-Scheiß.

Doch meine Suche in Schwabing verlief ergebnislos. Entweder gab's das Buch nicht, oder es war »ausverkauft«. In einem etwas angegammelten Antiquariat, abseits des schicken Schwabings, es waren wohl gerade eben fünf Exemplare verkauft worden, bekam ich den Rat, es doch in Südtirol zu versuchen, dort gäbe es die besten, oder eben bei jenem Militaria-Laden, in dem ich jetzt stand. Südtirol war mir zu weit gewesen. Wieso eigentlich Südtirol? Es gab Sachen, die wollte ich nicht wissen.

Dann kam er zurück. Drei Bücher unterm Arm.

»Also, das oder das oder die Hochzeitsausgabe, ist in Antiqua, das kann man ja viel besser lesen als die altertümliche Frakturschrift.«

»Ja, sicher. Was kostet …«

»… Die ist teuer, das sag ich Ihnen gleich, also unter 500 Euro geht da nix. Die Standarddinger hier, die Blauen, für 100. Wolln mer schaun?«

»Die Blauen. Ich will's authentisch.«

Ich griff zu, hielt in der linken und in der rechten Hand jeweils *Mein Kampf* und wog ab. Links schlug ich den Deckel auf. Sah ein Foto, auf dem ein Vater Adolf Hitler auf dem Berghof seine kleine Tochter zuführt, das ging aus der Widmung hervor. Und Adolf Hitler strahlte das Mädchen an, hielt fest ihre Hand.

Ich wusste sofort, das wollte ich auf keinen Fall haben. Das hatte so etwas von Missbrauch. Was wohl aus dem Mädchen mit den Zöpfen geworden ist. Nein, auch das wollte ich nicht wissen.

»Ich nehme das andere, für 90, da fehlt eine Ecke am Buchrücken, abgeknabbert, oder?«

Mein Scherz kam nicht an, ich zückte sofort die Geldscheine.

»So, da unterschreiben Sie noch mit Adresse, und warum und wofür Sie das Buch wollen.«

Ich arbeite nicht mehr zu Hause. Für dieses Projekt bin ich in ein Co-Working-Space gezogen. Ein Gemeinschaftsbüro in einer Lagerhalle im Münchner Süden. Habe Gott sei Dank einen Tisch für mich allein, um mich herum geschäftigen dynamische Social Entrepreneurs ihre nachhaltigen Modelle zum Erfolg oder auch nicht.

»Hey, Matthias, was machst du denn so? Was ist denn dein Business?«

»Du, ich schreibe, und zu Hause fällt mir die Decke auf den Kopf.«

»Aha. Was schreibst denn so, was mit Anspruch auf Nachhaltigkeit?«

»Kommt drauf an, wie man das sieht.«

»Okay. Dann viel Erfolg. Ach du, morgen gibt's 'nen Sexy Salad, magst da mitmachen, da lernen sich alle mal kennen und so?«

»Ja, klar.«

Die kleine Bewerbung habe ich bestanden und darf loslegen. Die Miete ist auch okay.

Ich sitze an einem Schreibtisch, alles ist für jeden da, außer persönlichen Dingen wie Bücher, Bleistifte, Laptop; um mich ideen junge Menschen Großartiges; ich bin froh, hier zu sein, nicht allein. Vor mir auf dem Schreibtisch *Mein Kampf* im neutralen Schutzumschlag. Es soll ja keiner Angst bekommen, und ich frage mich: Was ist denn nun die echte und was die Parallelwelt?

II

Was ich hier mache, entspricht keiner Political Correctness, sondern entstammt meiner Neugier: Ich will die Gefühle, die Emotionen und die Motive verstehen.

Mein Kampf: Seite 2 das Porträt; Seite 3 Titel et cetera. Es folgen Inhaltsverzeichnis sowie das seitenlange Personen- und Sachverzeichnis. Der Mann macht's spannend. Aus dem Vorwort:
»Am 1. April 1924 hatte ich, auf Grund des Urteilsspruches des Münchner Volksgerichts von diesem Tage, meine Festungshaft zu Landsberg am Lech anzutreten. Damit bot sich mir nach Jah-

ren ununterbrochener Arbeit zum ersten Male die Möglichkeit, an ein Werk heranzugehen, das von vielen gefordert und von mir selbst als zweckmäßig für die Bewegung empfunden wurde. …
Ich hatte dabei auch die Gelegenheit, eine Darstellung meines eigenen Werdens zu geben, soweit dies zum Verständnis sowohl des ersten als auch des zweiten Bandes nötig ist und zur Zerstörung der von der jüdischen Presse betriebenen üblen Legendenbildung über meine Person dienen kann.«
Und dann, am Ende: »Dennoch muß zur gleichmäßigen und einheitlichen Vertretung einer Lehre das Grundsätzliche derselben niedergelegt werden für immer. … Landsberg am Lech, Festungshaftanstalt. Der Verfasser.«

Eine Lehre? Ich schäume innerlich. Doch ich will mich zurückhalten. Einfach lesen, was er schrieb. Eine Lehre also. Ein philosophisches Traktat: Von der »Logik des Nationalsozialismus« oder »Hitlers Poetik der Hölle« … Das sind meine ersten Gedanken nach zehn Minuten Lektüre.

IM RÜCKSPIEGEL

I

Was ist mein Fehler?

»Mein Fehler ist nur eines Neulings Furcht,
Den die Gewohnheit noch nicht abgehärtet.
Ich bin in Taten dieser Art noch Kind.«
Macbeth

Nächster Tag. Zwinge mich, zu funktionieren. Die Tastatur muss glühen.

Auf das Vorwort von *Mein Kampf* folgt eine Art Totenanzeige. Die Namen der beim Putsch am 9. November 1923 vor der Münchner Feldherrnhalle auf dem Odeonsplatz und im Hof des ehemaligen Kriegsministeriums gestorbenen Hitler-Ludendorff-Anhänger.

Dann beginnt: *Eine Abrechnung*. Und mit dem Untertitel eine neue Seitenzählung. Seite 1, 1. Kapitel »Im Elternhaus«:
»Als eine glückliche Bestimmung gilt es mir heute, daß das Schicksal mir zum Geburtsort gerade Braunau am Inn zuwies. Liegt doch dieses Städtchen an der Grenze jener zwei deutschen

Adolf Hitlers Geburtshaus in Braunau

Staaten, deren Wiedervereinigung mindestens uns Jüngeren als eine mit allen Mitteln durchzuführende Lebensaufgabe erscheint.

Deutschösterreich muß wieder zurück zum großen deutschen Mutterlande, und zwar nicht aus Gründen irgendwelcher wirtschaftlichen Erwägungen heraus. Nein, nein: ... Gleiches Blut gehört in ein gemeinsames Reich. Das deutsche Volk besitzt solange kein moralisches Recht zu kolonialpolitischer Tätigkeit, solange es nicht einmal seine eigenen Söhne in einen gemeinsamen Staat zu fassen vermag. Erst wenn des Reiches Grenze auch den letzten Deutschen umschließt, ohne mehr die Sicherheit seiner Ernährung bieten zu können, ersteht aus der Not des eigenen

Volkes das moralische Recht zur Erwerbung fremden Grund und Bodens. Der Pflug ist dann das Schwert, und aus den Tränen des Krieges erwächst für die Nachwelt das tägliche Brot.«

Gleich auf der ersten Seite steht es wie eine Prophezeiung. Aus den Tränen des Krieges, aus der Eroberung. Er definiert sein erstes Ziel: Expansion. Die Diktion, seine Ausdrucksweise ist schwülstig. Hatte ich mir jedoch schlimmer vorgestellt. Er schraubt seinen Gedanken in eine moralische Zwangsläufigkeit.
 Zwei Zigaretten später. Ich arbeite weiter. Ich bin entflammt. Zuvor penibelte ich sein Schreiben, seine Erlebniswelt, seine Gedanken in die Vergangenheit. Jetzt hat es mich innerhalb von wenigen Zeilen in die Gegenwart katapultiert. Wie ich das finde? Unheimlich.

Dann kommt er auf Seite 2 auf seine Eltern zu sprechen:
»In diesem von den Strahlen deutschen Märtyrertums vergoldeten Innstädtchen, bayrisch dem Blut, österreichisch dem Staate nach, wohnten am Ende der achtziger Jahre des vergangenen Jahrhunderts meine Eltern; der Vater als pflichtgetreuer Staatsbeamter, die Mutter im Haushalt aufgehend und vor allem uns Kinder in ewig gleicher liebevoller Sorge zugetan.«

Hitler glorifiziert seinen Vater, der dem »ewigen Elend und Jammer« trotzte, sein Heimatdorf im Waldviertel verließ, um in Wien zunächst Geselle, dann schließlich etwas Höheres, Beamter, zu werden. Zollbeamter, der häufig »wandern« musste, also umziehen. Dem Vater, der sich einst ein Versprechen gegeben hatte, es einmal im Heimatdorf allen zu beweisen, verweigerte das Schicksal diese Nemesis, denn es konnte sich keiner mehr »des einstigen kleinen Knaben erinnern«. Mit 56 ging Alois Hitler, unehelich geboren, den Makel zäh hinweg geschuftet, in den Ruhestand. Nach den Worten seines Sohnes war Alois Hitler

Adolf Hitler wurde am
20. April 1889 in Braunau
am Inn in Oberösterreich
geboren.
Seine Eltern: Klara Hitler, geb.
Pölzl, und Alois Hitler, k.k.
Zollamts-Oberoffizial i. P. und
Hausbesitzer, so stand es auf
seinem Grabstein. Das Grab
der beiden in Leonding bei Linz
wurde 2012 aufgelöst.

kein »Nichtstuer«, im Gegenteil. Hitlers Vater kaufte ein Gut im oberösterreichischen Lambach, das der Pensionär auch bewirtschaftete, »und kehrte so im Kreislaufe eines langen, arbeitsreichen Lebens wieder zum Ursprung seiner Väter zurück. In dieser Zeit bildeten sich mir wohl die ersten Ideale. Das viele Herumtollen im Freien, der weite Weg zur Schule, sowie ein besonders die Mutter manchmal mit bitterer Sorge erfüllender Umgang mit äußerst robusten Jungen, ließ mich zu allem anderen eher werden als zu einem Stubenhocker. … Ich glaube, daß schon damals mein rednerisches Talent sich in Form mehr oder minder eindringlicher Auseinandersetzungen mit meinen Kameraden schulte. Ich war ein kleiner Rädelsführer geworden, der in der Schule leicht und damals auch sehr gut lernte, sonst aber ziemlich schwierig zu behandeln war.«

Hitler schreibt weiter, dass er im Chorherrenstift zu Lambach Gesangsunterricht erhielt. Er idealisierte den damaligen Abt der Benediktinerabtei zu einem Vorbild; dabei muss es sich wohl um Cölestin Baumgartner handeln, der von 1890 bis 1934 das Kloster leitete. Cölestin bedeutet der Himmlische. Indes war dem Abt das Glück nicht hold. Baumgartner musste die Leitung des Stifts wegen Überschuldung 1929 abgeben. Die Schwärmerei des jungen Adolf Hitler verlor sich, als ihm sein Vater Alternativen anbot: Im Bücherschrank eine Volksausgabe des Deutsch-Französischen Krieges von 1870/71, deren Lektüre den jungen Hitler faszinierte und ihn nach einer Zugehörigkeit zu Bismarcks Reich und allem Kriegerischen schmachten ließ. Religion und Krieg passten ja schon immer gut zusammen.

Außer dem ersten Hauptkapitel »Im Elternhaus« gibt es noch Unterkapitel. Jede Seite ist mit einer inhaltsgeprägten Überschrift versehen. Diese Aufmachung erinnert an ein heiliges Buch: die Bibel. Das war wohl auch beabsichtigt.

Seite 5ff., Seitenüberschrift »Berufs-›Wahl‹«:
»Aus meinem ganzen Wesen und noch mehr aus meinem Temperament glaubte der Vater den Schluß ziehen zu können, daß das humanistische Gymnasium einen Widerspruch zu meiner Veranlagung darstellen würde. Besser schien ihm eine Realschule zu entsprechen. Besonders wurde er in dieser Meinung bestärkt durch eine ersichtliche Fähigkeit zum Zeichnen; … Grundsätzlich war er aber der Willensmeinung, daß, so wie er, natürlich auch sein Sohn Staatsbeamter werden würde, ja müßte. … Es war der Stolz des Selbstgewordenen, der ihn bewog, auch seinen Sohn in die gleiche, wenn möglich natürlich höhere Lebensstellung bringen zu wollen, um so mehr, als er doch durch den Fleiß des eigenen Lebens seinem Kinde das Werden um so viel zu erleichtern vermochte. … Und dennoch sollte es anders kommen. Zum ersten Male in meinem Leben wurde ich, als damals noch kaum Elfjähriger, in Opposition gedrängt. … Ich wollte nicht Beamter werden.«

Hitler rebelliert gegen die Autorität des alten, strengen Vaters: »Wiese und Wald waren damals der Fechtboden« für den jungen Adolf. Ein junger Vagant. Ein Rebell. Das entlockt mir Sympathie, und ich spüre, wie mich seine Erzählung fesselt. Aber Hitlers Kosmos atemlost mich. Es scheint nur ein Hinein und kein Heraus zu geben.

Karl May lässt mich gütig in seine Welt eintauchen. In respektvoller Distanz nehme ich an den Abenteuern seiner Helden teil, bin dabei und darf auch wieder zurückkehren in mein eigenes Dasein.

Nicht so bei ihm. Und immer die Frage, was stimmt, was ist erdichtet, erlogen, erhitlert?

Als er zwölf ist, schreibt er, habe sein Entschluss festgestanden: »Als ich zum ersten Male, nach erneuter Ablehnung des väterlichen Lieblingsgedankens, die Frage gestellt bekam, was ich denn nun eigentlich selber werden wollte und ziemlich unvermittelt mit meinem unterdessen fest gefaßten Entschluß herausplatzte, war der Vater zunächst sprachlos.

›Maler? Kunstmaler?‹ Er zweifelte an meiner Vernunft, glaubte vielleicht auch, nicht recht gehört oder verstanden zu haben.«

Nach dem Verweis des Sohnes auf zeichnerische Fähigkeit und Ernsthaftigkeit des Entschlusses stellte Alois Hitler fest: »Kunstmaler, nein, solange ich lebe, niemals.«

Adolf Hitler scheint das nicht zu kränken, sondern nur zu bestärken: »Auf beiden Seiten blieb es dabei bestehen. Der Vater verließ nicht sein ›Niemals‹ und ich verstärkte mein ›Trotzdem‹. Freilich hatte dies nun nicht sehr erfreuliche Folgen. Der alte Herr ward verbittert und, so sehr ich ihn liebte, ich auch.«

II

Die Lektüre entfaltet Wirkung, trostlose Gedanken. Bittere Nacht, geplagt von Schuldgefühlen, träumte ich, mit einem Auto Kinder versehentlich zu überrollen, obwohl ich innerlich mit aller Kraft dagegen aufbegehrte. Als ich unter den Wagen schaute, waren es nur Bilder von Kindern. Gott sei Dank, doch wie entsetzlich. Und keine wirkliche Ahnung, was der Traum bedeuten soll.

Komme von einem Morgenspaziergang zurück. Versöhnlich wirkten die Kinderwagenmütter. Wie sie zu ihren Einkäufen eilten und um den Nachwuchs sorgten. Ihre Liebe bedingungslos im Jetzt ein Alles für die Kinder. Mütter und Väter sollten im großartigen Kinderkosmos für immer die Schadenlöscher spielen. Wie schön wäre das eigentlich.

Am Abend beim Lieblingsitaliener. Federico, der sechsjährige Sohn des Hauses, stand an meinem Tisch. Eigentlich wie immer, wenn ich so früh zum Abendessen kam. Doch diesmal betrachtete er gebannt das Buch, das ich dabeihatte. Die vielen Schwarz-Weiß-Fotos hatten es ihm wohl angetan: Heinrich Hoffmanns Hitlerporträts. »Wer ist der Hitler, Matteo?«

Eigentlich ist mein Lebensmodell antiautoritär, aber ich erschrak derart, dass ich ihn anblaffte: »Sei still! Geh weg!« Er trollte sich mit dieser Kinderaugentraurigkeit, die mir immer sofort mitten ins Herz fährt.

Warum habe ich das getan? Weil Adolf Hitler nicht nur irgendwas Historisches ist, sondern eine uns Deutsche betreffende Realität. Gestern, heute, morgen. Das sind Millionen und Millionen von Tragödien, Schicksalen, Familiengeheimnissen. Opfer. Täter. Mitläufer. Warum antworte ich nicht einfach: Du, Adolf Hitler war deutscher Reichskanzler, ein Tyrann, ein Massenmörder … Weil ich Angst habe, dass er sich an Hitler infiziert wie an Ebola. Und genau das ist das Problem: die Angst. Man imaginiert das Monster im dunklen Zimmer, statt das Licht anzuschalten. Am nächsten Abend spendierte ich meinem schlechten Gewissen ein Tiramisu und stellte mich seinen Fragen.

III

»Ich führe das nur an, Euch auf die Spur
Zu bringen. Setzt Euch selber nun zusammen!«
Macbeth, Rosse

In jener Nacht träumte ich etwas Rätselhaftes. Ich raste mit meinem Wagen auf der Autobahn, fraß Kilometer um Kilometer mit hoher Geschwindigkeit, als mir plötzlich ein Satz einschießt: Schweig. Ein Kind wird erscheinen, mächt'ger als jene zuvor. Ohne zu erschrecken, ohne eine Vollbremsung hinzulegen, bemerkte ich im Rückspiegel einen Knaben mit einem Zeichenblock. Er sah nur kurz auf und widmete sich dann wieder ganz hingebungsvoll seiner Tätigkeit. Weil ich ja schweigen sollte, wartete ich ab. Die Autobahn verengte sich mit zunehmender Geschwindigkeit. 250 war schon wirklich sehr flott, doch es sollte noch schneller gehen. 270, 300 Stundenkilometer. Der Junge saß im Schneidersitz auf der Rückbank. Konzentriert, aber mit einem Lächeln um die Lippen signierte er seine Zeichnung, um sie mir dann zu zeigen. 310. Die Kurve würde ich nie im Leben schaffen. Ich blickte hastig in den Rückspiegel und sah einen hochzufriedenen Jungen. Dann die Zeichnung: eine romantische Ruine in pittoresker Landschaft. Er weitet erwartungsvoll die Augen. »Ja. Doch. Schön«, sagte ich. Was Griffigeres fiel mir unter diesem Druck nicht ein. 330 Stundenkilometer. Das graue Band der Autobahn wurde zum schmalen Handtuch. »Ist es etwa nicht gelungen? Das ist es wohl!« Er überschrie den dröhnenden Motor: »IST ES WOHL! ICH BIN MALER!« Mit viel Schmeichelei brüllte ich zurück: »Ja! Du bist ein großartiger Kunstmaler!« Was auf sein Gesicht schlagartig Zufriedenheit zauberte. Dann meinte er trocken: »In der nächsten Kurve ist es vorbei. Rums! Eiskalt erwischt«, und lachte. Ich starrte nur noch auf den Tacho und nicht mehr auf die Straße. 340. 345. 350. Blick in den Rückspiegel: Der Junge war weg. Blick nach vorn: eine schnurgerade Autobahn. Das Tachometer sank auf 180 Stundenkilometer. Das war angenehm, so zu reisen, ins Aufwachen.

Am nächsten Morgen. Zurück zu *Mein Kampf,* Seite 8ff. Hitler hatte seinem Vater eröffnet, Kunstmaler werden zu wollen; er trotzt der Autorität des Vaters und kindlicht seinen Wunsch zum Ideal. Sein Wille muss geschehen. Seine Reaktion ist die Verweigerung:
»Ich glaubte, daß wenn der Vater erst den mangelnden Fortschritt in der Realschule sähe, er gut oder übel eben doch mich meinem erträumten Glück würde zugehen lassen. Ich weiß

Zeichnungen von Adolf Hitler, aus einer alten Arbeitsmappe,
erschienen in der Zeitschrift *Freude und Arbeit,* Ende der Dreißigerjahre

nicht, ob diese Rechnung gestimmt hätte. Sicher war zunächst nur mein ersichtlicher Mißerfolg in der Schule. ... Meine Zeugnisse in dieser Zeit stellten, je nach dem Gegenstande und seiner Einschätzung, immer Extreme dar. Neben ›lobenswert‹ und ›vorzüglich‹, ›genügend‹ oder auch ›nicht genügend‹. Am weitaus besten waren meine Leistungen in Geographie und mehr noch in Weltgeschichte. Die beiden Lieblingsfächer, in denen ich der Klasse vorschoß.«

Darauf folgt ein Propagandaeinschub, der mit den Worten »wenn ich nun nach so viel Jahren mir das Ergebnis dieser Zeit prüfend vor Augen halte« eingeläutet wird. Hitler, Schicksalhaftes ständig einfordernd, schwadroniert übers verrottete alte Österreich. Den Vielvölkerstaat, den »Nationalitätenstaat«, in dem »die zehn Millionen Deutschen der Ostmark« seiner Meinung nach ständig um ihre Sprache und Existenz bangen mussten, um nicht vom Rest des Riesenreichs verschlungen zu werden. Das gipfelt dann »im Sprachenkampf des alten Österreichs«, in dem er drei Schichten identifiziert: »die Kämpfer, die Lauen und die Verräter«.

Das Habsburg-Reich regierte damals Franz Joseph I. Der Backenbart-Kaiser, der nicht so gut aussah wie Karlheinz Böhm und garantiert auch nicht so charmant war wie der Sissi-Kaiser.

Schließlich kommt Hitler wieder zurück zum Kind und schreibt: »Deutscher Knabe, vergiß nicht, daß du ein Deutscher bist, und Mädchen, gedenke, daß du eine deutsche Mutter werden sollst.«

Im damaligen »Kampf ums Deutschtum« stilisiert sich der gescheiterte Putschist im Gefängnis zum jungen Siegfried, dem Drachentöter im Nibelungenepos, und klittert:
»Auch ich hatte so einst die Möglichkeit, schon in verhältnismäßig früher Jugend am Nationalitätenkampf des alten Österreich

teilzunehmen. Für Südmark und Schulverein wurde da gesammelt, durch Kornblumen und schwarzrotgoldne Farben die Gesinnung betont, mit ›Heil‹ begrüßt, und statt des Kaiserliedes lieber ›Deutschland über alles‹ gesungen, trotz Verwarnung und Strafen. … Daß ich damals schon nicht zu den Lauen gehört habe, versteht sich von selbst. … Diese Entwicklung machte bei mir sehr schnelle Fortschritte, so daß ich schon mit fünfzehn Jahren zum Verständnis des Unterschiedes von dynastischem ›Patriotismus‹ und völkischem ›Nationalismus‹ gelangte; und ich kannte schon nur mehr das letztere.«

Jung-Siegfried kämpft dann noch eine Seite lang mit dem österreichischen Vielvölkerkopf-Drachen, und die Frakturschrift lenkt meine Aufmerksamkeit auf einzelne Wörter: »Mutterland. Sehnsucht. Vaterhaus. Deutschösterreicher. Mahner. Weltgeschichte …«

In den Text kehre ich beim Aufblitzen seiner verhängnisvollen Gabe zurück: dem Schmieden von bedeutungsschwangeren Phrasen, die sich mit ihm, mit seinem Buch, ins kollektive Bewusstsein von uns Deutschen einnarbten. Er ist der Meister der Dämonie der Phrase. Meistens beginnt er mit einem Anlauf, so auch hier:
»Geschichte ›lernen‹, heißt die Kräfte suchen und finden, die als Ursachen zu jenen Wirkungen führen, die wir dann als geschichtliche Ereignisse vor unseren Augen sehen. Die Kunst des Lesens wie des Lernens ist auch hier: Wesentliches behalten, Unwesentliches vergessen.«

Und gleich darauf gerät Hitler in Verzückung, als er endlich über seinen Lehrer Dr. Leopold Pötsch dichten darf, den Germanenfanatiker, der ihn von 1900 bis 1904 an der k. k. Staats-Ober-Realschule in Linz unterrichtete:

»Es wurde vielleicht bestimmend für mein ganzes späteres Leben, dass mir das Glück einst gerade für Geschichte einen Lehrer gab, der es als einer der ganz wenigen verstand, für Unterricht und Prüfung diesen Gesichtspunkt zum beherrschenden zu machen. In meinem damaligen Professor Dr. Leopold Pötsch, an der Realschule zu Linz, war diese Forderung in wahrhaft idealer Weise verkörpert. Ein alter Herr, von ebenso gütigem als aber auch bestimmten Auftreten, vermochte er besonders durch eine blendende Beredsamkeit nicht nur zu fesseln, sondern wahrhaft mitzureißen. Noch heute erinnere ich mich mit leiser Rührung an den grauen Mann, der uns im Feuer seiner Darstellung manchmal die Gegenwart vergessen ließ, uns zurückzauberte in vergangene Zeiten und aus dem Nebelschleier der Jahrtausende die trockene geschichtliche Erinnerung zur lebendigen Wirklichkeit formte. Wir saßen dann da, oft zu heller Glut begeistert, mitunter sogar zu Tränen gerührt. Das Glück ward um so größer, als dieser Lehrer es verstand, aus Gegenwart Vergangenes zu erleuchten, aus Vergangenheit aber die Konsequenzen für die Gegenwart zu ziehen. So brachte er denn auch, mehr als sonst einer, Verständnis auf für all die Tagesprobleme, die uns damals in Atem hielten. Unser kleiner nationaler Fanatismus ward ihm ein Mittel zu unserer Erziehung, indem er öfters als einmal an das nationale Ehrgefühl appellierend, dadurch allein uns Rangen schneller in Ordnung brachte, als dies durch andere Mittel je möglich gewesen wäre. … Freilich wurde ich, wohl ungewollt von ihm, auch damals schon zum jungen Revolutionär.«

IV

Ich gönne mir etwas Abwechslung. Schaue die *Feuerzangenbowle* von 1944, Heinz Rühmanns Pennälerfilm. Ich möchte mich in die sogenannte gute alte Zeit hineinträumen, eine Welt, die ebenso verlogen war, wie sie heil erschien; also in den Kosmos des Professors Pötsch, genannt Germanen-Pötsch, weil es des Pädagogen Berufung war, seine Schüler zu lehren, was er für wichtig und unverzichtbar hielt: die Reinheit des Blutes der germanischen Stämme und ihre Auserwähltheit. Und während sich vor meinen Augen Heinz Rühmann vom berühmten Schriftsteller in den Oberschüler Pfeiffer mit drei F verwandelt, tagträume ich mich in die Klasse hinein, sehe den Dampfmaschinen-Professor gerade die Klasse verlassen. Neben dem Katheder, dem erhöhten Pult des Lehrers, er, der von den Schülern Verehrte. Der Eindrucksvolle. Mit dem kurz gestutzten weißen Bart, die silber ergrauten Haare streng zurückgekämmt, wirkt er weniger wie der klassische Pädagoge, sondern vielmehr wie ein charismatischer Brandstifter und Biedermann in einem, ein Fürst der Verführung, der seine Worte über die Kinder unheilt und nicht wissen will, was seine Halbwahrheiten anrichten.

Pötsch setzt an, bricht ab, ahnt Besseres: »Adolf, stehen Sie auf. Repetieren Sie die letzte Stunde. Erfreuen Sie uns mit Erbaulichem.«

Und mein Tagtraum schwenkt nicht wie eine Kamera aufs Gesicht des jungen Adolf, sondern mein Blick schweift über die Klasse. Und ich überlege, wie viele von ihnen werden in zehn oder elf Jahren mit des Pädagogen Ballast auf der Seele in den Ersten Weltkrieg ziehen als Schicksalshungrige, in der Parade des Sterbens der Völker verrecken? Da höre ich eine energische Stimme: »Wie mit Blindheit geschlagen sahen die Römer nicht, wie die Natur als Königin aller Weisheit bereits ihre Arbeit verrichtete. So waren die Römer zum Leichnam geworden, deuteten die Anzeichen einer beginnenden Verwesung als Lebensbeweis um, und ahnten nicht, dass sie dem Untergange schon geweiht waren, als sie an den Rhein kamen, und mit sich im Zuge ihrer Dekadenz den Juden mitbrachten. Als dann Hermann der Cherusker, der Führer der Germanen, dem unseligen Drachen den ersten Kopf abschlug, wollten die Römer immer noch nicht hinnehmen, dass die Göttin der unerbittlichen Rache ihr aller Schicksal schon in der Hand hielt.«

Der Tagtraum ist aus, der Film zu Ende, die *Feuerzangenbowle* ausgetrunken. Heroismus macht junge Männer trunken, sie werden geistig angefixt. Der nächste Meister im Leben des jungen Adolf Hitler war dann Richard Wagner.

Mein Kampf, Seite 14f.:
»Die Art des geschichtlichen Denkens, die mir so in der Schule beigebracht wurde, hat mich in der Folgezeit nicht mehr verlassen. Weltgeschichte ward mir immer mehr zu einem unerschöpflichen Quell des Verständnisses für das geschichtliche Handeln der Gegenwart, also für Politik. Ich will sie dabei nicht ›lernen‹, sondern sie soll mich lehren. … Mit zwölf Jahren sah ich da (in Linz) zum ersten Male *Wilhelm Tell,* wenige Monate darauf als erste Oper meines Lebens *Lohengrin.* Mit einem Schlage war ich gefesselt. Die jugendliche Begeisterung für den Bayreuther Meister kannte keine Grenzen.«

Im Folgenden verstärkt das nur Hitlers Wunsch, kein Beamter wie der Vater, sondern Künstler werden zu wollen. Das führt er dann nochmals aus, bis schließlich das Schicksal entscheidet. Ständig und überall lauert bei Hitler das Schicksalhafte.

Nichts scheint ohne jene Nornen zu geschehen, die zu Füßen des Weltenbaumes an den Schicksalsfäden spinnen. In Wagners *Götterdämmerung,* der letzten Oper seines Vierteilers *Der Ring der Nibelungen,* fassen die Urfrauen das Geschehen zusammen, um dann das Ende vorherzusagen, Ragnarök oder *Götterdämmerung* geheißen: als ihnen der Schicksalsfaden reißt. Die Opern zuvor heißen *Das Rheingold, Die Walküre* und *Siegfried.*

Mein Kampf, Seite 15ff.:

»Die Frage meines Berufes sollte nun doch schneller entschieden werden, als ich vorher erwarten durfte. Mit dem 13. Lebensjahr verlor ich urplötzlich den Vater [Anm.: 3. Januar 1903]. Ein Schlaganfall traf den sonst so rüstigen Herrn und beendete auf schmerzloseste Weise seine irdische Wanderung, uns alle in tiefstes Leid versenkend. … Allein er legte, wenn auch gänzlich unbewußt, die Keime für eine Zukunft, die damals weder er noch ich begriffen hätte … In eben dem Maße nun, in dem die Mittelschule sich in Lehrstoff und Ausbildung von meinem Ideal entfernte, wurde ich innerlich gleichgültiger. Da kam mir plötzlich eine Krankheit zu Hilfe und entschied in wenigen Wochen über meine Zukunft und die dauernde Streitfrage des väterlichen Hauses. Mein schweres Lungenleiden ließ einen Arzt der Mutter auf das dringendste anraten, mich später einmal unter keinen Umständen in ein Bureau zu geben. Der Besuch der Realschule mußte ebenfalls auf mindestens ein Jahr eingestellt werden. Was ich so lange im Stillen ersehnt, für was ich immer gestritten hatte, war nun durch dieses Ereignis mit einem Male fast von selber zur Wirklichkeit geworden. Unter dem Eindruck meiner Erkrankung willigte die Mutter endlich ein, mich später aus der Realschule nehmen zu wollen und die Akademie besuchen zu lassen. Es waren die glücklichsten Tage, die mir nahezu als ein schöner Traum erschienen; und ein Traum sollte es ja auch nur sein. Zwei Jahre später machte der Tod der Mutter all den schönen Plänen ein jähes Ende.

Es war der Abschluß einer langen, schmerzhaften Krankheit, die von Anfang an wenig Aussicht auf Genesung ließ. Dennoch traf besonders mich der Schlag entsetzlich. Ich hatte den Vater verehrt, die Mutter jedoch geliebt.

Not und harte Wirklichkeit zwangen mich nun, einen schnellen Entschluß zu fassen. Die geringen väterlichen Mittel waren durch die schwere Krankheit der Mutter zum großen Teile verbraucht worden; die mir zukommende Waisenpension genügte nicht, um auch nur leben zu können, also war ich nun angewiesen, mir irgendwie mein Brot selber zu verdienen.

Einen Koffer mit Kleidern und Wäsche in den Händen, mit einem unerschütterlichen Willen im Herzen, fuhr ich so nach Wien. Was dem Vater 50 Jahre vorher gelungen, hoffte auch ich dem Schicksal abzujagen; auch ich wollte ›etwas‹ werden, allerdings – auf keinen Fall Beamter.«

Damit schließt Hitler das erste Kapitel »Im Elternhaus«.

Das sind autografische Zeilen des Verfassers. Sie sind geschönt, geglättet. Ohne Zweifel. Sie sind manipulativ. Was ihm gelingt, ist eine plausible Schilderung seiner Sozialwirklichkeit. Er zieht mich in seine Welt, seine Konflikte, sein Drängen.

Bevor ich mit der Lektüre begann, war ich der Meinung, Hitler ließe sich keine Zeit, feuere ab dem ersten Satz aus allen Rohren seine demagogischen Projektile ab, wie ein Schlachtschiff, dem niemals die Munition ausgeht. Dem ist nicht so.

Als erstes Kapitel wählt Hitler auch keine bittere Pille, verlangt keine Opfer. Ich verstehe seine Wörter, sie bilden Sätze, und ich sehe Bilder. Frakturvokabelassoziationen: verehrt; geliebt; harte Wirklichkeit; Krankheit; mein Brot; unerschütterlichen Willen; dem Schicksal abzujagen.

Darf man einen leidenden Adolf Hitler am Totenbett seiner Mutter beschreiben? Daneben den jüdischen Hausarzt der Familie, Eduard Bloch, der sich später, daran erinnernd, meint, er habe in seiner ganzen Laufbahn noch nie jemanden so schmerzgebrochen und leiderfüllt gesehen wie Adolf Hitler, der zu seiner Mutter stets eine enge Bindung hatte.

Nein. Das verkitscht Wahres zu Blödem. Auf dieses Brot sollte man nur hauchdünn Butter kratzen.

Fakt ist: 1907 ist Adolf Hitler Vollwaise. Hitler hatte Geschwister, war kein Einzelkind. Seine Mutter Klara gilt als aufopferungsvolle Hausfrau. Stammt aus einer kleinbäuerlichen Familie aus dem Waldviertel. Der Vater, Alois, ist ein Niederösterreicher. Geboren am 7. Juni 1837, gestorben am 3. Januar 1903 in Leonding bei Linz. Er gilt als streng, jähzornig, prügelstrafend. Nach dem Tod von Alois Hitler verkaufte seine Frau das Haus in Leonding und übersiedelt mit den Kindern in eine Linzer Stadtwohnung.

Klara Hitler stirbt am 21. Dezember 1907 um zwei Uhr morgens. An Krebs. Monate zuvor ist ihr eine Brust amputiert worden. Geboren wurde sie am 12. August 1860 als Klara Pölzl. Sie ist, genau vermag man das nicht zu sagen, eine Nichte zweiten Grades oder eine Halbnichte ersten Grades ihres späteren Ehemannes Alois Hitler, da dessen väterliche Abstammung nicht zweifelsfrei geklärt ist. Die These, Adolf Hitlers Vater sei das uneheliche Kind eines reichen Juden, gilt in der Wissenschaft als widerlegt, da es in Graz, Ort der Handlung, zu jener Zeit keinen infrage kommenden Frankenberger, so der kursierende Name, gegeben habe. Offensichtlich handelt es sich bei dieser Behauptung um eine Wichtigtuerei des Generalgouverneurs im besetzten Polen, Hans Frank, der das aus dem weiteren Verwandtenkreis von Adolf Hitler erfahren haben wollte.

Das für mich Wesentliche ist eine bizarre Tabelle, die ich in einem Internetlexikon gefunden habe.

Klara Hitlers Kinder:
Gustav. Geburt: 10. Mai 1885; Tod: 8. Dezember 1887; Alter in Jahren: 2; Alter in Tagen: 942.
Ida. Geburt: 23. September 1886; Tod: 2. Januar 1888; Alter in Jahren: 1; Alter in Tagen: 466.
Otto. Geburt: 8. November 1887; Tod: 1. Dezember 1887; Alter in Jahren: 0; Alter in Tagen: 23.

Adolf. Geburt: 20. April 1889; Tod: 30. April 1945; Alter in Jahren: 56; Alter in Tagen: 20463.

Edmund. Geburt: 24. März 1894; Tod: 28. Februar 1900; Alter in Jahren: 5; Alter in Tagen: 2167.

Paula. Geburt: 21. Januar 1896; Tod: 1. Juni 1960; Alter in Jahren: 64; Alter in Tagen: 23507.

Die ersten Kinder sterben, so wird vermutet, an Diphtherie; Edmund Hitler an Masern. Klara selbst stirbt im Alter von 47 Jahren. Ich habe ihre Tage nicht gezählt.

IM KELLER

Wo beginnen selbst die größten Reisen? Im Keller, bei den Koffern.

I

Dieser Morgen ist schön. Und ich? Sitze an meinem Schreibtisch und denke an Adolf Hitler. Mich plagen Gewissensbisse, weil ich Empathie empfinde, weil ich mich in seine Zeilen hineinfinden kann. Sobald ich ihn nicht mehr dämonisieren kann, ist mir nicht wohl. Dort scheint er mir am besten aufgehoben. Weil das so schön einfach ist. Teufel. Mephisto. Hitler. Das war eine Prüfung Gottes, die die Deutschen nicht bestanden haben. Das ist aber kein analytisches Denken, das ist Konditionierung, das ist Theologie. Da gehört es nicht hin. Adolf Hitler war ein Mensch. Ich will und muss mich zusammenreißen. Nicht ratlosen, sondern handeln. An das halten, was ich mit mir abgemacht habe. Ansonsten bin ich nur eine Reißzwecke, die mit einem Vorschlaghammer in die Wand gedonnert wird.

Was war Hitler für ein Mensch? Ich weiß es nicht; aber vermute dringend: Im Buch steht die Lösung. Wer ein Buch schreibt, muss sich offenbaren, das ist ein ungeschriebenes Gesetz, an irgendeiner Stelle, irgendwo, und egal, wie gut er das versteckt hat, es lässt sich aufspüren.

II

Oma, ich bin jetzt da, ich bin gekommen, weil ich weiß, dass du heute sterben wirst, dachte Julia, als sie das Krankenzimmer betrat und sagte: »Ich wollte dich noch einmal sehen. Hast du mir nichts zu sagen?«

»Man muss immer ehrlich sein zu sich selbst, Julia, mein Kind.«

»Das weiß ich schon.«

»Komm mal her. Du hast ja dreckige Fingernägel. Pfui. Das gehört sich für ein deutsches Mädel nicht.«

»Wolltest du mir nicht all die Jahre endlich mal etwas erzählen von früher?«

»Kind … Über was soll ich denn reden? Der Krieg holt das Beste oder das Schlechteste aus den Menschen. Weißt, wie ich mein? Der Hitler war nicht so böse, wie heute alle denken. Das war eine andere Zeit. Weißt du, Julia, das hab ich dir ja schon erzählt, dass die Juden nicht einmal ein Weihnachten haben …«

»Ich will jetzt doch nix mehr wissen«, unterbrach die Enkelin und überlegte: »Wann stirbt sie wohl?«

»Soll ich dableiben?«, fragte Julia ihre Oma Cäzilia.

»Ja, bleib nur da.«

Cäzilia starb im November 2011. Sie war Jahrgang 1923. Sie nahm ihr Geheimnis mit ins Grab. Die Enkelin wollte außer der offiziellen Geschichte, dass ihre Oma Krankenschwester im Krieg gewesen sei, nicht mehr alles erfahren. Heute bereut sie das. »Keine Beichte auf dem Totenbett, denn sonst steh ich allein damit da«, begründete sie ihre Entscheidung. Bis zum Schluss, meinte Julia, sei die Oma eine Nationalsozialistin gewesen.

Wie alles begann.

Charlie McGee ist ein Feuerkind. Stephen King hat sie erfunden, weil man »Horror erfindet, um mit dem normalen Leben besser klarzukommen«. Ich liebe diesen Roman und Charlie McGee, das Mädchen, das allein durch ihren Willen alles vernichtende Feuerstürme auslösen kann. Jetzt weiß ich, Charlie ist keine bloße Fiktion. Ich habe sie getroffen. In München. Sie heißt Julia Maria und ist Ende 20. Es war ihre Aura, die ihre Präsenz sofort überdurchschnittlichte. Ich nahm sie wahr, bevor ich sie sah. Julia ist ein Mensch, der entweder in Flammen steht, für etwas brennt, oder die Sache ist sofort kalt und egal.

Feuer gilt als Erkenntnisquell, den Weg zum Wissen beschreitet man aus einem Antrieb. Neugier nennt man diese Tugend, Gier ihre Schwester, die Todsünde.

Feuerkinder können ihre Neugier oft nicht zügeln, müssen erkunden, über Grenzen gehen, bis für sie alles restlos erforscht ist. Feuerkinder brennen lieber Beziehungen nieder, als Ausreden zu akzeptieren. So ist es auch bei Julia.

Julia sollte das Wochenende bei Oma und Opa verbringen. Im schönen Oberbayern. In dem zur Pension umgebauten Bauernhof mit den blumenbehängten Holzbalkonen. Julia mochte Oma, vor allem wenn die Sonne schien, dann war es in Omas Nähe nicht so kalt; im Winter wollte sie nicht zu Oma. Opa redete nicht viel. Er tat lieber was. Holz hacken. Äpfel aufsammeln und in den Keller bringen, in die wunderbare Apfelkiste. Ach, wie riecht das immer gut, erinnerte sie. Darauf freute sich Julia besonders.

Julia war sieben, ein Schulkind. »Ich kann schon lesen und rechnen«, sagte sie zu Opa und war ein wenig enttäuscht über sein: »Passt scho.« Oma umarmte sie nicht. Oma war so aufrecht. So stolz. Für Julia war Oma eine Frau, die sich nicht bücken musste, weil das andere für sie taten. Oma konnte gut befehlen. Da gab es kein Wenn und Aber.

Schon am ersten Abend brannte das Feuer in Julia so heiß, dass es schmerzte. Immer wieder hatte Oma gesagt, sie möge nicht allein in den Keller gehen. Warum? Da lagen doch nur Äpfel in der Kiste. Oder war da noch etwas anderes? Gab's doch ein Geheimnis? Aus: Ich will das wissen! wurde: Ich muss das erkunden!

Julia stand am Treppenabsatz und blickte hinunter. Wie wohlig roch es früher immer im Keller, nach süßen Äpfeln, und jetzt drang Gestank nach oben. Etwas biss in der Nase. Sie überlegte: Ist ein Apfel faul? Schimmelt schon die ganze Kiste? Hoffentlich nicht. Ich geh mal nachschauen. Das wird mir Oma verzeihen.

Jede Treppenstufe nach unten war ein Schritt hinaus aus dem Lichtkegel des Flurs. Dummerweise war der Schalter am Ende der Kellertreppe. Bis dahin musste es Julia Maria schaffen. Mit jedem Schritt wurde es kühler, auch muffiger. Julias Blick war schon lange nicht mehr auf die Apfelkiste gerichtet, sondern auf das Regal mit dem Krimskrams. Es war nicht mit der alten Decke verhüllt wie sonst, deshalb zog das Regal ihre Aufmerksamkeit an. Sie streckte ihre Hand aus und griff nach dem Buch mit den goldenen Buchstaben auf dem Rücken. Das darfst du nicht. Der Gedanke kam zu spät. Schon hatte sie es in der Hand, öffnete es. Zuvor war der Zeigefinger über das goldene Kreuz mit den Haken gestrichen. Das fühlte sich wichtig an. Hat man vielleicht hineingeschnitzt, überlegte sie noch. Sie konnte die Schrift nicht lesen und starrte etwas hilflos in das Buch.

Ihr wurde heiß, Gedanken kreisten: Birgt das Buch ein Geheimnis? Oder hat man es einfach nur vergessen? Weggelegt wie die anderen alten Dinge im Regal?

Julia Maria liebte Geheimnisse. Noch mehr, sie zu lüften. Die Buchstaben in dem Buch waren komisch, aber wenn sie lange genug daraufschaute, konnte sie Ähnlichkeiten mit dem Abc ausmachen. Sie fuhr mit dem Zeigefinger die Zeilen entlang.

Dann entglitt ihr das Buch beinah. Es strahlte etwas Böses aus. Das lag nicht an dem braunen Ledereinband, nicht an der Größe oder am Gewicht, sondern sie hatte das Foto vorne drin entdeckt. Der Mann hatte so einen hässlichen Bart. Sie kannte diesen Mann aus dem Fernsehen. Er hieß Hitler.

Julia wusste, dass sie das nicht hätte tun dürfen. Sie hätte das Buch nicht aus dem Regal nehmen dürfen, darin blättern dürfen. Das war etwas Verbotenes. Sie wusste auch, sie würde nicht schweigen können. Sie würde ihre Oma fragen: Was ist das für ein Buch? Warum steht das im Keller? Das war ein innerer Drang. Das würde einen Brand auslösen, den es so in ihrer Familie noch nicht gegeben hatte. Das spürte Julia.

Deshalb machte das Buch Julia Angst, es war keine Angst wie die, wenn man vor etwas erschrickt, es war eher wie eine Erkenntnis, wenn die Ampel von Grün auf Rot springt, und man weiß, dass man nicht mehr gehen darf.

Das Buch flößte Respekt ein und auch etwas Gruseliges.

Langsam wurde Julia kalt in ihrem Schlafanzug. Die Wörter »Mein Kampf«, hatte sie entziffert, auch »Eine Abrechnung« und schließlich »Im Elternhaus«. Sie rekapitulierte für sich: Mein Kampf ist eine Abrechnung im Elternhaus. So ergab das Ganze doch Sinn. Vorsichtig stellte sie das Buch zurück ins Regal.

Am nächsten Morgen fiel ihr ein, dass sie nicht einmal einen Apfel aus dem Keller mitgenommen hatte.

Das Wochenende bei Oma war fast vorbei. Julia Maria fragte nach. Und es kam so, wie sie es sich gedacht hatte. Sie konnte das nicht verhindern. Man sprach nicht mehr miteinander. Irgendwann wurde der Keller entrümpelt. Dabei verschwand auch das Buch. Irgendwann redete man wieder miteinander, Belangloses. Der Opa starb. Die Oma wurde schwer krank. Julia Maria war inzwischen eine junge Frau. Sie hatte viel in ihrem Leben angezündet. Auch sich selbst. Sie bekam die Kurve.

Nichts war sinnvoll. Bis auf das Kochen. Das hatte sie gelernt. Das sollte ihr Beruf werden.

Dann kam der Tag, als Oma ins Krankenhaus eingeliefert wurde. Julia besuchte Oma, weil sie hoffte, auf was? Auf die Wahrheit? Ab und an war was herausgekommen. Julia hatte nie aufgehört zu bohren. Oma mochte keine Juden. Die kennen ja gar keine Feiertage, so wie wir. »An was glauben die denn?«, sagte Oma.

Dass die Zeit damals eine andere war, wusste Julia bereits. Dass Hitler eben auch viel Gutes für die Deutschen getan hätte, glaubte sie Oma nicht. Julia ging es nicht darum, sondern um Schuld. Julia wollte wissen, welche Schuld Oma auf sich geladen hatte. War sie vielleicht gar keine Krankenschwester gewesen, sondern Wärterin in einem KZ? Was war damals geschehen? Hat sie es je bereut?

III

Julia lernte ich in einem Geschäft in Haidhausen kennen, in dem ich eine alte Schreibmaschine entdeckt hatte. Eine Remington, Typewrite Number 12. Ich war elektrisiert. Und sie meinte, so eine hatte ihr Opa auch in seinem Geschäft.

»Weißt du eigentlich, dass der Hitler auf so einer Maschine sein Buch *Mein Kampf* geschrieben hat?«

»Nee«, sagte sie fast ein wenig schnippisch, »aber weißt du, dass ich sein Buch schon mal in der Hand gehalten habe? Ich habe es bei meiner Oma gefunden.«

»Ach. Wie?«

So fing dieser Nachmittag an, der dann um Mitternacht in der Haidhauser Speisemeisterei Preysingarten endete.

Hätte sie es mir nicht selbst erzählt, hätte ich Julias Kellerfund auf die 1970er-Jahre datiert, aber niemals auf die 1990er-Jahre. Julias Erlebnis ist für mich ein wichtiger Teil meiner Recherche. Sie wird Teil meines Puzzles. Ihre Geschichte gehört für mich auch an die deutsche Schultafel geschrieben, weil sie gar nicht so selten ist, wie man glaubt.

Julia aus München zum
Zeitpunkt unseres Gesprächs

SCHLAG AUS HEITEREM HIMMEL

»… denn ich muss nun schon
Das Ärgste wissen auf dem ärgsten Weg.«
Macbeth

I

Hitler nennt sein nächstes Kapitel »Wiener Lehr- und Leidens-
jahre«. *Mein Kampf,* Seite 18ff.:

»Als die Mutter starb, hatte das Schicksal in einer Hinsicht bereits seine Entscheidung getroffen. In deren letzten Leidensmo-
naten war ich nach Wien gefahren, um die Aufnahmeprüfung in
die Akademie zu machen. Ausgerüstet mit einem dicken Pack
von Zeichnungen, hatte ich mich damals auf den Weg gemacht,
überzeugt, die Prüfung spielend leicht bestehen zu können. In
der Realschule war ich schon weitaus der beste Zeichner meiner
Klasse gewesen; seitdem war meine Fähigkeit noch ganz außeror-
dentlich weiterentwickelt worden, so daß meine eigene Zufriedenheit mich stolz und glücklich das Beste hoffen ließ. … und
wartete mit brennender Ungeduld, aber auch stolzer Zuversicht
auf das Ergebnis meiner Aufnahmeprüfung. Ich war vom Erfolge
so überzeugt, daß die mir verkündete Ablehnung mich wie ein
jäher Schlag aus heiterem Himmel traf. Und doch war es so.«

Hitler schafft es dann sogar, dass ihm die Nichtaufnahme begründet wird, »daß aus meinen mitgebrachten Zeichnungen einwandfrei meine Nichteignung zum Maler hervorgehe, sondern meine Fähigkeit doch ersichtlich auf dem Gebiete der Architektur liege; für mich käme niemals die Malerschule, sondern nur die Architekturschule der Akademie in Frage. Daß ich bisher weder eine Bauschule besucht noch sonst einen Unterricht in Architektur erhalten hatte, konnte man zunächst gar nicht verstehen.«

Eine Ablehnung, die keine war, sondern eine Empfehlung. Auch das wird ja gerne falsch kolportiert.

»In wenigen Tagen wußte ich nun auch selber, daß ich einst Baumeister werden würde.«

Was er ja auch wurde. Ich werde den Eindruck nicht los, dass er alles, was er zwischen 1923 bis 1925 schrieb, wahr gemacht hat. Ich ahne, dass Adolf Hitler hier nicht nur schrieb, sondern seine künftigen Taten prophezeite; was wiederum bedeutet, dass in dem Buch alles drinsteht. Nicht im Detail, sondern als großer Entwurf.

Weiter:
»Freilich war der Weg unerhört schwer; denn was ich bisher aus Trotz in der Realschule versäumt hatte, sollte sich nun bitter rächen. Der Besuch der Architekturschule der Akademie war abhängig vom Besuch der Bauschule der Technik, und den Eintritt in diese bedingte eine vorher abgelegte Matura an einer Mittelschule. Dieses alles fehlte mir vollständig. Nach menschlichem Ermessen also war eine Erfüllung meines Künstlertraumes nicht mehr möglich.«
Nach dem Tod der Mutter zieht Hitler nach Wien: »Der frühere Trotz war wieder gekommen und mein Ziel endgültig ins Auge

gefaßt. Ich wollte Baumeister werden, und Widerstände sind nicht da, daß man vor ihnen kapituliert, sondern daß man sie bricht. Und brechen wollte ich diese Widerstände, immer das Bild des Vaters vor Augen, der sich einst vom armen Dorf- und Schusterjungen zum Staatsbeamten emporgerungen hatte. ... Und was damals mir als Härte des Schicksals erschien, preise ich heute als Weisheit der Vorsehung. Indem mich die Göttin der Not in ihre Arme nahm und mich zu zerbrechen drohte, wuchs der Wille zum Widerstand, und endlich blieb der Wille Sieger. Das danke ich der damaligen Zeit, daß ich hart geworden bin und hart sein kann. Und mehr noch als dieses preise ich sie dafür, daß sie mich losriß von der Hohlheit des gemächlichen Lebens, daß sie das Muttersöhnchen aus den weichen Daunen zog und ihm Frau Sorge zur neuen Mutter gab, daß sie den Widerstrebenden hineinwarf in die Welt des Elends und der Armut und ihn so die kennenlernen ließ, für die er später kämpfen sollte.«
Nur wenige Zeilen später schreibt Hitler, dass er in Wien, der Stadt der sorglosen Genießer (Phäaken), zwei vermeintliche Gefahren ausgemacht habe: den Marxismus und das Judentum. Um dann fortzufahren: »Fünf Jahre Elend und Jammer sind im Namen dieser Phäakenstadt für mich enthalten.« Weiter erinnert er, er habe sich als Hilfsarbeiter und kleiner Maler verdingt, sein einziges Vergnügen sei es gewesen, Bücher zu kaufen und ihren Inhalt regelrecht zu inhalieren: »Ich las damals unendlich viel, und zwar gründlich. ... In dieser Zeit bildete sich mir ein Weltbild und eine Weltanschauung, die zum granitenen Fundament meines derzeitigen Handelns wurden. Ich habe zu dem, was ich mir so einst schuf, nur weniges hinzulernen müssen, zu ändern brauchte ich nichts.«

Hitler idealisiert seine Wiener Zeit zum politischen Erweckungserlebnis:
»Endlich aber läßt dieser häufig sehr herbe Kampf das Mitleid

absterben. Das eigene schmerzliche Ringen um das Dasein tötet die Empfindung für das Elend der Zurückgebliebenen. Mit mir besaß das Schicksal in dieser Hinsicht Erbarmen. Indem es mich zwang, wieder in diese Welt der Armut und der Unsicherheit zurückzukehren, die einst der Vater im Laufe seines Lebens schon verlassen hatte, zog es mir die Scheuklappen einer beschränkten kleinbürgerlichen Erziehung von den Augen.«

Hitlers Kapitalismuskritik, seine Darstellung der Wiener Sozialwirklichkeit um die Jahrhundertwende ist treffend beschrieben von einem, der das selbst gesehen hat.

Ein Satz von ihm verschlägt mir den Atem: »Vor den Palästen der Ringstraße lungerten Tausende von Arbeitslosen, und unter dieser via triumphalis des alten Österreich hausten im Zwielicht und Schlamm der Kanäle die Obdachlosen.«

Ich kritzle mit Bleistift darunter: schlechter Mensch, gutes Bild. Hat das wirklich er geschrieben? Das klingt, als ob es aus der Feder eines Joseph Roth oder Kurt Tucholsky stammt.

Ich gehe spazieren, um meine Gedanken zu ordnen. Mein Erkenntnisgewinn ist leider bescheiden und bereits bekannt: Es war wohl einer der verhängnisvollsten Fehler, Adolf Hitler zu unterschätzen.

II

Zwei Tage später. Ich war eingeladen zu einer Anselm-Bilgri-Soiree. Anselms Empfänge sind legendär. Seine Erlebnisgastronomie erinnert an die großbürgerlichen Salons im Thomas-Mann-München. Großkopferte und Gutgelaunte verbrachten einen launigen Abend. Ein einstmals bedeutender Politiker sinnloste zu Beginn in seinem Vortrag über die Zukunft der Wirtschaft, und Anselm versprühte danach seine Wohlerzogenheit. Der ehemalige Prior vom Kloster Andechs, der Medienmönch, der das bajuwarische Heiligtum im Dornröschenschlaf zu einem profitablen Pilgerkloster umbaute und dafür nicht Abt wurde, dem Orden der Benediktiner den Rücken kehrte und seitdem als Freigeist Wissenswertes vermittelt, ist mein Freund, seit wir zusammen einen Film über den *Hexenhammer* drehten. Er als Protagonist, als Historical-Detective, und ich als Regisseur. Er wusste von meiner Hitlerrecherche und beging den Fehler, mich danach zu fragen. Ich schilderte meine gerade gewonnenen Eindrücke, salzstangenpsychologisierte etwas über meine Haut, die ich mir abziehen müsse, um dem Sujet ganz nahezukommen, und erntete seine Begeisterung: »Das hat mir schon beim *Hexenhammer* so gefallen, wie du da eingestiegen bist und wie wir den wahrscheinlich wahren Heinrich Kramer aus dem historischen Marmor brachen.«

Dann ging ich zu weit. Ich hatte zu Anselm gesagt, du, der Hitler, der holt die Menschen in ihrer Sozialwirklichkeit ab, das ist Sprengstoff, kein programmatisches Politiker-Blabla, jedenfalls die ersten Kapitel, weiter bin ich noch nicht.

Ich fühlte mich auf einmal hundeelend. Im freien Fall. Auf dem Nachhauseweg überlegte ich, was mich denn jetzt so unendlich plagte, es war doch gar nichts passiert. Doch. Ich spürte, wie er in mich hineinkroch; wie er über meine Sozialkritik, meine Empörung über den neuen bitteren Kapitalfaschismus in mich eindrang: Sein »Ich beschreibe es! Ich geißele es! Ich ändere es!« ist unehrlich und damit zutiefst widerlich. Alles ist Lüge.

Ich gönnte mir einen Tag im Bett. Einmal richtig ausgeschlafen ging es besser, und ich konnte endlich wieder klar denken, mir fiel ein wunderbarer Satz von Georg Seeßlen ein, dem großartigen Journalisten und Cineasten, den ich im Kopf etwas umbaute: Die Brutalität fürsorglich moderieren; was für mich bedeutet: Hitler wolft seine Erbarmungslosigkeit in einen sozialkitschigen Schafspelz.

III

Hitler führt seine Analyse des Klassenkampfes nun breit und en detail aus. Man spürt förmlich, dass es ihm egal ist, ob man es beim ersten Mal bereits verstanden hat, er vernachlässigt, nein, er bekämpft den Feinsinn eines Feuilletons, er zielt auf Wirkung bei allen Schichten.

Mein Kampf, »Das Schicksal des Arbeiters«, Seite 27ff.:
»Zu Hause sind dann oft Weib und Kinder. Manches Mal werden auch sie von diesem Leben angesteckt, besonders wenn der Mann zu ihnen an und für sich gut ist, ja sie auf seine Art und Weise sogar liebt. Dann wird der Wochenlohn in zwei, drei Tagen zu Hause gemeinsam vertan; es wird gegessen und getrunken, solange das Geld hält, und die letzten Tage werden ebenso gemeinsam durchgehungert. Dann schleicht die Frau in die Nachbarschaft und Umgebung, borgt sich ein weniges aus, macht kleine Schulden beim Krämer und sucht so die bösen letzten Tage der Woche durchzuhalten. Mittags sitzen sie alle beisammen vor mageren Schüsseln, manchmal auch vor nichts, und warten auf den kommenden Lohntag, reden von ihm, machen Pläne, und während sie hungern, träumen sie schon wieder vom kommenden Glück. So werden die kleinen Kinder in ihrer frühesten Jugend mit diesem Jammer vertraut gemacht.«
Dann zeichnet Hitler sein Sittenbild des Wiener Proletariats, das ihn schauern lässt: »Übel aber endet es, wenn der Mann von Anfang an seine eigenen Wege geht, und das Weib, gerade den Kindern zuliebe, dagegen auftritt. Dann gibt es Streit und Hader, und in dem Maße, in dem der Mann der Frau nur fremder wird, kommt er dem Alkohol näher. Jeden Samstag ist er nun betrunken, und im Selbsterhaltungstrieb für sich und ihre Kinder rauft sich das Weib um die wenigen Groschen, die sie ihm, noch dazu meistens auf dem Wege von der Fabrik zur Spelunke, abjagen muß. Kommt er endlich Sonntag oder Montag

nachts selber nach Hause, betrunken und brutal, immer aber befreit vom letzten Heller und Pfennig, dann spielen sich oft Szenen ab, daß Gott erbarm. ... Unglückliche Opfer schlechter Verhältnisse. ... Mich schaudert noch heute, wenn ich an diese jammervollen Wohnhöhlen denke, an Herberge und Massenquartier, an diese düsteren Bilder von Unrat, widerlichem Schmutz und Ärgerem.«

Manchmal kommt einem Hitler gegenwärtiger vor, als einem lieb ist.

1924 zu 2014: Soziale Missstände sind immer schlimm, besonders aber dann, wenn Spekulanten ihren Welt-Beherrscher-Kapitalismus ins Unerträgliche treiben und ein Raubtier auf den Plan tritt, das erbarmungslos zuschlägt.

So nutzt das Adolf Hitler:
»Denn gedankenlos ist diese andere Welt. Gedankenlos läßt sie die Dinge eben treiben, ohne in ihrer Instinktlosigkeit auch nur zu ahnen, daß früher oder später das Schicksal zur Vergeltung schreiten muß, wenn nicht die Menschen zur Zeit noch das Schicksal versöhnen.«
Das Raubtier wittert fette Beute: »Schon damals ersah ich, daß hier nur ein doppelter Weg zum Ziele einer Besserung dieser Zustände führen könne.«
Direkt darauf folgt eine auf Merksatz getrimmte, politische Losung Hitlers: »Tiefstes soziales Verantwortungsgefühl zur Herstellung besserer Grundlagen unserer Entwicklung, gepaart mit brutaler Entschlossenheit in der Niederbrechung unverbesserlicher Auswüchslinge.«
Weil das niemand so genau versteht, es sich aber gut anhört, führt er gleich im Anschluss aus, und das ist weitergedacht unsagbar düster, wie er sich das vorstellt: »So wie die Natur ihre größte Aufmerksamkeit nicht auf die Erhaltung des Bestehen-

den, sondern auf die Züchtung des Nachwuchses, als des Trägers der Art, konzentriert, so kann es sich auch im menschlichen Leben weniger darum drehen, bestehendes Schlechtes künstlich zu veredeln …«

Anschließend dreht Hitler ein paar Runden in Sachen »Mangel an Nationalstolz«, die dann im Sittengemälde »Junge Autoritätsverächter« enden:

»… Moralisch angegiftet, körperlich unterernährt, das arme Köpfchen verlaust, so wandert der junge ›Staatsbürger‹ in die Volksschule. … Wenn der junge Mensch nun mit vierzehn Jahren aus der Schule entlassen wird, ist es schon schwer, mehr zu entscheiden, was größer ist an ihm: die unglaubliche Dummheit, insoferne es sich um wirkliches Wissen und Können handelt, oder die ätzende Frechheit seines Auftretens, verbunden mit einer Unmoral schon in diesem Alter, daß einem die Haare zu Berge stehen könnten. … Die liebe bürgerliche Mitwelt aber ist ganz erstaunt über die mangelnde ›nationale Begeisterung‹ dieses jungen ›Staatsbürgers‹.«

Auf was sollte dieser junge Mensch stolz sein? Und bevor der junge Mann begreift, was er tun kann – anzufangen, Widerstand zu leisten –, hat Hitler das Problem für sich durchdrungen: »Die Frage der ›Nationalisierung‹ eines Volkes ist mit in erster Linie eine Frage der Schaffung gesunder sozialer Verhältnisse als Fundament einer Erziehungsmöglichkeit des einzelnen. … Und kämpfen kann ich nur für etwas, das ich liebe, lieben nur, was ich achte, und achten, was ich mindestens kenne.«

Die Wirkungsgeschichte dieser sittlich moralischen Umerziehung durfte ich Ende der 1970er-Jahre noch erfahren, in Würzburg, meiner Heimatstadt. An die Mauer einer Bombenruine aus dem Zweiten Weltkrieg gelehnt, rauchte ich nach einer anstrengenden Lateinstunde eine Zigarette. Meine Frustration über eine weitere schlechte Note blies ich in die Luft und fragte mich gleichzeitig, warum wir eigentlich so einen antiken Kriegsscheiß lernen mussten und dann auch noch auf Latein? Denn zuvor hatte ich bereits den Geschichtsunterricht bei unserem Veteranen genossen. Deutsch und Geschichte bei einem in der Kesselschlacht von Stalingrad durch einen Granatsplitter erblindeten Pädagogen, der mit Begleitlehrerin unterrichtete, die nicht in Stalingrad oder überhaupt im Zweiten Weltkrieg gewesen war.

Dieser Geschichtslehrer hatte also Augenlicht und Jugend für den Führer hingegeben und prägte mit seiner abgerissenen Gesichtshälfte unsere Vorstellung von Stalingrad. Das Gekritzel an der Tafel kannten wir, seine Eleven, inzwischen auswendig. Seine spürbare Verbitterung war logisch, seine Führerapologie ekelhaft, das hat er alles nicht gewusst, das hätte er so nicht gewollt, seine Paulustiraden vorhersehbar, und sein gepredigter Heroismus des deutschen Landsers löste anfänglich noch ein gewisses Interesse aus, bei uns Nichtdabeigewesenen, später verlor sich dieser Heldenglaube in der Realität der Aufarbeitung.

Stalingrad-Kurt stand spätestens seit der Fernsehserie *Holocaust* auf meiner Abschussliste, in der die fiktive Geschichte der Berliner Familie Weiss erzählt wird, die Anfänge des Judenhasses, die Deportationen, das Morden in den Lagern, die unglaubliche Schuld und die unverfrorenen Lügen der Täter.

So stand ich also an dieser Ruine, nach dem Lateinunterricht, meine unverschämt langen Haare lässig zur Seite gekämmt, und rauchte, was eine ältere Frau mit strenger Frisur und Miene mit der Bemerkung quittierte: »Das hätt's unterm Führer nicht gegeben.«

FAUST DES SCHICKSALS

»… Kannst du ein krankes
Gemüt von seinem Grame nicht befrein,
Ein tief gewurzelt quälendes Bewusstsein
Nicht aus der Seele heilend zeihen …«
Macbeth

I

Hitlers Phrasen, seine Belehrungen, Drohungen, Prophezeiungen schleudern mich zurück in meine Vergangenheit. Die Reise ins Innere von *Mein Kampf* wird immer mehr zu einem Trip zum Mittelpunkt meines Ich. Wie definiere ich mein Deutschsein? Bin ich vielleicht viel Schiller und ein bisschen Hitler? Habe ich schon zu viel inhaliert?

Mein Kampf, Seite 40:
»Es bedurfte auch hier erst der Faust des Schicksals, um mir das Auge über diesen unerhörten Völkerbetrug zu öffnen.«

Hitler meint den Marxismus, ich meine ihn. Ich kenne diese Drohung nur zu gut. Mein Aufwachsen, meine Gymnasialkarriere, mein Selbstverwirklichungsumherirren, all das wurde von den Allgemeinplätzen meiner Pädagogen begleitet. Du wirst schon sehen, was du davon hast. Wer sich nicht schindet, wer nicht lernt, der endet in der Gosse. Es bedarf erst der Faust des Schicksals, damit du endlich wachgerüttelt wirst. Meine Verbrechen waren schlechte Lateinzensuren wegen mangelnden Interesses, üble Mathematikzensuren wegen Nichtbegreifens, Schulschwänzen wegen zu hübscher Mädchen an einem anderen Gymnasium.

Schließlich hat sich dann, viele Jahre später, die Prophezeiung erfüllt: Dass das einem dann im Jobcenter einfällt, während man herumtelefoniert, um Verständnis und Hilfe bittet, ist irgendwie nicht so außergewöhnlich. Da hatte mir die Faust des Schicksals mitten ins Gesicht geschlagen.

Mein vier Tage dauernder Hartz-IV-Ausflug hatte so gar nichts Sonniges. Gott sei Dank hatte ich danach keine falschen Freunde mehr. Allerdings erneut die Einsicht, wie wenig das Leben planbar ist. Bei all den Bewerbungen, die ich im Jobcenter verfasste, egal an wen, egal wie, gelang mir eine besonders: für eine nette Italienerin, die Regale im Supermarkt einsortiert hatte und die eben genau das wieder machen wollte. Sie konnte nicht schreiben, ja, das gibt es auch heute noch, und ich formulierte für sie eine wunderbare Eigenwerbung. In »Down Under«, so nannten wir unseren Ort der Verbannung, gab es eine Beraterin, die mich ins Büro zitierte und mir klarmachte, dass ich meine Lebensversicherung auflösen müsse, bevor ich etwas bekäme: »Und jetzt sag ich Ihnen was, inoffiziell, gehen Sie hier raus. Ich seh Ihnen das an, glauben Sie mir, Sie sind … man hat auch mal Pech im Leben, aber das hier macht viel kaputt, bei Ihnen drinnen, bei Ihrer Familie, bei allem und allen um Sie herum. Gehen Sie raus!«

Manchmal trifft man Menschen, die einem einfach so das Leben retten.

Ich meldete mich am nächsten Tag wieder ab, bezog keine Geldleistungen. Es kam dann ein Auftrag, und das Leben ging weiter.

Bei allen erzieherischen Maßnahmen, auch den autoritären, die mein Vater in meiner Jugend an mir vollzog, hat er eines nie getan, er hat mich nicht gebrochen. Ich durfte Neues probieren. Ich durfte ihm gegenüber Widerstand leisten. Er ließ mich trotz meiner schulischen Verfehlungen, meiner schlechten Noten nicht im Stich.

II

Mein Kampf, »Erstes Zusammentreffen mit Sozialdemokraten«, Seite 41ff. Ein Abschnitt, der viel Mentalitätsgeschmack aus dem Wien kurz nach der Jahrhundertwende hat. Adolf Hitler arbeitet in Wien als Hilfsarbeiter auf dem Bau. Gefällt sich als Beobachter des Proletariats und analysiert die Sozialdemokratie unter dem Brennglas eines Erhabenen:

»Ich trank meine Flasche Milch und aß mein Stück Brot irgendwo seitwärts und studierte vorsichtig meine neue Umgebung oder dachte über mein elendes Los nach. Dennoch hörte ich mehr als genug; auch schien es mir oft, als ob man mit Absicht an mich heranrückte, um mich so vielleicht zu einer Stellungnahme zu veranlassen. Jedenfalls war das, was ich so vernahm, geeignet, mich aufs äußerste aufzureizen. Man lehnte da alles ab: die Nation, als eine Erfindung der ›kapitalistischen‹ – wie oft musste ich nur allein dieses Wort hören – Klassen; das Vaterland, als Instrument der Bourgeoisie zur Ausbeutung der Arbeiterschaft; die Autorität des Gesetzes, als Mittel zur Unterdrückung des Proletariats; die Schule, als Institut zur Züchtung des Sklavenmaterials, aber auch der Sklavenhalter; die Religion, als Mittel der Verblödung des zur Ausbeutung bestimmten Volkes;

die Moral, als Zeichen dummer Schafsgeduld usw. Es gab da aber rein gar nichts, was so nicht in den Kot einer entsetzlichen Tiefe gezogen wurde. … Am Bau aber ging es nun oft heiß her. Ich stritt, von Tag zu Tag besser auch über ihr eigenes Wissen informiert als meine Widersacher selber, bis eines Tages jenes Mittel zur Anwendung kam, das freilich die Vernunft am leichtesten besiegt: der Terror, die Gewalt. Einige der Wortführer der Gegenseite zwangen mich, entweder den Bau sofort zu verlassen oder vom Gerüst herunterzufliegen. Da ich allein war, Widerstand aussichtslos erschien, zog ich es, um eine Erfahrung reicher, vor, dem ersten Rat zu folgen. … Ich war fest entschlossen, dennoch wieder auf einen Bau zu gehen. Verstärkt wurde ich in diesem Entschluß noch durch die Not, die einige Wochen später, nach dem Verzehren des geringen ersparten Lohnes, mich in ihre herzlosen Arme schloss. … Damals rang ich mit meinem Innern: Sind dies noch Menschen, wert, einem großen Volke anzugehören? … Mit unruhiger Beklommenheit sah ich in solchen Tagen des Grübelns und Hineinbohrens die Masse der nicht mehr zu ihrem Volke zu Rechnenden anschwellen zu einem bedrohlichen Heere.«
Über eine Massendemonstration Wiener Arbeiter: »Fast zwei Stunden lang stand ich so da und beobachtete mit angehaltenem Atem den ungeheuren menschlichen Drachenwurm, der sich da langsam vorbeiwälzte.«

Er hitlert sich schließlich zu dem, was ihn wirklich umtreibt: die Psyche der Masse. Da steht am Straßenrand kein sozial empörter junger Mann, der den Arbeitern etwas Gutes zufügen mag, sondern eher eine Art Nero, in dem extreme Konflikte mit radikalen Wünschen mühlsteinen. Er nennt das Unterkapitel »Psyche der Masse«:
»Die Psyche der breiten Masse ist nicht empfänglich für alles Halbe und Schwache. Gleich dem Weibe, dessen seelisches

Empfinden weniger durch Gründe abstrakter Vernunft bestimmt wird als durch solche einer undefinierbaren, gefühlsmäßigen Sehnsucht nach ergänzender Kraft, und das sich deshalb lieber dem Starken beugt, als den Schwächling beherrscht, liebt auch die Masse mehr den Herrscher als den Bittenden und fühlt sich im Innern mehr befriedigt durch eine Lehre, die keine andere neben sich duldet, … Wird der Sozialdemokratie eine Lehre von besserer Wahrhaftigkeit, aber gleicher Brutalität der Durchführung entgegengestellt, wird diese siegen …«

Hitlers *House of Cards,* seine demokratieblasphemischen Ambitionen, gehen so:
»Der Terror auf der Arbeitsstätte, in der Fabrik, im Versammlungslokal und anläßlich der Massenkundgebung wird immer von Erfolg begleitet sein, solange nicht ein gleich großer Terror entgegentritt. … Das danke ich am inständigsten meiner damaligen Leidenszeit, daß sie allein mir mein Volk wiedergegeben hat …«

III

»Ach, Matthias, Engel tanzen, Teufel toben.« Das war eine Lebensweisheit meiner Tante Linde, die ausdrücken sollte, dass es einfach unveränderliche Dinge im Leben gibt.

Für mich waren die Konstanten: Ich mochte sie sehr und liebte ihr Zürcher Geschnetzeltes. Linde, also Gerlinde, war in den 1960er-Jahren als Fremdsprachensekretärin in die Schweiz gegangen. Ich bewunderte sie dafür. Es sei nicht immer leicht gewesen, sagte sie, man habe sie die Verachtung spüren lassen, weil sie »eine Deutsche sei«. Linde war selten ernst. Deshalb war ich auch so gern bei ihr. Sie erzählte immer mit großer Belustigung, wie sie zum ersten Mal eine Ananas gegessen hatte und dann gleich voller Schreck schreiend nach Haus gerannt war. »Wir dachten ja, die Amerikaner hätten uns befreit, und dann bekamen wir Kinder diese Ananas, die war so bitter, dass wir dachten, jetzt wollen die uns doch vergiften.« Eine Dose halbe Pfirsiche aus Kalifornien, geschenkt von einem »schwarzen GI mit einem strahlenden Lächeln«, süßten danach alle Missverständnisse aus der Welt. Auch das wusste ich von ihr. Sie lachte sich immer halb kaputt bei der Ananasgeschichte. Liebe Tante Linde. Ich hörte dich immer so gerne lachen. Ich denke so gern an dich, auch wenn ich nicht nur diese Geschichte im Kopf habe.

Ich war in den Ferien zu Besuch bei ihr, wundervolle 14 Tage, kehrte abends von einem Ausflug an den Zürichsee zurück, hatte dort einen sonnigen Tag mit Gleichaltrigen verbracht, 14-jährigen Teenagern. Ich war selig nach einem Küsschen auf die Wange von Claudine. Ich hatte einen Schlüssel zur Wohnung. Es war bereits dämmrig. Erst dachte ich, keiner zu Hause, Glück gehabt, dann hörte ich ein Wimmern. Ich fand sie im Wohnzimmer hinter der Couch, auf dem Boden kauernd. »Warum kommt er nicht? Warum ruft er nicht an? Ist ihm etwas passiert?« Das wiederholte Linde wie ein Mantra. Da fiel mir siedend heiß ein, dass mein Onkel mir beim Frühstück aufgetragen hatte, ihr auszurichten, dass er heute länger arbeiten müsse, und ich hatte vergessen, ihr Bescheid zu sagen.

Sie hockte in einem Spalt zwischen Wand und Couch und ritzte ihre Unterarme mit ihren Fingernägeln, bis sie mich bemerkte. Ich half ihr auf, war besorgt, erschüttert. Sie merkte das sofort. Ihren innerlichen Ruck, ich muss mich zusammenreißen, mein Neffe ist da, konnte sie nicht gleich umsetzen. Sie war aufgebrochen, und ich fragte ganz unhöflich, warum sie das mache. »Weil mein Mann nicht da ist, er hat mich im Stich gelassen, ich weiß nicht, wo er ist, wann er kommt, das macht mich verrückt, verstehst du das, das macht mich verrückt!«

Ich antwortete vorsichtig, dass er schon noch kommen werde: »Er ist doch immer gekommen, oder?« Und fragte naiv weiter: »Aber deswegen machst du das doch nicht, oder? Das tut doch weh?«

Tante Linde schaute mich einen langen Moment an und sagte: »Ich sag es dir jetzt einmal und dann nie mehr. Da war ich noch ganz klein. Ein Mädchen. Mama ging weg. Was organisieren. Der Krieg ging schon lange. Die Luftangriffe auch. Doch bislang waren wir verschont geblieben. Kamen die Engländer und Amerikaner von einem Einsatz zurück, warfen sie über uns noch Restbomben ab, um Gewicht zu verlieren, erklärte man uns immer. Das sei nicht so schlimm, man sei ja nicht Hauptziel. Bei einem solchen ›kleinen‹ Luftangriff war ich mal allein zu Hause. Mama hatte abgeschlossen, mir sollte nichts passieren. Das muss man sich mal vorstellen. Ich lag schön friedlich auf dem Bett und las in meinem Lieblingsbuch Prinzessinnengeschichten, die mochte ich so gerne. Dann ging's auch schon los. Die Sirenen heulten schon eine Zeit, bis ich sie richtig bemerkte. Uiuiui. So machten die und hörten nicht auf. Runter, in den Keller, oder zu Frau Maier, die nimmt dich mit in den Luftschutzbunker, hatte Mama mir eingeschärft. Aber die Tür ging nicht auf. War ja abgeschlossen. Uiuiui. Das hörte gar nicht mehr auf. Bum. Eine Bombe explodierte in der Nähe. Dann noch eine. Die Fensterscheiben gingen zu Bruch, und die Druckwelle schleuderte mich gegen die Tür, die einfach nicht aufging. Ich war ganz allein. Mein Gott. Ganz allein. Mutterseelenallein. Ich … Danach ist man ein anderer Mensch. Glaub mir, ein anderer Mensch.«

Beim Erzählen wippte sie mit dem Oberkörper hin und her, während ihre Arme kreisten. Das sah aus, als würde sie brennen, nur ohne Flammen, und Blut rann – aus den zuvor mit den Fingernägeln in die Haut gekratzten Ritzen in feinen Rinnsalen, tropfte schließlich auf den Teppich; sie tat mir in diesem Moment so unendlich leid, und ich habe mich geschämt, dass sie das ertragen musste, in dem Fall wegen mir.

HELDEN UND FLASCHEN

»Neues schaffen, heißt Widerstand leisten.
Widerstand leisten, heißt Neues schaffen.«
Stéphane Hessel im Jahr 2010

I

Wann begann er, der Untergang des Abendlandes? Nicht mit einem Atompilz am Horizont, sondern mit einem Tag, so hässlich, wie ich ihn selten sah. Ich beobachtete eine brave Rentnerin in der Münchner U-Bahn beim Flaschensammeln. Inzwischen sammeln immer mehr Menschen Pfandgut. Das wurde auch schon für Wahlen benutzt: Lieber Mindestlohn als Flaschen sammeln. Dann war ich mal in Berlin. Am Flughafen Tegel beobachtete ich einen jungen Vater mit seiner etwa 13-jährigen Tochter beim Flaschensammeln. Ich war von einem Verlagsgespräch zum Flughafen geeilt, dachte Wichtiges und fühlte Scham.

Das ist jetzt alles eine Weile her. Auch der Entschluss, selbst Flaschen sammeln zu wollen. Ich wollte wissen, wie es sich anfühlt, wenn Leben aussichtslos schmeckt. Doch in Bezug auf meinen Mut kann ich viele Wunden an mir feststellen.

Nein, ich will keine Flaschen sammeln. Ich kann Mentalitätsgeschichte nicht erschmecken. Ich mag keine hinkenden Vergleiche ziehen.

Flaschen sammeln ist etwas Ehrenhaftes, weil man sein Schicksal in die Hand nimmt. Ich werde den Leuten, die das machen, nicht auch noch die Flaschen wegsammeln, nur weil ich mir erhoffe, etwas mehr zu erfahren, einen Eindruck zu gewinnen, wie die Verhältnisse in den 1920er-Jahren waren, wie ich mir das vorstellen muss, den jähen Absturz ins Bodenlose. Ich hatte mir schon so sozialkitschige Sätze überlegt wie: Wenn Wut und Scham und Selbsthass sich mit Bier und Cola-Resten zu einem braunen Bodensatz mischen, und merke, wie ich fehle; und jetzt spüre ich eiskalt, wie *Mein Kampf* mich in meiner gefühlten Sozialwirklichkeit abholt, wie er schreibt, was ich hören möchte. Er servilt, bedient mich mit seinem oberösterreichischen Charme. Warum? Weil er mich dominieren will. Die Jas, die er mir abtrotzt, würgen mich. Wie er mich täuscht, und das hat nichts damit zu tun, dass ich die Wirkungsgeschichte kenne, sondern mit seiner Art zu schreiben.

Mein Kampf, Seite 49ff.:
»Daß die Sozialdemokratie die enorme Bedeutung der gewerkschaftlichen Stellung begriff, sicherte ihr das Instrument und damit den Erfolg; daß das Bürgertum dies nicht verstand, kostete es seine politische Stellung.«
Dann bietet er seine Hand, sieht in der Gewerkschaft ein nützliches Instrument: »Sie erwirbt sich höchstes Verdienst, indem sie durch die Beseitigung sozialer Krebsschäden sowohl geistigen als auch körperlichen Krankheitserregern auf den Leib rückt und so zu einer allgemeinen Gesundheit des Volkskörpers mit beiträgt. … Beides wird durch unwürdige Unternehmer, die sich nicht als Glied der ganzen Volksgemeinschaft fühlen, schwer bedroht. Aus dem üblen Wirken ihrer Habsucht oder Rücksichtslosigkeit erwachsen tiefe Schäden für die Zukunft …«

Und es wird weiter gehitlert. Er dreht und wendet ein und dasselbe mehrmals um. Er meint, sagt, fordert und endet schließlich dort, wo er wirklich hinwill. Den politischen Feind, die Sozialdemokratie, vernichten: »Sie war es vor allem, die den Begriff der Demokratie zu einer widerlich-lächerlichen Phrase machte, die Freiheit schändete und die Brüderlichkeit in dem Satze ›Und willst du nicht Genosse sein, so schlagen wir dir den Schädel ein‹ unsterblich verhöhnte.«

Seine Unterkapitel »Die Gewerkschafts-Frage« bis hin zu »Der Schlüssel der Sozialdemokratie« münden in »Die Judenfrage«.

Zwei Ziele hat das Buch: Expansion und Judenhass.

Hitler schreibt weiter: »Nur die Kenntnis des Judentums allein bietet den Schlüssel zum Erfassen der inneren und damit wirklichen Absichten der Sozialdemokratie. Wer dieses Volk kennt, dem sinken die Schleier irriger Vorstellungen über Ziel und Sinn dieser Partei vom Auge, und aus dem Dunst und Nebel sozialer Phrasen erhebt sich grinsend die Fratze des Marxismus.«

Nur wenige Sätze später gründelt er in der sogenannten Weltpresse, um dann folgende Erkenntnis zutage zu fördern:

»Noch sah ich im Juden nur die Konfession und hielt deshalb aus Gründen menschlicher Toleranz die Ablehnung aus religiöser Bekämpfung in diesem Falle aufrecht. So erschien mir der Ton, vor allem der, den die antisemitische Wiener Presse anschlug, unwürdig der kulturellen Überlieferung eines großen Volkes. Mich bedrückte die Erinnerung an gewisse Vorgänge des Mittelalters, die ich nicht gerne wiederholt sehen wollte …«

Wenn ich das lese, dann fühlt sich Leben aussichtslos an. Er schaftstiefelt herum und lacht einem ins Gesicht. Diese Sätze sind so perfide. Aber darum geht es ja, sein Buch erkennen.

II

Ich fühle mich wie Flasche leer. Und kann über diesen Spruch nicht mal mehr lachen. Doch eine Stunde rennt auch durch den lausigsten Tag.

Es gibt ein Büchlein, das ein Held schrieb, ein Büchlein, das in seiner Bescheidenheit Gigantisches vermag. Es liegt auf *Mein Kampf* und bannt dessen Aura. Es heißt *Empört euch!* und taugt vorzüglich als Lebensretter von Adolf Hitlers nazistischen Feuilletonismus.

Wir sollten nicht warten, bis wieder jemand vom Schlage Hitlers kommt und uns die Welt erklärt. Wir sollten denen vertrauen, die wissen, wie die Welt war und wie sie zu sein hat. *Empört euch!* Der wunderbare Stéphane Hessel, der 1917 in Berlin zur Welt kam; sieben Jahre später Umzug nach Paris; seit 1937 französischer Staatsbürger. Was hat ein Mann zu sagen, der ab 1946 zur Vertretung Frankreichs bei den Vereinten Nationen in New York zählte und die Charta der Menschenrechte mit verfasst hat?

Was weiß ein KZ-Häftling, dem die Flucht aus Buchenwald gelang, weil ihm Eugen Kogon, selbst im KZ inhaftiert und dort Arztschreiber, das Leben rettete?

Auch bei Stéphane Hessel geht es um Ideale: »Das Grundmotiv der Résistance war die Empörung. Wir, die Veteranen der Widerstandsbewegungen und der Kampfgruppen des Freien Frankreich, rufen die Jungen auf, das geistige und moralische Erbe der Résistance, ihre Ideale mit neuem Leben zu erfüllen und weiterzugeben. Mischt euch ein, empört euch! Die Verantwortlichen in Politik und Wirtschaft, die Intellektuellen, die ganze Gesellschaft dürfen sich nicht kleinmachen und kleinkriegen lassen von der internationalen Diktatur der Finanzmärkte, die es so weit gebracht hat, Frieden und Demokratie zu gefährden.«

Stéphane Hessel konnte aus einem deutschen KZ fliehen. Dieser Held hat geholfen, Adolf Hitler zu bezwingen. Er ist ein Sieger. Über Hitlers Person und sein Tun.

Was also sieht jemand in der Zukunft, jemand, der alles gesehen hat. Alles, was Menschen Menschen antun können.

Er weiß: »Zwei große Menschheitsaufgaben sind für jedermann erkennbar: 1. Die weit geöffnete und noch immer weiter sich öffnende Schere zwischen ganz arm und ganz reich. Das ist eine Spezialität des 20. und 21. Jahrhunderts … 2. Die Menschenrechte und der Zustand unseres Planeten. … Nach dem Ende des Zweiten Weltkrieges ging es ja darum, die Menschheit dauerhaft vom Gespenst des Totalitarismus zu befreien. Dazu musste erreicht werden, dass die UNO-Mitgliedsstaaten sich zur Achtung dieser universellen Rechte verpflichteten – ein Weg, um das Argument der vollen Souveränität auszuhebeln, auf das sich ein Staat berufen konnte, der sich auf seinem Territorium Verbrechen gegen die Menschenrechte leistete – siehe Hitler, der als Herr im Hause über Völkermord entschied …«

15 Seiten Weisheit. Geschriebener Heldenmut. Zum Schluss seines Buches macht uns der gebürtige Berliner ein Geschenk. Er überreicht uns sein Vermächtnis und gibt uns ein Ziel: »Der Nazismus ist besiegt worden dank dem Opfer unserer Brüder und Schwestern in der Résistance und der im Kampf gegen die faschistische Barbarei verbündeten Nationen. Doch die Bedrohung ist nicht vollständig gebannt, und unser Zorn über die Ungerechtigkeit ist nicht gewichen. Nein, die Bedrohung ist nicht ganz gebannt. Und so rufen wir weiterhin auf zu einem wirklichen, friedlichen Aufstand gegen die Massenkommunikationsmittel, die unserer Jugend keine andere Perspektive bieten als den Massenkonsum, die Verachtung der Schwächsten und der Kultur, den allgemeinen Gedächtnisschwund und die maßlose Konkurrenz aller gegen alle.«

Wer vermag schon, in die Saat der Zeit zu schauen? Wer vermag vorherzusagen, welches Samenkorn gedeihen wird und welches nicht?

Was für ein Trost zu wissen, dass man nicht smartphonegesteuert durch die Welt laufen muss, man es auch zur Seite legen kann.

Die neuen Herren der Welt besitzen kein besonderes Vorrecht der Natur, sie sind sterblich. Deshalb buhlen sie um unsere Gunst, nicht umgekehrt. So rum läuft das Geschäft.

DIE KLARE SONNE

»– Seltsame Dinge wälzt mein Geist bei sich
Herum, die einen raschen Arm erfordern
Und Tat sein müssen, eh' sie Worte sind.«
Macbeth

I

Ich habe den Feind in mein Haus gebracht.

Ich lese, das Buch vor mir, blättere voraus und zurück, bleibe nicht bei der Sache. Ich schlafe neben dem Buch, ich esse neben dem Buch. Es ist nur Papier und Pappe, mit einem Hakenkreuz vorne drauf, und doch ist es, als hätte ich den Feind in mein Haus gebracht. Ich habe zwei Tage durchgelesen, nähere mich einem emotionalen Blackout, ich bin dem nicht mehr gewachsen, ziehe mich an und gehe mit dem Buch nach draußen, ich muss raus, ES muss raus. Ich denke, wenn du jetzt vom Hochhaus springst, bist du tot und das Buch womöglich heil – heil? Wie bizarr in diesem Zusammenhang.

Ich denke an all die netten Leute, all die heimlichen Hitlerverehrer, die ich bislang während meiner Recherche getroffen habe. Die HHV, so nenne ich sie: die jovialen Entschuldiger und die besserwisserischen Versteher, deren geheimster Wunsch es ist, nur mal kurz an der absoluten Macht lecken zu wollen. Sie kommen aus allen gesellschaftlichen Milieus, sind reich oder arm, mehr oder weniger gebildet.

Ich saß bei einem Bäcker, der gute »Auszogne«, Schmalzgebäck, und einen passablen Kaffee anbietet. Ich liebe es seit meiner Kindheit, das Gebäck in den Kaffee zu tunken. Plötzlich sprach mich ein älterer Mann an: »Das müssen Sie wissen, Adolf Hitler war unser Retter vor der Umkreisung der Entente, vor der völligen Vernichtung. Das sind historisch bekannte Tatsachen. Er hat das sofort erkannt. Heute gibt's ja wieder so viele gesellschaftliche Spalter wie damals. Die Eliten da oben und wir, die Kleinen, da unten.«

Ich antwortete höflich abweisend: »Hm. Interessant. Ich würde aber jetzt gerne …« In seinem Blick sah ich, dass ein gutes Ende Lichtjahre entfernt war. Meine Laune war schlagartig dahin, ich wollte nur noch weg und dachte: Hast du ein Schild auf der Stirn? Adolf-Hitler-Müll bitte hier hineinkippen?

Dennoch entkam ich nicht schnell genug. Er konnte mir noch zuzischen: »Zion will die Weltherrschaft: Nur am deutschen Wesen wird die Welt genesen.«

Ich klemme mir das Buch unter den Arm und gehe los. An meinem Arbeitsplatz schließe ich es in einen Spind ein.

Zuvor las ich einen Satz und betrachtete ein Foto. Beides lässt mich nicht los. Sie stammen nicht direkt aus *Mein Kampf,* sind aber dessen Geistes Kinder. Das Foto zeigt die Standartenweihe im Luitpoldhain, 1933 in Nürnberg, und ich imaginiere, wie es aus dem Schwarz-Weiß »Blitzkrieg!« schreit.

Können Sätze Menschen töten?, frage ich mich. Ja, wenn sie eine Einwilligung zum Schicksalhaften geben:

Alles, was ihr seid, seid ihr durch mich,
und alles, was ich bin, bin ich nur durch euch allein!
Adolf Hitler zu seiner SA am 30. Januar 1936.

Am Schreibtisch sitzend denke ich über die letzten Stunden und Tage nach. Meine Empathie hat sich aufgelöst wie mein Atem in der eiskalten Luft.

II

Immer noch 2. Kapitel von Hitlers *Mein Kampf,* das kein Ende nehmen will. Seite 59ff., »Wandlung zum Antisemiten«:

»In der Zeit dieses bitteren Ringens zwischen seelischer Erziehung und kalter Vernunft hatte mir der Anschauungsunterricht der Wiener Straße unschätzbare Dienste geleistet. Es kam die Zeit, da ich nicht mehr wie in den ersten Tagen blind durch die mächtige Stadt wandelte, sondern mit offenem Auge außer den Bauten auch die Menschen besah. Als ich einmal so durch die innere Stadt strich, stieß ich plötzlich auf eine Erscheinung in langem Kaftan mit schwarzen Locken. Ist dies auch ein Jude? war mein erster Gedanke. So sahen sie freilich in Linz nicht aus. Ich beobachtete den Mann verstohlen und vorsichtig, allein je länger ich in dieses fremde Gesicht starrte und forschend Zug und Zug prüfte, um so mehr wandelte sich in meinem Gehirn die erste Frage zu einer anderen Fassung: Ist dies auch ein Deutscher?«

Dann berichtet Hitler, er habe sich in antisemitischen Büchern und Broschüren informiert, den unwissenschaftlichen Ton aber als unzureichend für seine Nachforschungen empfunden. Das gipfelt in den Worten: »Ich wurde dann wieder rückfällig auf Wochen, ja einmal auf Monate hinaus.«

Ich erspare mir jede Metapher: Sie wäre ohnehin blind. Ich kenne mittlerweile seine Argumentationsschleifen, die vordergründige Gewissenhaftigkeit, die er kultiviert. Der Raubvogel kreist am Himmel.

Hitler:
»… Überhaupt war die sittliche und sonstige Reinheit dieses Volkes ein Punkt für sich. Daß es sich hier um keine Wasserliebhaber handelte, konnte man ihnen ja schon am Äußeren ansehen, leider sehr oft sogar bei geschlossenem Auge. Mir wurde bei dem Geruche dieser Kaftanträger später manchmal übel. Dazu kam noch die unsaubere Kleidung und die wenig heldische Erscheinung. … Abgestoßen mußte man aber werden, wenn man über die körperliche Unsauberkeit hinaus plötzlich die moralischen Schmutzflecken des auserwählten Volkes entdeckte. …«

Bei seiner Feldforschung entledigt sich der junge Adolf Hitler sofort seiner Moral und seines Verstandes als den Feinden seines Wandels zum Antisemiten. Das Konstruieren erinnert an den *Hexenhammer*. Heinrich Kramer, der im Zölibat lebende Dominikaner-Prior, erstaunte auch mit seinem Wissen über die Gebärmutter, in deren dunkeln Tiefen Dämonisches hausen soll. Abgesehen vom extremen Interesse an den vermeintlichen sexuellen Verwicklungen zwischen Hexe und Teufel herrscht auch hier das Prinzip der angestrebten totalen Macht: Das Bewegende herrscht über das Bewegte, der Deuter über das Gedeutete, der Konstrukteur des Feindbildes über die Lösung.

Hitler ist damals Anfang 20. Sein Buch, das weder stringent biografisch noch chronologisch korrekt aufgebaut ist, sondern propagandistisch, weist keine konkreten Zeitangaben auf.

Weiter im Text:
»Ich begann damals sorgfältig die Namen all der Erzeuger dieser unsauberen Produkte des öffentlichen Kunstlebens zu prüfen. Das Ergebnis war ein immer böseres für meine bisherige Haltung dem Juden gegenüber. Mochte sich da das Gefühl auch noch tausendmal sträuben, der Verstand mußte seine Schlüsse

ziehen. ... Auch meine liebe ›Weltpresse‹ begann ich nun von solchen Gesichtspunkten aus zu prüfen. Je gründlicher ich aber hier die Sonde anlegte, um so mehr schrumpfte der Gegenstand meiner einstigen Bewunderung zusammen. ... Die Objektivität der Darstellung schien mir nun mehr Lüge zu sein als ehrliche Wahrheit; die Verfasser aber waren – Juden.«

Und nicht nur die Künstler und Journalisten, auch die Zuhälter kriegen ihr Fett ab. Hitler deckt also alle relevanten gesellschaftlichen Bereiche ab: »Das Verhältnis des Judentums zur Prostitution und mehr noch zum Mädchenhandel konnte man in Wien studieren wie wohl in keiner sonstigen westeuropäischen Stadt, südfranzösische Hafenorte vielleicht ausgenommen. Wenn man abends so durch die Straßen und Gassen der Leopoldstadt lief, wurde man auf Schritt und Tritt, ob man wollte oder nicht, Zeuge von Vorgängen, die dem Großteil des deutschen Volkes verborgen geblieben waren, bis der Krieg den Kämpfern an der Ostfront Gelegenheit gab [Anm.: Erster Weltkrieg], Ähnliches ansehen zu können, besser gesagt, ansehen zu müssen.«
Und dann herrenmenscht Adolf Hitler seine Eindrücke zu einer Melange zusammen: »Als ich zum ersten Male den Juden in solcher Weise als den ebenso eisig kalten wie schamlos geschäftstüchtigen Dirigenten dieses empörenden Lasterbetriebes des Auswurfes der Großstadt erkannte, lief mir ein leichtes Frösteln über den Rücken. Dann aber flammte es auf. Nun wich ich der Erörterung der Judenfrage nicht mehr aus, nein, nun wollte ich sie.«

Ohne Schaum vor dem Mund, ohne Häme. Abgesehen von meinem schlechten Gewissen, all das aufzuschreiben, muss der Dreck aus dem ganzen Hitler-Walhalla-Nebel ans Licht gezerrt werden.
Eine echte Wiener Dirne, deren Aufzeichnungen kurz vor Hitlers Auftauchen in Wien erschienen sind, 1906, schildert in

ihren Erinnerungen eine ganz andere Sozialwirklichkeit, die meiner Meinung nach lebensnähere: »Rudolf habe ich in diesen Dingen viel zu danken gehabt. Er hat mich gelehrt, auf die Männer achtzugeben, daß sie sich mir mit keiner Waffe nahen, mich nicht am Halse würgen oder mir den Mund zuhalten. Er war es, der mir einschärfte, wenn ich mit jemandem ins Hotel oder in die Wohnung gehe, das Geld vorher zu verlangen, und er war es, der mich davor warnte, jemals eine Kaserne zu betreten, es sei denn zu einem Offizier. … Ich kann nicht alles aufschreiben, was ich in diesen Jahren, was ich als Hure überhaupt erlebt habe. Meine Kindheitserinnerungen, so wechselvoll und bewegt sie sein mögen, sie sind mir haften geblieben, und ich habe von ihnen berichtet. Schließlich sind es Kindheitserinnerungen, wenn auch freilich sehr geschlechtlich und sehr wenig kindlich.«

Josefine »Pepi« Mutzenbacher heißt die Wiener Dirne, deren Geschichte der Schriftsteller Felix Salten aufgeschrieben haben soll. Der Autor, Jude, stammt aus der besten Wiener Schriftstellergesellschaft von Schnitzler, Hofmannsthal, Kraus. Er musste von seiner Arbeit leben und schrieb deshalb auch Kinderbücher. Eines ist weltberühmt: *Bambi*.

Am Schluss von Josefine Mutzenbacher finden sich die für mich besten Zeilen über das Geschlechterverhältnis einer hoffentlich längst vergangenen Zeit: »Denn im Ganzen ist die Liebe unsinnig. Das Weib gleicht so einer alten Rohrpfeife, die auch nur ein paar Löcher hat und auf der man eben auch nur ein paar Töne spielen kann. Die Männer tun alle dasselbe. Sie liegen oben, wir liegen unten. Sie stoßen und wir werden gestoßen. Das ist der ganze Unterschied.«

Zurück zu *Mein Kampf*. In seinem Buch kommt Hitler schließlich zur angestrebten Schlussfolgerung, Seite 69f.:
»Sollte diesem Volke, das ewig nur auf dieser Erde lebt, die Erde als Belohnung zugesprochen sein? … Indem ich mich in die Lehre des Marxismus vertiefte und so das Wirken des jüdischen Volkes in ruhiger Klarheit einer Betrachtung unterzog, gab mir das Schicksal selber seine Antwort. Die jüdische Lehre des Marxismus lehnt das aristokratische Prinzip der Natur ab und setzt an Stelle des ewigen Vorrechtes der Kraft und Stärke die Masse der Zahl und ihr totes Gewicht. … Siegt der Jude mit Hilfe seines marxistischen Glaubensbekenntnisses über die Völker dieser Welt, dann wird seine Krone der Totentanz der Menschheit sein, dann wird dieser Planet wieder wie einst vor Jahrmillionen menschenleer durch den Äther ziehen. Die ewige Natur rächt unerbittlich die Übertretung ihrer Gebote. So glaube ich heute im Sinne des allmächtigen Schöpfers zu handeln: Indem ich mich des Juden erwehre, kämpfe ich für das Werk des Herrn.«

Ich notiere: Was folgt, ist Grauen. Sätze, die das Böse brandbeschleunigen. Jedes Wort davon ein Mörder. Wie im *Hexenhammer*. Die angeblich große Gefahr hat nur einen, der zum Vollstrecker ausersehen ist, den Autor jener Zeilen.

III

Zwei Tage später. Ich lese etwas Außergewöhnliches, finde es an unvermuteter Stelle. »Es war einmal …« Die Eintrittskarte ins Märchenreich, als der Bertelsmann-Lesering uns junge Deutsche noch bilden wollte mit den *Schönsten Märchen der Brüder Grimm*. Nach jenem Ort mich zurücksehnend, nahm ich mein altes Märchenbuch zur Hand, endlich mal wieder etwas Schönes, oder besser Wahrhaftiges, lesen. Im Band finde ich ein Märchen, das ich noch gar nicht kannte: »Die klare Sonne bringt's an den Tag«. Die Illustration von Fritz Fischer über dem Titel zeigt einen bösen Mann, mit einem Stock drohend in der Hand, und einen älteren Juden mit Hut, Bart und Kaftan. Die Typisierung ist eindeutig. Zwischen den beiden sieht man die Sonne.

Ich denke, was kommt jetzt für ein antisemitischer Scheiß, und beginne zu lesen. Doch meine Erwartungen werden nicht erfüllt. Es geht sinnbildlich um Nemesis, die griechische Göttin der ausgleichenden Gerechtigkeit, die die menschliche Hybris straft – keiner entkommt ihr, kein Geselle, kein Gefreiter:

»Ein Schneidergesell reiste in der Welt bei seinem Handwerk herum, und er konnte einmal keine Arbeit finden. Die Armut war bei ihm so groß, daß er keinen Heller Zehrgeld hatte. In der Zeit begegnete ihm auf dem Weg ein Jude, und da dachte er, der hätte viel Geld bei sich, und stieß Gott aus seinem Herzen, ging auf ihn los und sprach: ›Gib mir dein Geld, oder ich schlag' dich tot.‹ Da sagte der Jude: ›Schenkt mir doch das Leben, Geld hab' ich keins und nicht mehr als acht Heller.‹ Der Schneider aber sprach: ›Du hast doch Geld, und das soll auch heraus‹, brauchte Gewalt und schlug ihn so lange, bis er nah am Tod war. Und wie der Jude nun sterben wollte, sprach er das letzte Wort: ›Die klare Sonne wird es an den Tag bringen!‹ und starb damit.«

Wie ging es weiter? Der Mörder fand dann auch nur die acht Heller, jeder Heller vom Wert eines halben Pfennigs. Er tarnte seine Tat; versteckte den Leichnam. Jahre später, an einem besonderen Tag, porträtiert das Märchen einen gut situierten Schneidermeister mit wohligem Heim und trefflicher Zukunft.

Nemesis indes strickte an seinem Schicksal. Gott hatte er ja aus seinem Herzen gestoßen, also war Platz für anderes. Eines Tages fallen die Strahlen einer klaren Sonne ins Haus des Schneiders. Doch der Schneider sprach nur: »Ja, die will's gern an den Tag bringen und kann's nicht!« Das hörte seine Frau. Sie erfüllte mit ihrer Neugier das gerechte Schicksal. Der Ehegatte verriet's ihr. Sie verriet's weiter: »Ehe aber drei Tage vergingen, wußte es die ganze Stadt, und der Schneider kam vor Gericht und ward gerichtet. Da brachte es doch die klare Sonne an den Tag.«

Ich bin jetzt um ein wertvolles Märchen reicher, und zudem erreicht mich die positive Antwort von Rabbiner Jaron Engelmayer aus Köln. Ich habe einen Termin. Dazu später mehr.

Aus meinem Grimm-Märchenbuch: »Die klare Sonne bringt's an den Tag«, eine Metapher für göttliche Gerechtigkeit

ALSO SPRACH
HERR PLÖCKINGER

»… lass uns
Den blut'gen Vorsatz mit der schönsten Larve
Bedecken! Falsche Freundlichkeit verhehle
Das schwarze Werk der heuchlerischen Seele!«
Macbeth

I

Wenn das Gedächtnis der Wächter des Gehirns ist, dann ist die
Erinnerung die Hüterin einer humanen Zivilisation. Dabei geht
es um Wahrhaftigkeit. Von der verabschiedet sich aber der
Mensch in Zeiten des Wandels als Erstes. Wie also ist es um
Adolf Hitlers Lehrbuch *Mein Kampf* bestellt im Deutschland
danach? Leugnen ist hilfreicher als ehrlich sein. Nach dem Krieg
setzte recht schnell ein allgemeines Nicht-Wissen der Rezep-
tions- und Wirkungsgeschichte dieses Werkes ein, das bis heute
anhält. Ob das Buch gelesen wurde, ob sein Inhalt in den Köpfen herum schaftstiefelte oder nicht, waren und sind Familienge-
heimnisse. In dieser Frage existiert eine Heuchelei, eine Verbrü-
derung der immer freundlich Ahnungslosen. Fast alle Nachfragen
enden bei der gleichen Antwort: Es war nur ein Hochzeitsbuch.
Es stand nur im Schrank. Gelesen hat es keiner.

Ich kann das nicht glauben.

II

Im Leben trifft man viele Menschen; manche für eine bestimmte Zeit, um im gedanklichen Abgang festzustellen: Das meiste davon war Schrott. Leider banal, leider wahr. Doch die ausgleichende Gerechtigkeit offenbart manchmal Überraschendes, wenn man die Augen wirklich aufmacht. Wenn ich ein bisschen nietzschen darf: »Also sprach Herr Plöckinger« bezieht sich natürlich auf *Also sprach Zarathustra* von Friedrich Nietzsche und ist doch als ein Antonym zu verstehen, als Gegensatz, weil Dr. Othmar Plöckinger als Spezialist für die Genesis des Hitlerwerkes das krasse Gegenteil von Nietzsche darstellt. Beim Salzburger Othmar Plöckinger geht es nicht um die Dichtkunst oder gar ums Philosophische. Plöckinger ist im besten Sinne ein Ingenieur der zeitgeschichtlichen Forschung. Er arbeitet auch mit dem Institut für Zeitgeschichte in München zusammen, eine der führenden Institutionen in der Hitlerforschung. Bei Othmar Plöckinger zählt nur Nachprüfbares, Beweisbares. Bei ihm ist es wie mit dem TÜV: Da schafft es kein Rost durch, alles Relevante wird noch ganz traditionell abgeklopft.

Plöckinger ist stets um Präzision bemüht, dabei unaufdringlich, eher sanft Klarheit einfordernd, nicht belehrend, um dann doch sofort auf inhaltlich weiße Flecken oder tradierte Gemeinplätze zu deuten.

Wir trafen uns in der Cafeteria der Bayerischen Staatsbibliothek. Ich holte Cappuccino, und er klopfte mich gleich ab. Bei mir konnte er weder Rost noch Falschheit finden, sondern nur die übliche deutsche Verdummbildung. Ich hatte noch nicht mit meinem Buchprojekt begonnen und wusste zu jener Zeit eben noch nicht mehr als das Übliche. Plöckinger ging vor wie ein Tatortreiniger. Das ist er für mich: ein Tatortreiniger der

Mein-Kampf-Hitlerhistorie. Zunächst nahm er eine gedankliche Grundsäuberung bei mir vor. Dann versah er mich mit Fakten. Nach einer Weile meldete sich mein journalistischer Instinkt, und ich fragte: »Sagen Sie, Herr Plöckinger«, mittlerweile hatte sich die Cafeteria geleert, und ich musste nicht mehr geheimnistuerisch flüstern, wie man das in der Öffentlichkeit automatisch macht, wenn häufig der Name Hitler fällt, »zu welcher Spezies zählen Sie sich? Sind Sie ein Hitlerdeuter, ein Hitlerversteher oder ein Hitlerergründer?«

Er stutzte und schien einen Moment sprachlos. »Also«, sprach Herr Plöckinger, »nichts von alldem. Mir geht es drum, das Buch zu entmystifizieren. Nicht mehr, nicht weniger.« Seine Ausführungen ließen sein Erstaunen über meine Frage erkennen: Hitlerdeutung würde bedeuten, die Person und ihr Innenleben erklären zu wollen. Das sei etwas, das über die historische Distanz hinweg ein Ding des Unmöglichen darstelle. »Die Gefahr besteht dort einfach stets, dass man ins Spekulative abdriftet. Und sozusagen post festum das hineindeutet, von dem man glaubt, dass es in diese Person hineingehört. Das ist nicht mein Anspruch.«

Historiker Dr. Othmar Plöckinger aus Salzburg, Spezialist für die Entstehungsgeschichte von *Mein Kampf*

Dann fütterte er mich mit Fakten. *Mein Kampf* erschien am 18. Juli 1925 im Franz-Eher-Nachf.-Verlag in München. Untertitel: *Eine Abrechnung,* was sich auf den Hitlerputsch in München 1923 bezogen habe: »Am 11. Dezember 1926, wieder an einem Samstag, erschien der zweite Band, *Die nationalsozialistische Bewegung.* Fast 13 Millionen Exemplare insgesamt. Übersetzt in 16 Sprachen. Seit 1945 nimmt das bayerische Finanzministerium das Urheberrecht des Buches in Anspruch. Druck und Vertrieb von Neuauflagen sind in Deutschland nicht erlaubt.

Adolf Hitler hat an seinem Buch gut verdient. Er bekam zehn Prozent vom Erlös. Das sei ein Millionengeschäft für den damaligen Reichskanzler gewesen: »Und! Am 1. Januar 2016, ein Freitag, wird das Urheberrecht von *Mein Kampf* ablaufen. Das Buch ist dann also gemeinfrei.«

III

Der Cappuccino war schon lange getrunken. Plöckinger zu lauschen fraß die Zeit auf. Eine Dekade *Mein-Kampf*-Forschung erlaubte ihm viele Ausführungen. Sie alle hier wiederzugeben würde ein eigenes Buch bedeuten. Ich beschränke mich auf die wesentlichen Aspekte, wie sie seit diesem Treffen meinen Zettelkasten füllen:

Hitlerputsch am 8. und 9. November 1923. Ernst Röhm, SA (Sturmabteilung), seit 1920, »Maschinengewehr-König von München«, besorgte zuvor die Waffen. Die Machtergreifung scheitert. Hitler kommt ins Gefängnis nach Landsberg am Lech. Verbot der NSDAP im gesamten Deutschen Reich bis Februar 1925. In der Festungshaft widmet sich Hitler seinem Manifest. Er schreibt das Buch *Mein Kampf* selbst. Plöckinger hat in den USA Original-Manuskriptseiten gesehen, die keinen anderen Schluss zulassen. Hitler diktierte sein Werk also nicht seinem Adlatus Rudolf Heß.

Eine besondere Rolle als Hitlers Sekretärin spielt Ilse Pröhl, die spätere Ehefrau von Rudolf Heß. Sie besorgt Papier, vermutlich auch die Schreibmaschine. Sie betreut das Manuskript von *Mein Kampf*. Ilse Pröhl fotografiert Hitler in der Haft: unter einem Lorbeerkranz. Stilisierung: Hitlers als Genie.

Am 20. Dezember 1924 wird Adolf Hitler vorzeitig aus der Festungshaft entlassen. Im Februar 1925 existieren die ersten Druckfahnen. Doch das Buchprojekt wird zunächst abgebrochen. Hitler droht die Ausweisung aus Deutschland. Er steht unter Beobachtung des Bayerischen Innenministeriums und der Polizei. Darunter sind aber auch Gönner. Hitler tritt auf und bekommt Redeverbot. Bis 1927. Alles Aktuelle, alle Verweise auf den Putsch müssen aus dem Buch getilgt werden. Zeitpolitische Agitation und Provokation werden vermieden. Ilse Pröhl hilft dabei. Zu seinen Förderern sollen vor allem die Bruckmanns zählen, Hugo und Elsa, eine bekannte Verlegerfamilie aus München. Ebenso die Hanfstaengls. Es sind immer die Damen des Hauses, die Hitler Eintritt in die Gesellschaft verschaffen. Und Geld. Und moralische Unterstützung. Ein Womanizer ohne Interesse an Sex? Der erste Band von *Mein Kampf* ist den getöteten Putschisten gewidmet. Der zweite Band einer bestimmten Person: »… der als der Besten einer sein Leben dem Erwachen seines, unseres Volkes gewidmet hat im Dichten und im Denken und am Ende in der Tat: Dietrich Eckart.«

Dietrich Eckart war väterlicher Duzfreund Hitlers, Mentor und Chefredakteur der Zeitung *Völkischer Beobachter*.

Plöckinger: »Dass Hitler wen geduzt hat, war sehr, sehr selten. Das hatte also etwas zu bedeuten. Seit Anfang der 1920er-Jahre sind die beiden ein ideologisch-politisches Gespann in München.« Eckart, Jahrgang 1868, habe Hitler, Jahrgang 1889, mit zum Kapp-Putsch nach Berlin genommen: »Eckart, mit besten Beziehungen zum Münchner Militär, organisiert ein Flugzeug. Gemeinsam fliegt man nach Berlin. Doch die

Münchner kommen zu spät. Der Putsch gegen die Weimarer Republik ist bereits niedergeschlagen worden.«

Dietrich Eckart habe auch Hitlers Begeisterung für den Obersalzberg bei Berchtesgaden wecken können.

Später komplettiere ich meine Recherche, finde heraus, dass jener Eckart als Dramatiker, als eine Art germanischer Herold, Henrik Ibsens Gedicht *Peer Gynt* arisch umdichtete und entehrte. Er hatte damit an deutschen Bühnen sogar Erfolg. Jener Eckart also, der nach heutigem Kenntnisstand als Schöpfer der NS-Schlüsselbegriffe »Drittes Reich«, »Deutschland erwache!« und »Mein Führer« gilt, war Hitlers väterlicher Freund. Ein Journalist, Dramatiker und Schriftsteller. Er schrieb das »Sturmlied der Deutschen«, die SA-Kampfhymne, aus der auch die Phrase »Deutschland erwache!« stammt. Eckart, der noch als Mitputschist in Haft saß, dann aber wegen Herzanfällen aus dem Gefängnis entlassen wurde, starb am 26. Dezember 1923 in Berchtesgaden an einer weiteren Herzattacke. Im Großen Saal des Berghofes platzierte Hitler eine Eckart-Büste aus Bronze.

Wenige Tage nach unserem Treffen schickt mir Plöckinger die Kopie eines Dokuments: Am 10. Oktober 1925 bestätigte der Ministerialrat im Bayerischen Innenministerium, Joseph Zetlmeier, nach Lektüre und Prüfung des eben erschienenen Buches *Mein Kampf* von Adolf Hitler, dass das Redeverbot gegen den Politiker und Schriftsteller zu Recht bestehe. Dazu später mehr.

IV

Ich hatte eine gewisse Scheu, Plöckinger nach dem zu fragen, was ich aus seinen Publikationen bereits wusste, dass er, simpel und methodisch überzeugend zugleich, auf die Idee gekommen war, in Bibliotheken nachzuforschen, wie *Mein Kampf* beim Leser ankam. Wohl weil ich mich nicht desillusionieren lassen wollte. Dabei hat mich das Leben durchaus schon gelehrt, dass der Mensch nie so gut ist, wie er meint.

»Herr Plöckinger, war *Mein Kampf* ein Bestseller?«

»Kann man so sagen.«

»Ein gelesener?«

»Das kann ich nicht verneinen und nicht bestätigen, weil ich die Menschen selbst nicht fragen kann. Was ich aber herausgefunden habe, ist Folgendes: Ich habe in deutschsprachigen Bibliotheken nachgeforscht, in denen noch alte Aufzeichnungen aufbewahrt werden. Das ist nach all der Zerstörung im Zweiten Weltkrieg natürlich nicht mehr so zahlreich gegeben. Ein Beispiel für den Besitz auswertbarer Materialien stellt unter anderem Coburg dar. Dort befinden sich tatsächlich noch Exemplare von *Mein Kampf* mit den alten Ausleihzetteln und den alten Ausleihbüchern. Aufgrund dieser Angaben konnte ich relativ schön rekonstruieren, in welcher Zeit das Buch ausgeliehen worden ist, wann und wie lange.«

»Und konkret?«

Plöckinger ließ sich durch meine Ungeduld nicht aus der Ruhe bringen: »Das sind sehr, sehr konkrete Daten, die Auskunft geben über das Interesse des Publikums, der Bibliotheksbenutzer an diesem Buch. Es zeigt, dass es Phasen gegeben hat, gerade so um 1932 bis 1933 herum, in denen sehr viele Leute versucht haben, das Buch zu bekommen, weil natürlich das Interesse groß war, was schreibt der neue oder der kommende Reichskanzler, der neue starke Mann Deutschlands? Welche Ideen hat er? Welche Ziele verfolgt er? Der Titel war sehr gefragt, das Buch war über Monate ständig ausgeliehen. *Mein Kampf* war permanent in der Hand der Leser …«

»War *Mein Kampf* denn gleich so beliebt?«

Sein Zeigefinger bedeutete mir, dass dem nicht so war: »Nein. 1925 war das Buch nicht ein Text, der in das breite Publikum hineingeflossen ist. Es war eher ein Buch für Sympathisanten, für Anhänger, für Politiker, die sich über ihren Konkurrenten informieren wollten. Natürlich für die Medien, für Gegner wie auch Anhänger Hitlers in den verschiedenen Zeitungsredaktionen. Bis zum Ende der 1920er-Jahre war es eher ein Buch, das ein sehr klares Segment bedient hat.«

»Und wann setzte der Erfolg beim Publikum ein?«

»Im Frühjahr 1930 kam die Volksausgabe auf den Markt. Ab da wurde es zum Publikumsbuch. Das war sozusagen die Initialzündung, dass *Mein Kampf* über diesen durchaus segmentierten Kreis dann tatsächlich ein breiteres Publikum gefunden hat. Die einbändige Volksausgabe kostete acht Reichsmark.«

V

Nach dem Gespräch mit Dr. Othmar Plöckinger hatte ich mir notiert: Schutzbehauptung, das Buch sei nicht gelesen worden, zertrümmert. Viele, sehr viele wussten, was drinsteht.

Gedanklich steckte ich gerade im Drumherum fest, statt im Mittendrin. Doch die Pause von der Lektüre machte Sinn; ohne meinen Eindrücken Recherchen entgegenzustellen, bliebe mir mein Schreiben fremd.

VI

Bei Max traf ich den *Mein-Kampf*-Spezialisten Othmar Plöckinger einige Monate nach unserem ersten Gespräch erneut. Der Ort war bewusst gewählt. Max' großbürgerliche Wohnung versprüht Thomas-Mann-Charme. Sein Bücherregal erinnert an den Hochaltar einer Kathedrale. Von der Dachterrasse aus blickt man übers Lechel, wie der Münchner das Innenstadtviertel Lehel nennt. Der Altbau liegt etwa 50 Meter entfernt vom ehemaligen Eher-Haus, dem Verlag von *Mein Kampf*.

Max stammt aus einer angesehenen Kaufmannsfamilie, ist

Mitglied der Münchner Gesellschaft. Sein Habitus ist der eines noblen Herrn, anachronistisch anzusehen im 21. Jahrhundert und dennoch passend zum selbstbewussten Mia-san-mia-München. Aus seiner Sammlung, ganz oben im Bücherregal, holte er die in der Nazi-Zeit populären Sammelbilderalben *Adolf Hitler* und *Deutschland erwacht. Werden, Kampf und Sieg der NSDAP,* herausgegeben vom Cigaretten-Bilderdienst Hamburg-Bahrenfeld. Die Bilder aus diesen Alben gaben mir für mein Buch das nötige visuelle Futter.

Max und ich hatten viel über mein Projekt diskutiert. Immer wieder mahnte er mich, *Mein Kampf* nicht aus der Mentalitätsgeschichte zu lösen, den damals herrschenden Zuständen. Das hatte ich nicht vor, aber ich wusste auch noch nicht genau, wohin die Reise gehen würde. Aber zu viel Drumherum erstickt das Eigentliche. Es ist nicht zwingend notwendig, den Stall zu kennen, um beurteilen zu können, ob ein Ei faul ist.

Doch jetzt hatte ich die Reise begonnen, und mir brannte eine Frage unter den Nägeln. Ich wollte von Othmar Plöckinger wissen: Was für ein Denkmuster hatte Hitler beim Verfassen des Buches? An was glaubte Adolf Hitler? Hitlers väterlicher Freund Dietrich Eckart herrenmenschte den antisemitischen Ausspruch: »Im deutschen Wesen ist Christ zu Gast, drum ist es dem Antichristen verhasst.«

»Dachte Hitler auch so?«, fragte ich Plöckinger, der mir gegenübersaß.

Wie aus der Pistole geschossen antwortete Plöckinger mit einer sachkundigen Selbstverständlichkeit, als hätte er Adolf Hitler gerade selbst dazu befragt: »Das Denkmuster von *Mein Kampf* kreist im Grunde um einen Schlüsselbegriff, und der steckt schon im Titel: der Kampf. Also Hitlers Grundvorstellung war stets, dass das Leben bestimmt ist von Kampf. Kampf der Rassen untereinander, aber auch Kampf in der Gesellschaft. Der Stärkere soll sich durchsetzen in der gesellschaftlichen Auseinandersetzung. Und das führt er letztlich zurück auf eine Vorstellungswelt, die sehr stark naturalistisch geprägt ist. Also er leitet seine Philosophie von den Gesetzmäßigkeiten der Natur ab. Und aus seiner Sicht herrscht dort der Kampf vor, der Kampf ums Überleben, der Kampf um Fortpflanzung. Das überträgt Adolf Hitler eins zu eins auf die menschliche Gesellschaft. Der Kampf als Grundprinzip der Existenz. Daraus entwickelt er sein gesamtes Weltbild.«

»Die Natur als Königin aller Weisheit, als unerbittliche Rächerin, wenn ihre Gebote übertreten werden?«

»Ja. Das eherne Gesetz der Natur, gegen das darf der Mensch nicht verstoßen, denn die Natur würde sich rächen am Menschen. Also wer gegen die Gesetze der Natur verstößt, ruft sozusagen die Natur als Rächerin auf den Plan. Sie wird den Verstoß mit Dekadenz und mit dem Aussterben der Rasse, die eben nicht den Kampf pflegt, bestrafen. Das heißt, die Natur tritt auf – und das Bild hatte er sehr gern – als Rachegöttin. Die Natur ist die Modellgeberin für sein Weltbild.«

»Dann ist also Dietrich Eckarts Jesusbild, als das vom ersten Antisemiten, nicht sein Ideal?«

»Dem ist er nicht gefolgt«, sagte Plöckinger. »Also Hitlers Göttin ist die Natur. Die Natur nicht als bewertende oder entscheidende Instanz, sondern als mechanistische Instanz. Das heißt, die Gesetze der Natur funktionieren, ohne zu hinterfragen, warum jemand dagegen verstößt, warum jemand sich nicht an die Regeln hält. Die Regeln laufen wie eine Maschine ab.«

Nach dem Gespräch standen wir auf der Dachterrasse. Othmar Plöckingers Nähe zu Hitler entsprach der eines Forschers. In mir erzeugte das Eindrücke jenseits des Erforschbaren. Ich sah von der Terrasse kein versöhnliches München leuchten, das immer den Reflex auslöste, ach, wie ist das schön, sondern mir schien, als bepurpre die sinkende Sonne die einstige Hauptstadt der Bewegung mit Nazi-Rot.

Illustration in der Zeitschrift *Freude und Arbeit*;
Nazi-Gedenken an den gescheiterten Hitler-Putsch von 1923

MASSENERZIEHUNGS-MASCHINE

Dem wohnt keine Klugheit bei: Boulevard ist Boulevard, Instinkt ist Instinkt.

I

Ich wage es einfach, vollstrecke ein geschichtliches Urteil und dampfe Hitlers Kapitel 3: »Allgemeine politische Betrachtungen aus meiner Wiener Zeit« aufs Aussagekräftigste zusammen.

Seite 71ff., der Autor der Zeilen war bereits über 30:
»Ich bin heute der Überzeugung, daß der Mann sich im allgemeinen, Fälle ganz besonderer Begabung ausgenommen, nicht vor seinem dreißigsten Jahre in der Politik öffentlich betätigen soll.«
Das Schwadronieren geht weiter: »Ein Führer, der die Plattform seiner allgemeinen Weltanschauung an sich, weil als falsch erkannt, verlassen muß, handelt nur dann mit Anstand, wenn er in der Erkenntnis seiner bisherigen fehlerhaften Einsicht die letzte Folgerung zu ziehen bereit ist. Er muß in einem solchen Falle mindestens der öffentlichen Ausübung einer weiteren politischen Betätigung entsagen.«

Hitler hat hier bestimmt einiges verworfen. Wie Plöckinger bestätigt, hat er – weil ihm die Ausweisung aus dem Deutschen Reich drohte – das Manuskript noch mal überarbeitet. Was aber kann man aus Wassertreten, Seiten schinden, herauslesen? Dass für andere immer das gilt, was man selbst einzuhalten nicht bereit ist.

Doch er wäre nicht er, wenn es ihm nicht gelänge, nach seitenlangem Palavern doch endlich das einzuflechten, was für ihn wirklich wichtig ist, seine Eigenpropaganda:
»Ist nicht jede geniale Tat auf dieser Welt der sichtbare Protest des Genies gegen die Trägheit der Masse? … Wo liegt hier die Grenze, die die Pflicht der Allgemeinheit scheidet von der Verpflichtung der persönlichen Ehre? Muß nicht jeder wahrhaftige Führer es sich verbitten, auf solche Weise zum politischen Schieber degradiert zu werden. … Glaubt man aber, daß der Fortschritt dieser Welt etwa aus dem Gehirn von Mehrheiten stammt und nicht aus den Köpfen einzelner? … Am innigsten entspricht diese Erfindung der Demokratie aber einer Eigenschaft, die in letzter Zeit zu einer wahren Schande ausgewachsen ist, nämlich der Feigheit eines großen Teils unseres sogenannten ›Führertums‹ … Es ist doch niemand mehr da, der von sich aus bereit ist, seine Person und seinen Kopf für die Durchführung einer rücksichtslosen Entscheidung einzusetzen.«

Bezeichnenderweise stehen diese Sätze unter den Seitenüberschriften: »Der Mangel an Verantwortung«, »Die Zerstörung des Führergedankens« und »Die Ausschaltung von Köpfen«.

Ich habe an den Rand notiert: Das ist er, dem geneigten Leser, dem Unzufriedenen immer ein Ja entlockend. Er beginnt, einen Geniekult um sich zu stricken; er bietet und biedert sich an.

II

Je länger ich mich mit Hitlers Buch beschäftige, desto häufiger muss ich an meinen Vater denken. Den ich so liebte, manchmal auch gar nicht, wenn es seine Sturheit betraf. Mein Vater schwankte zwischen harter Hand und antiautoritärer Großzügigkeit. Ich durfte ihn schon als Zehnjähriger Günter nennen, wie einen Freund. Das schuf eine unkaputtbare Nähe. Im Wertekodex meines Vaters war die Presse ein Jahrmarkt der Eitelkeiten. Er war der Meinung, dass man nur zweimal in der Zeitung zu stehen hat, wenn man geboren wird und wenn man stirbt. Später, kurz vor seinem überraschenden Tod, hatte er sein Spektrum schon längst erweitert und gab mir mit: »Ohne gute Presse ist die Demokratie im Arsch. Das ist klar wie Kloßbrühe.« Die Sätze mochte und mag ich sehr.

Günter war Handlungsreisender in Sachen Versicherungen, und als Kind gefiel mir die Vorstellung: Mein Vater handelt und versichert. Der Sozialstatus eines Versicherungsvertreters war leider nicht so klasse. Irgendwann wurde er Bezirksdirektor, das gefiel ihm und mir besser. Günter hatte in Hitlers Kosmos zum verführten Jungvolk gezählt. Er glänzte mit spektakulären Mutproben und war wohl einmal von der Obernburger Eisenbahnbrücke in den Main gesprungen, ganz im Sinne Hitlers, der eine unerschrockene, herrische, grausame Jugend wollte. All das war mein Vater nicht. Warum, hatte Hitler versagt?

Die Skepsis meines Vaters gegenüber der Presse kam eben aus jener Zeit, als er lesen lernte – in naziverseuchten Fibeln, Geschichtsbüchern und Zeitungen. Und als er dem naziverseuchten Volksempfänger lauschte. Als er naziverseuchte Wochenschauen im Kino sah. Ich musste ihm das über viele Jahre hinweg mühsam aus der Nase ziehen. Auch er litt – wie so viele seiner Generation – unter dem Entwertungstrauma einer vergeudeten Kindheit und Jugend.

III

Der Urheber dieser propagandistischen Massenerziehungs-maschinerie hatte sein Erweckungserlebnis in Wien.

Mein Kampf, Seite 93ff. Seitenüberschrift: »Die ›Öffentliche Meinung‹«:

»Der weitaus gewaltigste Anteil an der politischen ›Erziehung‹, die man in diesem Falle mit dem Wort Propaganda sehr treffend bezeichnet, fällt auf das Konto der Presse. Sie besorgt in erster Linie diese ›Aufklärungsarbeit‹ und stellt damit eine Art von Schule für die Erwachsenen dar. Nur liegt dieser Unterricht nicht in der Hand des Staates, sondern in den Klauen von zum Teil höchst minderwertigen Kräften. Ich hatte gerade in Wien schon als so junger Mensch die allerbeste Gelegenheit, Inhaber und geistige Fabrikanten dieser Massenerziehungsmaschine richtig kennenzulernen. ... Man muß diese infame jüdische Art, ehrlichen Menschen mit einem Male und wie auf Zauberspruch zugleich von hundert und aber hundert Stellen aus die Schmutz-kübel niedrigster Verleumdungen und Ehrabschneidungen über das saubere Kleid zu gießen, studieren, um die ganze Gefahr dieser Presselumpen richtig würdigen zu können. ... Dieses Pack aber fabriziert zu mehr als zwei Dritteln die sogenannte ›öffentliche Meinung‹, deren Schaum dann die parlamentarische Aphrodite entsteigt. ... Man wird diese ebenso unsinnige wie gefährliche menschliche Verirrung am ehesten und auch am leichtesten verstehen, sobald man den demokratischen Parla-mentarismus in Vergleich bringt mit einer wahrhaften germani-schen Demokratie.«

Gleich im Anschluss folgt sein Angebot vor dem an die Wand geschmierten Schreckgespenst: »Eher geht auch ein Kamel durch ein Nadelöhr, ehe ein großer Mann durch eine Wahl ›ent-deckt‹ wird. Was wirklich über das Normalmaß des breiten Durchschnitts hinausragt, pflegt sich in der Weltgeschichte meistens persönlich anzumelden. … Daher ist diese Art von Demokratie auch das Instrument derjenigen Rasse geworden, die ihren inneren Zielen nach die Sonne zu scheuen hat, jetzt und in allen Zeiten der Zukunft. Nur der Jude kann eine Einrichtung preisen, die schmutzig und unwahr ist wie er selber.«

Verhetzung, Lüge, Dreck. Da sind sie also wieder, diese Sätze, die so sind wie er. Sie schaftstiefeln durchs Buch. Böse und brutal. In seinem Spiel der Throne wolft Hitler durch Walhalla, Wotan zu stürzen.

Natur gibt keinem das Vorrecht der Unsterblichkeit, Adolf Hitlers Hetze eingeschlossen. Mein Trost ist das nemesisianische Märchen *Die klare Sonne bringt's an den Tag,* das erzählt, wie der feige Mord an einem Juden dank der klaren Sonne gesühnt wird.

IV

Recherche in Berchtesgaden. Obersalzberg-Tour.

Vom Obersalzberg bei Berchtesgaden am nördlichen Alpenrand schaute ich auf den Untersberg. »Das ist der Panoramablick, verstehn S', was i mein?«, preiste die Kellnerin die Aussicht von der Terrasse einer Pension, wo ich eine späte Mittagspause von meiner Besichtigungstour machte. »Jaja, ich bin doch nicht blöd, der Führerblick, und jetzt hätt ich halt gern ein Haferl Kaffee und einen Apfelstrudel, wenn's geht«, entgegnete ich genervt. Die Dirndltrutsche zog von dannen, und ich kassierte noch einen verächtlichen Blick wegen meiner mangelnden Führerekstase. Was für ein bizarrer Ausflug. Lieber Obersalzberg, dachte ich, schade, dass es kein Blitzprogramm in der Waschmaschine gibt, dich von all der braunen Soße zu reinigen.

Der Obersalzberg und der Untersberg als Duo Infernale wie Dietrich Eckart und Adolf Hitler. Mir ging dieser Eckart nicht aus dem Sinn, weil er, wie ich, Journalist, Autor und Dramatiker war. Was natürlich nichts über seine Persönlichkeit aussagt. Man muss kein guter Mensch sein, nur weil man schreibt.

Aber es fiel mir nicht schwer, in seine Gedankenwelt einzudringen, in der alles auf Pathos und Effekt ausgerichtet war. Eckart war für mich der Chefdramaturg des Dritten Reichs. Er wusste, wohin er Adolf Hitler brachte, als er ihm den Obersalzberg zeigte, den überwältigenden Ausblick auf den Untersberg. Er wusste um die mystische Wucht, die dieser Ort auslöst, wenn Dämm'rung die Flügel spreizt.

Er kannte die Sage um den Untersberg, nach der Kaiser Karl der Große tief im Berg ruhend seiner Auferstehung harrt. Eckart wusste, würde der Kaiser erwachen, begänne die letzte große Schlacht der Menschheit. Das Römische Reich. Das Reich Karls des Großen. Das Reich Adolf Hitlers. Warum auf den Kaiser warten, wenn sein Epigone sich bereits in der Weltgeschichte persönlich angemeldet hatte? Eckart erkannte, Kapp war mit seinem Umsturz in Berlin gescheitert, Ludendorff lediglich als eine Art Glaubensbekenntnis brauchbar. Hitler war es. Hitler würde es schaffen. Hitler würde seine Träume wahr werden lassen. Die von der größten Inszenierung aller Zeiten, auf der größten Bühne der Welt, mit der längsten Spieldauer: 1000 Jahre lang ein germanischer Führerstaat.

Der Bleistift war stumpf geworden, mit dem ich meine Gedanken festgehalten hatte. Du solltest jetzt gehen, sagte die Uhr. Du solltest lieber bleiben, meinte das elektrisierte Gefühl. Der Ort hatte etwas, sichtbar und spürbar. Hier hatte also Dietrich Eckart seinen Traum theatralisch in Szene gesetzt. Kein Mysterienspiel wie den *Jedermann,* sondern ein epochales Weltbeherrschungsdrama. »Die Zauberei beginnt den furchtbaren Dienst der bleichen Hekate«, dichtete Shakespeare. Und es war eben auch nichts wissenschaftlich Belegtes, was meine Fantasie entzündete, sondern die Aura und die Lektüre von *Mein Kampf* vor Ort. Ich hatte seine Ausführungen zur germanischen Demokratie intus, mich durchgelesen bis Seite 137, das dritte Kapitel beendet.

Ich spitzte den Bleistift, während ich darüber nachdachte, wie es wohl gewesen sein könnte, als Eckart und Hitler in der Pension Moritz am Obersalzberg Anfang der 1920er-Jahre Sommerfrischen verbrachten, wie es mir Plöckinger erzählte.

Und ich beantwortete mir meine Frage, ob es sinnvoll sei, Passagen aus *Mein Kampf* zu dramatisieren mit einem: Warum nicht? Im literarischen Reenactment können die historischen Protagonisten selbst die Tiefenunschärfe ihrer Worte entblößen, in Klang und Rausch und Pose riefenstahlen, bevor sie schließlich zum Ziel ihrer Eigeninszenierung kommen: mir alles, anderen nichts.

Es dauerte nur den Bruchteil eines Moments, das Fingerschnippen einer amadeischen Inspiration, und drei Spielszenen waren in meinem Kopf. Mit großer Hast huschte der Stift übers Papier, und ich stieß meine Tasse um, wollte mein Missgeschick gleich wegwischen, als ich beobachtete, wie der Kaffee in die kreuzförmig verlaufenden Faltkanten der Tischdecke rann und ein Symbol bildete, das am Obersalzberg einmal dafür gestanden hatte, Gralshort im Kosmos des germanischen Führerstaates zu sein, das Hakenkreuz.

SWASTIKA »KAFFEEKRÄNZCHEN«

Die Terrasse einer Pension am Obersalzberg. Abenddämmerung. Dietrich Eckart am Tisch bei einer späten Jause. Adolf Hitler kommt hinzu. Eckart steht abrupt auf und stößt seine Tasse um.

Eckart: »Ja, so was Saudummes.« Begrüßt Hitler mit Handschlag: »Adolf.«

Hitler: »Dietrich.« Schaut auf die Kaffeelache. »Eines Dichters Missgeschick?« Beide lachen und nehmen Platz. Eckart nimmt das Kännchen, schüttet noch Kaffee hinzu und formt einen Kreis.

Eckart: »Nichts, Adolf, misslingt dem wahren Künstler wirklich. Sein, nicht scheinen. Tun, nicht zweifeln. Kosmos erschaffen …«

Hitler: »… und beherrschen.« Er zeichnet in die Lache ein Hakenkreuz. »Swastika. Heilbringendes Symbol unserer germanischen Demokratie in einem germanischen Staat. In ihr gibt es keine Abstimmung einer Majorität, sondern nur die Bestimmung eines Einzigen, der dann mit seinem Leben für seine Entscheidungen einzustehen hat.«

Eckart: »Kein falsches Mitleid mehr. Schluss mit verlogenem Gutmenschentum. Alle Macht auf ein auserwähltes Haupt.«

Hitler: »Das macht ja den Sinn aus, dass nicht der nächstbeste unwürdige Streber, nicht der moralische Drückeberger auf Umwegen zur Regierung seiner Volksgenossen kommt, sondern dass schon durch die Größe der zu übernehmenden Verantwortung Nichtskönner und Schwächlinge zurückgeschreckt werden …«

Eckart: »… denn der Vorderaufstieg in das Pantheon der Geschichte ist nicht für Schleicher da, für Helden ist er erschaffen worden.«

Hitler: »Schmeichler.«

Eckart: »Visionär.«

Hitler: »Erwecker.«

Eckart, berauscht von Hitlers Zuneigung, zum Untersberg sprechend: Siehe, Deutsches Reich, das hier ist die Kulisse der Auferstehung, vor dem Kenotaph des mächt'gen Kaisers, in guter deutscher Luft, gebiert der völkische Selbsterhaltungstrieb die eine allumfassende Gewalt.«

Hitler, erst zu sich, dann zu Eckart: »Nur die Größe der Opfer wird neue Kämpfer der Sache gewinnen, bis endlich die Beharrlichkeit der Lohn des Erfolges wird. Zum Sieg schließlich braucht es die Kinder der Volksgemeinschaft!«

Eckart: »Ja. Wer nicht bereit oder fähig ist, für sein Dasein zu streiten, dem hat die ewig gerechte Vorsehung schon das Ende bestimmt.«

Hitler: »Es existiert kein Platz auf dieser Welt für feige Völker.«

SWASTIKA »ZIPFELSPIELCHEN«

Dietrich Eckart und Adolf Hitler an einem Findling. Vogelgezwitscher. Vor Sonnenaufgang. Ein zum Spektakel inszeniertes Zipfelspielchen. Hitler im Unterhemd. Eckart hat seinen nackten Oberkörper mit roter Erde beschmiert. Die Sonne geht auf und bestrahlt den Findling. Aus einem Schälchen nimmt er Erde und salbt Hitler ein in Form eines Hakenkreuzes: an Scheitel, Brust, Nacken und zwischen den Schultern, schließlich auf dem rechten Arm, auf dem Gelenk des rechten Arms und an der Innenseite der rechten Hand.

Eckart, mit glühendem Pathos: »Zum letzten Mal senkst du deinen Kopf, Adolf. Werde eins mit dem schicksalhaften Werden und Vergehen. Dein sei, was dir gebührt: ein Führer, mein Führer. Bedenke: Im deutschen Wesen ist Christ zu Gast, drum ist's dem Antichrist verhasst. Im Namen des …«

Hitler, hebt abwehrend die Hand: »… des deutschen Reichs, der ruhmreichsten Nation der Welt, will ich aus Schmach Triumph emporwachsen lassen, knie vor keiner Religion, will mich ans Herz von Mutter Natur schmiegen, mein Name allein soll mir Titel sein.«

Dietrich Eckart reibt die Erde an Hitlers Körper mit Roggenähren ab.

SWASTIKA »JAUSEN«

Kaiserwetter. Eckart und Hitler gehen spazieren. In Tracht und Lederhose. An einem Bauernhof verweilen sie, werden Zeuge, wie ein Vater erst seinen Sohn und dann die Tochter züchtigt, auf den nackten Hintern mit seinem Hosengürtel. Eckart und Hitler schauen zu, statt einzugreifen.

Eckart: »Der Saubär. Doch nicht beim Madl. Hund.«

Hitler: »An was es mangelt, ist die nötige Portion eiskalter Härte.«

Eckart schaut Hitler fragend an.

Hitler: »Das magst du dir gesagt sein lassen, schriftstellernder Ritter. Nur durch eigenes Lernen bildet sich die werdende Kraft der Idee. Wer's selber am eigenen Leibe erfühlt, in dem entsteht immer stärker

wachsend die Sehnsucht, Herr seines Schicksals werden zu wollen.«
Die Kinder sind inzwischen von der Mutter beschützt ins Haus gelaufen. Der Bauer fädelt seinen Gürtel wieder ein.

Eckart: »Die harte Hand des Vaters verweigert ihnen die Schwäche, die ewig treue Mutterliebe schenkt das Glück.«

Hitler lacht aus vollem Hals. Von einer Sekunde zur nächsten wechselt seine Stimmung, nun todernst.

Hitler schreit mit sich überschlagender Stimme: »Was das ist? Scheißegal. Opferbereitschaft. Im Blutschwur sollen sie mir sein: Grausam! Herrisch! Unerschrocken!«

Eckart: »Wie wahr. Aber jetzt hab ich Hunger.«

Hitler: »Jausen?«

Eckart: »Sehr gern.«

V

Reenactment bedeutet für mich eine Neuinszenierung geschichtlicher Ereignisse in möglichst authentischer Weise.

EISKALT TUN, ODER WIE DAS BEWEGENDE ÜBERS BEWEGTE HERRSCHT

»… mit solchem blutig unversöhnten Hass …«
Macbeth

I

Seit 53 Tagen gefangen in *Mein Kampf.* Verschlinge Sätze, die mich zu ersticken drohen. Wie wird diese Reise ausgehen? Heute ist der 20. April. Mal im Internet nachschauen: 110. Tag des gregorianischen Kalenders. Nächster Treffer: Führergeburtstag. Wie alt Vergangenes sein kann und wie gefährlich jung.

Ich lese. *Mein Kampf,* Seite 138ff. Das Kapitel heißt »München«. Nachdem Hitler seine Lehrjahre in Wien hinter sich gelassen hat, schreibt er:
»Wien aber war und blieb für mich die schwerste, wenn auch gründlichste Schule meines Lebens.« Dann kommt er im Frühjahr 1912 nach München und euphorisiert die Stadt zur deutschen Kunstmetropole: »Dazu aber kam noch die innere Liebe … Am meisten aber zog mich die wunderbare Vermählung von urwüchsiger Kraft und feiner künstlerischer Stimmung … an. Daß ich heute an dieser Stadt hänge, mehr als an irgendeinem anderen Fleck der Erde auf dieser Welt, liegt wohl mitbegründet

in der Tatsache, daß sie mit der Entwicklung meines eigenen Lebens unzertrennlich verbunden ist und bleibt.«

Über vier Absätze ziehen sich Hitlers Schmeicheleinheiten. An sich und sein München. Allein das zu schreiben schmerzt: sein München. Dann steuert er schnell auf etwas anderes zu, schreibt über »Deutschlands falsche Bündnispolitik«, und ich habe einen ganzen Tag lang eine Schreibblockade.

Ich wollte gerade ausführen, wie Hitler so durchs Tagespolitische schwadroniert – wie er Seiten auffüllt, weil er ja um die Gefahr weiß, seine drohende Ausweisung, die Beobachtung durch die bayerische Polizei, wie Othmar Plöckinger erzählte –, als mir die Muse kräftig auf die Finger schlug.

Plöckinger hat natürlich recht, aber noch habe ich nichts in *Mein Kampf* entdeckt, was irgendwie zufällig wäre; ich glaube, Hitler komponierte bewusst neben seiner kakofonischen Hetze einen monotonen Singsang. Ich lag Stunden wach in der Nacht. Keine Antwort auf die Frage: Was genau bezweckt er damit? Ist es wirklich nur Seiten auffüllen? Als ich dann morgens zurück an den Schreibtisch kehrte, willens, mein Pensum zu absolvieren, und einen Schritt vor den anderen setzte, schlich sich in meine stinknormale Welt ein hässliches Gefühl, ein hämisches Gelächter über meine Harmlosigkeit und meine moralischen Maßstäbe, über einen winselnden Wurm, der nie noch getötet hatte oder abgrundtief entschlossen war, zu töten um jeden Preis.

Hitler. Er erniedrigt. Er herrenmenscht. Er schaftstiefelt vorwärts und vorwärts, ideologisiert zeitgemäß und formuliert schmissig, entlockt dem Leser ein kleines Vielleicht, fordert dann ein größeres Kann-so-Sein ein und holt sich schließlich ein Ja ab, um ihm dann die Belohnung, die Rache, das Deutschland-über-alles zu offerieren. Das erzeugt Bereitschaft, wirkt hypnotisch.

Für mich bedeutet das: Jedes Interesse an diesem Buch, egal, ob damals oder heute, fordert Ausschließlichkeit. Es geht um Moral oder um Skorpione in der Seele, um die Frage, ob dieser Wertekodex noch gilt: Das Gute kann ohne das Böse gefunden werden, das Böse ohne das Gute niemals. Also, für was entscheidest du dich, kleiner großer Mensch, der sich selbst doch immer überwinden will? Du liest das Buch nicht, weil du dich historisch bilden möchtest. Du liest es, um wissen zu wollen; und abhängig davon, wer du wirklich bist, wird deine Entscheidung ausfallen.

Hitler politisiert weiter über den untergehenden Nibelungen-Schimmer, man sollte die Ideale dieses Dreibundes, des Bündnisses zwischen dem Deutschen Reich, Österreich-Ungarn und Italien, in die politische Realität überführen wollen, was damals bestimmt vielen einleuchtete, um dann seine Lösung zu präsentieren.

Mein Kampf, »Die vier Wege deutscher Politik«. Seite 143ff.:
»Deutschland hat eine jährliche Bevölkerungszunahme von nahezu 900 000 Seelen. Die Schwierigkeit der Ernährung dieser Armee von neuen Staatsbürgern muß von Jahr zu Jahr größer werden und einmal bei einer Katastrophe enden, falls eben nicht Mittel und Wege gefunden werden, noch rechtzeitig der Gefahr dieser Hungerverelendung vorzubeugen. Es gab vier Wege, um einer solchen entsetzlichen Zukunftsentwicklung zu entgehen. 1. Man konnte, nach französischem Vorbilde, die Zunahme der Geburten künstlich einschränken und damit einer Überbevölkerung begegnen. Die Natur selber pflegt ja in Zeiten großer Not oder böser klimatischer Verhältnisse sowie bei armem Bodenertrag ebenfalls zu einer Einschränkung der Vermehrung der Bevölkerung von bestimmten Ländern oder Rassen zu schreiten; allerdings in ebenso weiser wie rücksichtsloser Methode. Sie be-

hindert nicht die Zeugungsfähigkeit an sich, wohl aber die Forterhaltung des Erzeugten, indem sie dieses so schweren Prüfungen und Entbehrungen aussetzt, daß alles minder Starke, weniger Gesunde, wieder in den Schoß des ewig Unbekannten zurückzukehren gezwungen wird.«

Natur ist seine Religion. Hitler grausamt hin zur Euthanasie. Manchmal hilft nur Nietzsche, um *Mein Kampf* ertragen zu können. »Ihr habt den Weg vom Wurme zum Menschen gemacht, und vieles ist in euch noch Wurm. Einst wart ihr Affen, und auch jetzt ist der Mensch mehr Affe, als irgend ein Affe«, schreibt der staatenlose Dichter und Philosoph in *Also sprach Zarathustra*.

Hitler emsigt weiter:
»Anders ist es, wenn der Mensch eine Beschränkung seiner Zahl vorzunehmen sich anschickt. Er ist nicht aus dem Holze der Natur geschnitzt, sondern ›human‹. Er versteht es besser als diese grausame Königin aller Weisheit. Er beschränkt nicht die Forterhaltung des einzelnen als vielmehr die Fortpflanzung selber. Dieses erscheint ihm, der ja immer nur sich selbst und nie die Rasse sieht, menschlicher und gerechtfertigter zu sein als der umgekehrte Weg. Allein leider sind auch die Folgen umgekehrt: Während die Natur, indem sie die Zeugung freigibt, jedoch die Forterhaltung einer schwersten Prüfung unterwirft, aus einer Überzahl von Einzelwesen die besten sich als wert zum Leben auserwählt, sie also allein erhält und ebenso zu Trägern der Forterhaltung ihrer Art werden lässt, schränkt der Mensch die Zeugung ein, sorgt jedoch krampfhaft dafür, dass jedes einmal geborene Wesen um jeden Preis auch erhalten werde. … Denn sowie erst einmal die Zeugung als solche eingeschränkt und die Zahl der Geburten vermindert wird, tritt an Stelle des natürlichen Kampfes um das Dasein, der nur den Allerstärksten und Gesündesten am Leben läßt, die selbstverständliche Sucht, auch

das Schwächlichste, ja Krankhafteste um jeden Preis zu ›retten‹, womit der Keim zu einer Nachkommenschaft gelegt wird, die immer jämmerlicher werden muß, je länger diese Verhöhnung der Natur und ihres Willens anhält. Das Ende aber wird sein, daß einem solchen Volke eines Tages das Dasein auf dieser Welt genommen werden wird.«

Sein Vokabular kennt keine guten Wörter. Sein Wortschatz atmet Vernichtung. Adolf Hitler vermag es, Gift zu erzeugen, indes hat die Schlange noch keine Zähne.

Die Wirkungsgeschichte dieser wenigen Seiten gipfelt in den systematischen »Rassenhygiene«-Morden an körperlich und geistig Behinderten; die Kinder-»Euthanasie«, die Ermordung von Kindern in Krankenhäusern in sogenannten Kinderfachabteilungen; die Erwachsenen-»Euthanasie«, die Ermordung von Psychiatriepatienten und Behinderten in Tötungsanstalten 1940/41; die Ermordung von KZ-Häftlingen in jenen Tötungsanstalten; schließlich die mit »Aktion Brandt« betitelte Ermordung von Psychiatriepatienten und Behinderten in Krankenhäusern ab 1943 bis zum Kriegsende.

Euthanasie kommt aus dem Griechischen und bedeutet »schöner Tod«. Man nennt das einen Euphemismus, denn hinter dem geschönten Ausdruck verbirgt sich das Grauen, schlicht die Erfüllung seiner Worte.

II

In der Nacht aufgewacht mit dem Gedanken: Da ist nichts Schicksalhaftes, nichts Vernichtendes, nichts Rächendes. Natur bezieht ihre schöpferische Kraft aus ihrem Ja zum Leben.

Vor mir das Buch, daneben Laptop, Notizen zum heutigen Arbeitstag. In mir toben Wut, Zweifel, Angst. Auf einem Zettel steht: Ich will nicht mit einem üblich wohlerzogenen Entsetzen reagieren. Auf einem anderen: Schreien Menschen nicht, wenn sie ermordet werden? Was wäre, wenn man diese Schreie bündelte, stürbe dann das Universum am Schall?

Ich stelle mir vor, wie in der auf den Aufschrei folgenden Stille Gott im Exil allein in einer Hotelhalle im Einfingersuchsystem auf seine Schreibmaschine einhackt:

REDRUM. REDRUM. REREDRUM A SI RELTIH

III

Lesen. Einfach nur lesen. Versuchen, Empathie auszuknipsen.

Mein Kampf, Seite 145ff. Als zweiten der »vier Wege der deutschen Politik« beschreibt Hitler die »innere Kolonisation«: »Ohne Zweifel kann die Erträgnisfähigkeit eines Bodens bis zu einer bestimmten Grenze erhöht werden. … Allein selbst bei größter Einschränkung einerseits und emsigsten Fleiße andererseits wird dennoch auch hier einmal eine Grenze kommen … und dann tritt, wenn auch eine gewisse Zeit hinausgeschoben, das Verhängnis abermals in Erscheinung. Der Hunger wird zunächst von Zeit zu Zeit, wenn Missernten usw. kommen, sich wieder einstellen. … Aber es naht endlich die Zeit, in der auch dann die Not nicht mehr zu befrieden sein wird, und der Hunger zum ewigen Begleiter eines solchen Volkes geworden ist. … Denn die Dinge liegen doch so, daß auf dieser Erde zur Zeit noch immer Boden in ganz ungeheuren Flächen ungenützt vorhanden ist. … Die Natur kennt keine politischen Grenzen. Sie setzt die Lebewesen zunächst auf diesen Erdball und sieht dem freien Spiel der Kräfte zu. Der Stärkste an Mut und Fleiß erhält dann als ihr liebstes Kind das Herrenrecht des Daseins zugesprochen.«

Flotten Schrittes geht Hitler weiter und beerdigt kurz darauf die Demokratie:

»Entweder die Welt wird regiert nach den Vorstellungen unserer modernen Demokratie, dann fällt das Schwergewicht jeder Entscheidung zugunsten der zahlenmäßig stärkeren Rassen aus, oder die Welt wird beherrscht nach den Gesetzen der natürlichen Kraftordnung, dann siegen die Völker des brutalen Willens … Am Ende siegt ewig nur die Sucht der Selbsterhaltung. Unter ihr schmilzt die sogenannte Humanität als Ausdruck einer Mischung von Dummheit, Feigheit und eingebildetem Besserwissen, wie Schnee in der Märzensonne. Im ewigen Kampfe ist die Menschheit groß geworden – im ewigen Frieden geht sie zugrunde.«

Ein für alle Mal, für immer und ewig, bis ans Ende der Menschheit und aller Zeiten: Das sind Lügen. Das sind Sätze von auserwählter Blödheit. Deshalb stehen sie hier, in diesem Steckbrief. Wer immer diese Phrasen findet, möge sie ins Licht der klaren Sonne zerren, damit sie dort verglühen.

IV

Mein Kampf, Seite 151f.: Schließlich kommt Hitler zu den beiden finalen Punkten seines Unterkapitels »Die vier Wege der deutschen Politik«:

»Somit blieben nur noch zwei Wege, der steigenden Volkszahl Arbeit und Brot zu sichern. 3. Man konnte entweder neuen Boden erwerben, um die überschüssigen Millionen jährlich abzuschieben und so die Nation auch weiter auf der Grundlage einer Selbsternährung erhalten, oder man ging 4. dazu über, durch Industrie und Handel für fremden Bedarf zu schaffen, um vom Erlös das Leben zu bestreiten. Also: entweder Boden- oder Kolonial- und Handelspolitik. … Der gesündere Weg von beiden wäre freilich der erstere gewesen. … Allerdings eine solche Bodenpolitik kann nicht etwa in Kamerun ihre Erfüllung finden, sondern heute fast ausschließlich nur mehr in Europa. Man muß sich damit kühl und nüchtern auf den Standpunkt stellen, daß es sicher nicht Absicht des Himmels sein kann, dem einen Volke fünfzigmal soviel Grund und Boden auf dieser Welt zu geben als dem anderen. … Wenn diese Erde wirklich für alle Raum zum Leben hat, dann möge man uns also den uns zum Leben nötigen Boden geben. … und was der Güte verweigert wird, hat eben die Faust sich zu nehmen.«

Es geht Hitler nicht um neue Kolonien, sondern um Russland: »Wollte man in Europa Grund und Boden, dann konnte dies im großen und ganzen nur auf Kosten Rußlands geschehen.«

Meine Randnotiz: Wer wird es vollenden? Er: im »Unternehmen Barbarossa«, seinem Vernichtungskrieg. Gift ist Gift und bleibt Gift.

In meinem Gespräch mit Othmar Plöckinger hat dieser Hitlers Endzeitvisionen prägnant zusammengefasst: »Hitler kultiviert seine Endzeitfantasien. Für ihn steht der entscheidende Kampf zwischen Gut und Böse bevor, und wer was ist, ist für Hitler klar. Gut und kulturschöpfend: der Arier, der Germane. Und böse, kulturvernichtend, zerstörend: der Jude. Aus seiner Sicht ist dieses Ringen schon seit Jahrhunderten geführt worden, und er fühlt sich sozusagen in die Endzeit des Kampfes versetzt. Da spielt die bolschewistische Oktoberrevolution in Russland eine prägende Rolle, als plötzlich Juden politische Macht bekommen haben. Hitler sieht hier aus seiner Sicht die Schleusen der Endzeit geöffnet.«

Der antisemitische Antibolschewismus unterstellt, in Russland hätten die Juden erstmals ihr wahres Gesicht gezeigt, ihre Maske fallen gelassen. Die russische Revolution sei das, was die Juden erreichen wollten: »Daher diese Verquickung mit Judentum und Bolschewismus. Eine Gleichmacherei mit dem Ziel: Gegen-Gewalt und Gegen-Brutalität beim Leser zu erreichen. Er tritt also an, diesen Endkampf aufzunehmen, Arier gegen Juden. Wenn dieser Kampf verloren gehe, dann werde, und diese Metaphern in seinem Buch zeugen deutlich von seiner apokalyptischen Weltsicht, dieser Planet wieder menschenleer durch den Äther kreisen, wie schon vor Jahrmillionen.«

DAS LEBEN SCHAUKELT EINEN AUF UND AB

I

Othmar Plöckinger analysiert Dietrich Eckart und Adolf Hitler als kongeniales Duo im München der 1920er-Jahre, die einen Pakt miteinander schließen. Der Dichter Eckart völkelt seine Hetze so erfolgreich unters Publikum, dass die SA nach seinen Zeilen singend marschiert. Seinem jungen Tribun überlässt Eckart uneingeschränkt die politische Erfüllung seiner Versprechen:

>»Sturm! Sturm! Sturm!
>Läutet die Glocken von Turm zu Turm.
>Läutet, daß Funken zu sprühen beginnen.
>Judas erscheint, das Reich zu gewinnen,
>läutet, dass blutig die Seile sich röten,
>rings lauter Brennen und Martern und Töten,
>läutet Sturm, daß die Erde sich bäumt
>unter dem Donner der rettenden Rache.
>Wehe dem Volk, das heute noch träumt!
>Deutschland erwache!«
>*Sturmlied der SA von Dietrich Eckart, letzte Strophe*

Aus dieser ideologischen Jauche kamen Hitlers »vier Wege der deutschen Politik«. Ich kann die beiden nicht einfach so durch meinen Kopf trampeln lassen. Ich denke an Othmar Plöckinger, der Spezialist fasste die Kumpanei von »Dichterfürst« und »Gottkaiser« lakonisch zusammen: »Es gibt Berichte, dass Adolf Hitler ›seinen‹ Eckart, den über 20 Jahre älteren Journalisten, Dramatiker und Schriftsteller, persönlich aufgesucht habe: als Bewunderer seiner Schriften. Sicher ist, dass es um den Jahreswechsel 1919/1920 war, dass sich die beiden begegnet sind. Und Hitler wird sofort in Dietrich Eckarts Unternehmungen integriert. Im März 1920 kommt es in Berlin zum Kapp-Putsch, ein rechtsnationaler Umsturzversuch gegen die Republik. Und Eckart ist Feuer und Flamme und schafft es sogar, ein Flugzeug in München zu besorgen. Wen nimmt er mit? Adolf Hitler. Gerade mal 31 Jahre alt. Einen mehr oder weniger Unbekannten in der völkischen Szene. Wer noch an Bord der Maschine war, ist mir nicht bekannt. In dieser Zeit ist wohl eine engere Bindung der beiden entstanden.«

Ich recherchiere. Wolfgang Kapp, Namensgeber des Umsturzversuches, ist kein hochrangiger Militär, sondern ein Generallandschaftsdirektor mit besten Kontakten zur ostpreußischen Junkerszene. Mit dabei beim Putsch: General Walther von Lüttwitz und die bekannte Marinebrigade Ehrhardt. Kriegsgeneral und Oberquartiermeister Ludendorff, der als Macher hinter Hindenburg im Ersten Weltkrieg gilt, unterstützt den geplanten Umsturz der Republik, wie später auch den von Adolf Hitler in München. Nach fünf Tagen ist der Spuk vorbei. Vor allem weil die Solidarität des Volkes im größten Generalstreik Deutschlands alles lahmlegt.

»Ein Traum für rechtsnationale Agitatoren und Politiker«, sagte Plöckinger zu mir, dem Suchenden. Er lässt mich an seinen Kenntnissen teilhaben: »Die Reichsregierung soll fallen. Sie muss auch Berlin fluchtartig verlassen. Und für einige Zeit steht durchaus im Raum, dass eine militärisch-diktatorische Regierung in Deutschland eingerichtet wird. Dabei zu sein, wie

Revanche geübt wird an den Verrätern von 1918, wie die Demokratie gestürzt wird, wie das Parlament auseinandergejagt wird, wie die Regierungsmitglieder verhaftet werden, also bei diesem, aus ihrer Sicht, epochalen Ereignis dabei sein zu dürfen, ist für Eckart und Hitler wie die Erfüllung eines ungestillten Verlangens.«

Doch der Generalstreik habe alle verkehrstechnisch relevanten Möglichkeiten ausgeschaltet: »Das Flugzeug konnte keinesfalls innerhalb von ein paar Stunden Berlin erreichen. Man musste zwischenlanden, musste tanken, musste neu Starterlaubnis beantragen und bekommen.« Über eineinhalb Tage, rechnete Plöckinger vor, habe sich das Unternehmen hingezogen, bis das Flugzeug schließlich Berlin erreichte.

II

Worte werden Bilder. Es gelingt ihm abermals. Plöckinger schnitt ein Scheibchen aus der Zeit wie aus einem Laib Brot; ich kann der Versuchung nicht widerstehen und beiße hinein.

Dietrich Eckart, väterlicher Freund Adolf Hitlers,
Herold des Nationalsozialismus und Chefredakteur
der NSDAP-Zeitung *Völkischer Beobachter*

SWASTIKA »STAMPERLKAMERADEN«

Nacht. Dietrich Eckart. Adolf Hitler. Hohe Offiziere. Adjutanten. Industrielle und Unternehmer. Das Tempelhofer Flugfeld. Im Hintergrund ein Flugzeug mit dröhnendem Motor. Eben gelandet. Die Maschine rollt auf Parkposition. Ein Suchscheinwerfer des Flughafens streut Licht über die Wartenden. Dietrich Eckart mit hohen Offizieren. Etwas abseits: Adolf Hitler. Die langen Mäntel wehen im kalten Zug des rotierenden Flugzeugpropellers. Man muss schreien, damit man sich verstehen kann. Eckart steht bei einem Oberst und dessen Adjutanten.

Oberst: »Mann Junge, mach ma zackig, hol Kurze.«

Der Adjutant rennt zum Wagen und holt eine Flasche Schnaps und Stamperl. Gießt ein. Man prostet, trinkt und zerschmettert die Stamperl auf der Asphaltpiste.

Oberst: »Wat'n mit dem?«

Eckart: »Münchner. Freund. Schicksalsstern unserer Sache.«

Oberst: »Wat? Lauter!«

Eckart: »Ein Auserwählter, für die Massen.«

Oberst: »Der Kleene da?«

Eckart winkt Hitler zu sich. Der Oberst weicht Hitlers stechendem Blick aus. Die Flugzeugmotoren stehen jetzt.

Oberst: »Na, weeste, 'n Münchner.«

Eckart: »Können Se Gift drauf nehmen!«

Oberst: »Mann, dat is en Leben, det schaukelt einen uff und ab.«

Ein Bote springt aus einem noch rollenden Wagen: »Gescheitert! Alles aus! Kapp weg. Von Lüttwitz auf der Flucht. Aus und vorbei!«

Oberst: »Dat jibt es nich!«

Eckart zum Oberst: »Idus Martii«, und zu Hitler: »Man will dem Schicksal enteilen und wird von ihm ereilt.«

Hitler zu Eckart: »Schicksal sucht nach Stärke. Angriff, nicht verluderte Abwehr errettet die Deutschen. Ich will Ihre Aufopferung. Von jedem Einzelnen. Aus heldischer Tugend erwachsen.«

Eckart: »Du! Ja, du!«

Hitler: »Ich! Ja, ich! Für Ideale wird gestorben, nicht für Geschäfte!«

Eckart, stützt sich auf Hitlers Schultern: »Ewig gültige Wahrheit.«
Sie gehen zum Wagen.
Hitler: »Schau'n wir uns das Berliner Chaos an.«

SWASTIKA »MASS HEIL«

Wenige Jahre später. Platzl, Münchens erste Adresse für volkstümliche Unterhaltung. Privatvorstellung für Parteifunktionäre, SA-Größen und verdiente Kämpfer. Am ersten Tisch vor der Bühne: Eckart, Hitler und Heß sowie dessen Freundin Ilse Pröhl. Original Oberländer Volksmusik unterhält die Gäste. Dann tritt der Chef auf, der Weiß Ferdl. Tosender Applaus.

Weiß Ferdl: »Kommt'n Jud in die Fleischerei. Sagt er zur Fleischersgattin: Sie, der Fisch da, was kostet der?« Gelächter. »Geh, schaun S', das ist gar nie ein Fisch, das ist ein Schnitzel.« Noch mehr Gelächter. »No, sagt der Jud drauf, will ich etwa wissen, wie der Fisch heißt, oder was er kostet?« Sehr lautes Gelächter.

Kurze Pause. Volksmusik. Riesenstimmung im Bierdunst des Platzl. Eine Bedienung bringt frische Maß an den Tisch. Sie grüßt den Führer, an der ausgestreckten Hand eine Maß: »Heil, mein Führer! Sieg Heil der Maß.«

Sie stellt ab, gibt den Männern Gelegenheit, ihr in den Ausschnitt zu stieren, und wartet auf ein Trinkgeld. Hitler verzieht das Gesicht, und Eckart gibt ihr schnell was in die Hand und hintendrauf.

Eckart: »So ein Prachtarsch und was für Glocken.«

Ilse Pröhl: »So ein saudummes Luder.«

Hitler winkt ab. Heß zückt einen Notizblock.

Heß: »So Sie dann noch sprechen wollen, mein Führer, sehen Sie, die Stichpunkte sind vorbereitet.«

Hitler: »Was denn?«

Eckart nimmt den Block an sich, liest vor: »Der Jude und seine Schmarotzerkolonnen.«

Heß mischt sich ein: »Giftstrom im völkischen Heldenleib.«

Eckart steht auf und begrüßt den auf die Bühne zurückgekehrten Weiß Ferdl: »Klopf mer butterweich, das Schnitzel, was?«

Weiß Ferdl: »Aber, aber, meine Herren, die Frage ist, wer da vor wem zu retten ist?«

Eckart: »Das Schwein vorm Jud, oder der Jud vorm Schwein?«

Ein Tusch. Die Stimmung kocht.

Weiß Ferdl: »Wisst's was, ihr Leut, jetzt grassiert in München a so a neumodischs Zeugs. Musik, Herr Kapellmeister. Jetzt kommt a Gstanzl:

> Der Kohn, der lässt sich taufen, nur weg'n die bösen Leut,
> Er nimmt den Namen Schmid an, was ihn besonders freut,
> Doch kann er sich nicht merken den Namen Julius Schmid
> Und fragt man ihn: Wie heißen S', dann sagt er Schmulius Jüd.«

Ilse Pröhl springt als Erste auf und applaudiert: »Grandios! Bravo!«

Hitler lacht, und Eckart haut Heß ins Kreuz, der gerade eifrig was notiert.

Eckart: »Heß, jetzt lach halt, du Depp.«

Heß lacht pflichtbewusst, und Eckart stürmt zum Weiß Ferdl auf die Bühne:

»Unser Weiß Ferdl, unser Genius loci. Sturm! Sturm! Sturm!«

Alle machen mit und brüllen: »Sturm! Sturm! Sturm!«

Das Platzl bebt. Dann fliegen die ersten Maßkrüge. Saalschlacht. Aus welchem Grund auch immer. Die Prominenz flieht über die Bühne nach draußen.

SWASTIKA »ALLWEIL NUR LUMPEN«

Das Platzl, Kriegsjahr 1943, in Weiß auf den Vorhang gepinselt. Der Laden ist voll. Die Atmosphäre bei Weitem nicht mehr so euphorisch wie damals. Der Weiß Ferdl wirkt abgehärmt, hat sich an der einstigen Nazi-Sympathie abgearbeitet. Er kommt wie ein Landstreicher daher und hat einen Koffer dabei, an dessen Inhalt er schwer zu tragen hat. Weil die Leute ahnen, was drin sein könnte, wird umso mehr gelacht, desto lustloser er sich daran abschleppt. Endlich lässt er die Katze aus dem Sack.

Weiß Ferdl: »Da ist unsere Regierung drin!«

Der anwesende Schutzpolizist stürmt erbost auf die Bühne.

Polizist: »Ja, Schluss jetzt. Aufmachen!«

Nicht einstudiert, aber trefflich kalkuliert reißt der Polizist den Koffer auf und schreit: »Das sind ja alles Lumpen!«

Weiß Ferdl antwortet ins Publikum mit einem Schulterzucken: »Das haben Sie gesagt.«

Dann streckt er die Hände den zu erwartenden Handschellen entgegen. Doch der Polizist schleudert den Koffer in die Ecke und geht von der Bühne. Erst verhaltenes, dann erleichtertes Gelächter. Da fügt der beliebte Münchner Volkskomödiant noch etwas hinzu.

Weiß Ferdl: »Wissen S', meine Damen und Herren, 98 Prozent der Bevölkerung sind der Regierung treu ergeben. Wenn i im Biergarten sitz, san 's allweil nur die zwei Prozent, di i treff. Was für ein Glück im Unglück, Herrschaften, oder?«

DER FLÜGELSCHLAG
DER MUSTANG

»Schlaf … die beste Speise an des Lebens Mahl!«
Macbeth

I

Wir jagten über die Nachmittagsautobahn. Wir fraßen Kilometer, kamen von Nürnberg und waren Richtung Frankfurt unterwegs. Mein Vater steuerte den weißen Peugeot 404, dessen Lenkradschaltung er blitzschnell bedienen konnte.

Wir waren in Nürnberg gewesen, hatten die Bezirksdirektion der Versicherung besucht, für die mein Vater arbeitete. Hinter dem Nürnberger Marktplatz fanden wir einen Parkplatz. Der Rapport beim Chef sollte nicht so lange dauern. Ich blieb im Auto, sollte Strafzettel mit einem gefälligen »Entschuldigung, der Papa kommt gleich wieder« abwehren.

Dann zog sich die Sache aber. Mir wurde langweilig. Ich fasste Mut für eine Erkundungstour und inspizierte den mittelalterlichen Marktplatz, der mich schwer beeindruckte, sich aber auch ein wenig auf mein Gemüt legte; alles war so düster, so wuchtig. Ich war zehn Jahre alt und konnte schon auf die Erfahrung von zwei Italienurlauben zurückblicken. Rom war zwar sehr heiß gewesen, doch bei Weitem spektakulärer, lautete das

Resultat meines Vergleichs. Ich kehrte zum Wagen zurück, als ich, »Mist, er ist schon da«, meinen Vater bereits im Auto sitzen sah. Ich hatte sein Verbot übertreten, mich traf aber keine Strafe. Er war geladen und einsilbig. Offenbar war der Termin beim Chef nicht so erfreulich verlaufen. So rasten wir also mit durchgetretenem Gaspedal nach Hause. Der Zorn meines Vaters verrauchte mit den Kilometern, die wir hinter uns ließen. Ich empfand keine Angst. Die Fahrkünste meines Vaters waren für mich, seinem ältesten Sohn, ohne Fehl oder Tadel; so sah ich das damals.

Nürnberg lag bereits weit zurück, da sagte er auf einmal: »In Nürnberg waren die Reichsparteitage. Weißt du das?«

»Nein Papa«, erwiderte ich und fragte brav: »Reichsparteitage, was war das?«

»Ach, Hitler, Drittes Reich, der Krieg …«, antwortete er.

»Erzähl mal, warst du im Krieg? Hast du auch gekämpft und geschossen? So wie der Opa in Russland?«

»Nein. Ich war doch noch ein Kind. 14. Ein bisschen älter als du jetzt.«

»Ach so.«

»Ich hatte aber eine Pistole. Von Opa.«

»Und?«

»Das war im März 1945, kurz vor Kriegsende. Ich hatte die Pistole dabei, war sozusagen auf Erkundungstour.«

»Und dann?«

»Ich hab's erst gar nicht gesehen. Das blitzte nur kurz auf, als die Maschine vor mir runterkam. Direkt aus der Sonne. Das Kampfflugzeug war aus glänzendem Stahl. Ich zog meine Pistole. Den amerikanischen Stern habe ich erkannt. Eine Mustang P-51.«

Im Wagen war es nachdenklich still. Wir fuhren jetzt gemächlich, und ich weiß noch, dass ich zwischen Bewunderung für seinen Mut und Angst vor dem Rest der Geschichte hin- und hergerissen war. Ich strich über den sandfarbenen Polstersitz und dachte, hoffentlich hat er keinen umgebracht.

»Ich war gewillt, mein Vaterland zu verteidigen.«

»Du warst ganz allein?«

»Ja.«

»Hast du ihn erschossen?«

»Nein. Das wäre mit der Pistole auch gar nicht gegangen. Außerdem war der viel zu schnell wieder weg.«

»Hattest du Angst?«

»Weiß nicht, glaub nicht. Jetzt geht's aber weiter, was?«

»Ja, Papa.«

Sein kurzer Seitenblick auf mich machte die Sache klar: Ein Geheimnis haben nur Freunde. Zwei Freunde.

Mich erfüllte das mit Stolz. Ich hätte ihm in dem Moment alles geglaubt, alles von ihm aufgesogen und alles als Wahrheit erachtet. Ich war zehn.

Mein Vater Günter und ich, Anfang der Siebzigerjahre

Zwei Jahre später. Wir kamen aus München. Wir hatten die Olympischen Spiele besucht und Heide Rosendahl im Weitsprung siegen sehen. Goldmedaille, Wahnsinn. Was für eine Atmosphäre im Stadion. Wir waren euphorisiert, aber auch hundemüde.

Wir rasten über die Nachtautobahn. In einem neuen Wagen. Einem Peugeot 504 in Silber. Wir fraßen Kilometer, schneller als jemals zuvor. Als wir an Nürnberg vorbeikamen, fragte ich: »Du hast auf ihn gezielt, oder? Hättest du geschossen, wenn er geschossen hätte?«

»Hat er nicht. Er kam ganz tief runter, sodass ich ihm ins Gesicht schauen konnte. Er hat nur verwundert den Kopf geschüttelt. Wahrscheinlich über das, was er da sah: ein Kind mit einer Pistole.«

»Und du?«

»Als er über mich weg war, habe ich mich umgedreht. Er hat so mit den Flügeln gewackelt, als wollte er sagen, Mensch Junge, hau ab, Krieg ist nix für Kinder.«

»Er hat dir zugewinkt«, stellte ich fest und war erleichtert. Entspannt lehnte ich mich zurück.

Günter meinte nach einer Weile: »Kann sein, dass er mir gewinkt hat. Kann sein. Eine Woche später war ich dabei, wie bei uns eine Lagerhalle von Nazi-Größen aufgebrochen wurde. Dort war alles: Decken, Konserven, Brot.«

»Alle anderen haben gehungert. Stimmt doch?«

»Verraten und verkauft.«

»Wie meinst du das?«

Er ließ sich Zeit mit der Antwort. Er bremste den Wagen ab auf Familienkutschengeschwindigkeit. Etwas stand im Raum, etwas Bedeutungsvolles, von dem ich hoffte, es auch als Zwölfjähriger begreifen zu können. Mein Vater fasste seine Kriegsvergangenheit für sich und mich zusammen:

»Falsche Ideale. Falsche Versprechungen. Falsche Kindheit.«

»Warst du traurig?«

»Nein. War ja ein für alle Mal vorbei. Jetzt fahren wir aber zügig heim, oder?«

»Ja.«

»Schnell?«

»Ja.«

Dann schlief ich auf seinem Schoß ein. Das machten wir immer so, wenn ich müde war.

II

Heute frage ich mich: Wie viel Hitler steckte in ihm? Wie viel Hitler steckt davon noch in mir? Drei Nächte lang dachte ich über diese Autofahrten mit meinem Vater nach. Wir haben später nie wieder über diese Geschichte gesprochen. Es gab zu viel Alltag. Über den Krieg hatte er seine Meinung. Die war von historischer Korrektheit.

Er hatte manchmal auch etwas Hartes. Das kam bestimmt von damals. Dieses Unerbittliche, dieses Funktionieren, diese Pflichterfüllung war auf ihn gerichtet, manchmal auch auf mich. Ich wollte immer so viel sein, und er wollte immer so viel aus mir formen. Das ging meist schief.

Jetzt habe ich die tröstliche Gewissheit: Was an Jungvolk- ideologie, was an Hitler in ihm steckte, das hat er für sich behalten. Er ist nicht daran, aber damit gestorben. Ich glaube, er hat sich sein Leben lang daran abgearbeitet, still für sich, es hinuntergewürgt, immer wieder. Er hat mir eine unbeschwerte Jugend gegönnt. Meine Bedenken, doch irgendetwas von dieser Ideologie in mir zu haben, haben sich verflüchtigt. Ich könnte sonst dieses Buch nicht schreiben.

Ich komme jetzt in das Alter, in dem ein Herzinfarkt sein Leben so plötzlich ausknipste. Es war einfach vorbei. Ich habe damit meinen Frieden gemacht und freue mich – wenn es denn so weit ist –, ihm zu erzählen, wie mein Leben schmeckte, wie es triumphierte und verschliss, als ich über Nachmittagsautobahnen jagte.

III

Unvergessen die beiden letzten Sätze, die wir über den amerikanischen Jäger wechselten: »Der Flügelschlag der Mustang. Er hat dir zugewinkt, oder?«

»Vermutlich. Sonst wär ich als Junge schon gestorben.«

MANN MIT EIGENSCHAFTEN

»Ich bin so tief in Blut hineingestiegen,
Dass die Gefahr dieselbe ist, ich mag
Zurückeschreiten oder vorwärtsgehen.«
Macbeth

I

»Wer schreibt, offenbart. Und sei es ein noch so kleines Stückchen seiner Persönlichkeit. Glaubst du das auch, Ursula?«

»Ja.«

»Kann man das auch über ein krankes Werk wie *Mein Kampf* sagen?«

»Ja, das ist ja sein Manifest. Das schauen wir uns gern mal genauer an.«

»Wie lange wirst du dafür brauchen?«

»Weiß nicht, schick's einfach. Wenn's fertig ist, ist's fertig.«

Das war die Quintessenz eines Telefonats mit Dr. Ursula Gasch, Kriminologin, Sachverständige vor Gericht, langjährige Beraterin der Polizei bei schwerster Gewaltkriminalität und Verhandlungspsychologin bei Kindesentführungen.

Ursula ist für mich nicht nur eine Wissenschaftlerin, sie ist ein Geschenk. Jenseits ihrer Fähigkeit zu brillanten, unerwarteten Analysen ermutigt sie mich immer wieder mit ihrer Furchtlosigkeit, unbekannte Wege zu gehen. Wenn es jemand schafft, jenseits aller Hitler-Salzstangen-Psychologie etwas Vernünftiges zustande zu bringen, dann sie.

Wir hatten den *Malleus Maleficarum* analysiert für einen Film über die »Bibel der Hexenjagd«. Ursula Gasch brach das Standardwerk der Inquisition von 1486 und den Inquisitor Heinrich Kramer auf das herunter, was sie sind, Verbrecher und Verbrechen: »Heinrich Kramer ist ein Mensch, der sich einen Platz in der Weltgeschichte sichern wollte; ein Denkmal sollte der *Hexenhammer* werden, und das wurde er ja auch. Der bizarre Plan eines Gottesmannes, der im Namen der Religion der Nächstenliebe handelte. Buch und Autor sollten und wollten Frauen Schmerzen zufügen. Und indem er ihnen Schmerz zufügte, war er derjenige, der über das Maß des Schmerzes und auch über das Ende des Schmerzes bestimmte. Derart motivierte Sexualstraftäter suchen häufig, über diesen Weg, einen Zugang zu ihrem Opfer, zu ihrem Objekt ihrer Begierde.«

Ich scannte stundenlang Seite um Seite aus *Mein Kampf* und fragte mich, ob man anhand eines Buches wirklich »profilen« kann: Gelingt es, ein relevantes kriminalpsychologisches Profil von Adolf Hitler basierend auf seiner Kampf- und Hetzschrift zu erstellen?

Einen Versuch schien es mir wert. Der Grund, Ursula Gasch um Hilfe zu bitten, war der Beginn der Lektüre von Kapitel 5. Denn schon nach wenigen Zeilen notierte ich an den Rand: Ein Schlüssel? Wer spricht da? Was blitzt da hinter Hitlers Berufspolitikerfassade hervor?

Es geht mir nicht direkt um das, was da steht, sondern um den Tonfall, ähnlich wie bei den Stellen über seine Kindheit. Hitler schwelgt. Er großkotzt Durchschnittliches, immerzu ins Epochale. Ein Wesenszug von ihm.

II

5. Kapitel: »Der Weltkrieg«. Seite 172ff. Hitler schreibt:

»Als junger Wildfang hatte mich in meinen ausgelassenen Jahren nichts so sehr betrübt, als gerade in einer Zeit geboren zu sein, die ersichtlich ihre Ruhmestempel nur mehr Krämern oder Staatsbeamten errichten würde. Die Wogen der geschichtlichen Ereignisse schienen sich schon so gelegt zu haben, daß wirklich nur dem ›friedlichen Wettbewerb der Völker‹, das heißt also einer geruhsamen gegenseitigen Begaunerung unter Ausschaltung gewaltsamer Methoden der Abwehr, die Zukunft zu gehören schien. Die einzelnen Staaten begannen immer mehr Unternehmen zu gleichen, die sich gegenseitig den Boden abgraben, die Kunden und Aufträge wegfangen und einander auf jede Weise zu übervorteilen versuchen, und dies alles unter einem ebenso großen wie harmlosen Geschrei in Szene setzen. Diese Entwicklung aber schien nicht nur anzuhalten, sondern sollte dereinst (nach allgemeiner Empfehlung) die ganze Welt zu einem einzigen großen Warenhaus ummodeln, in dessen Vorhallen dann die Büsten der geriebensten Schieber und harmlosesten Verwaltungsbeamten der Unsterblichkeit aufgespeichert würden.«

Während ich das lese, beißt sich Panik in mein Herz, als wäre ich Zeuge eines Unfalls, als sähe ich einen Lastwagen die Straße entlangdonnern und eine Familie mit Kinderwagen bei Grün die Straße überqueren; ich schaue zum Lastwagen, der nicht bremst, und zurück zur Familie, sie lachen, und ich schreie, aber niemand nimmt mich wahr wegen des Lärms auf der Straße, und dann passiert, was nicht geschehen darf, die Familie wird vom Lastwagen erfasst, verschwindet aus meinem Sichtfeld, alle sind plötzlich weg, während der Lastwagen ungebremst einfach weiterdonnert.

Was Hitler schreibt, macht mir Angst, weil es so aktuell wirkt, es mich in Visionen von Zusammenhängen düstern lässt, die sich nicht noch einmal wiederholen dürfen. Die Definition von »aktuell« lautet: gegenwärtig, existierend und vorhanden, sowie: zeitgemäß und modern.

Weiter mit *Mein Kampf.* Adolf Hitler nimmt zunächst eine Welteinteilung vor:

»Die Kaufleute könnten dann die Engländer stellen, die Verwaltungsbeamten die Deutschen, zu Inhabern aber müßten sich wohl die Juden aufopfern, da sie nach eigenem Geständnis doch nie etwas verdienen, sondern ewig nur ›bezahlen‹ und außerdem die meisten Sprachen sprechen.«

Dann badet er in seinen Fantasien: »Warum konnte man denn nicht hundert Jahre früher geboren sein? Etwa zur Zeit der Befreiungskriege, da der Mann wirklich, auch ohne ›Geschäft‹, noch etwas wert war?! Ich hatte mir so über meine, wie mir vorkam, zu spät angetretene irdische Wanderschaft oft ärgerliche Gedanken gemacht und die mir bevorstehende Zeit ›der Ruhe und Ordnung‹ als eine unverdiente Niedertracht des Schicksals angesehen.«

Als ein »Wetterleuchten« empfindet Hitler den Burenkrieg (1899–1902), den russisch-japanischen Krieg (1904–1905) hingegen als ein Donnern: »Seitdem waren viele Jahre verflossen, und was mir einst als Junge wie faules Siechtum erschien, empfand ich nun als Ruhe vor dem Sturm. … Dann aber kam der Balkankrieg [Anm.: 1912–1913], und mit ihm fegte der erste Windstoß über das nervös gewordenen Europa hinweg.«

Hitler: »Die nun kommende Zeit lag wie ein schwerer Alpdruck auf den Menschen, brütend wie eine fiebrige Tropenglut, so daß das Gefühl der herannahenden Katastrophe infolge der ewigen Sorge endlich zur Sehnsucht wurde: Der Himmel möge endlich dem Schicksal, das nicht mehr zu hemmen war, den freien Lauf

gewähren. Da fuhr denn auch schon der erste gewaltige Blitz-
strahl auf die Erde nieder; das Wetter brach los, und in den
Donner des Himmels mengte sich das Dröhnen der Batterien
des Weltkriegs.«
Sein juveniles Jubeln hört sich so an: »Der Kampf des Jahres
1914 wurde den Massen, wahrhaftiger Gott, nicht aufgezwun-
gen, sondern von dem gesamten Volke begehrt.«

Wenn's ums Töten geht, herrscht immer der Drang zum Wir-
kungseinschlag. »Ehe der Entschluss noch kalt ist, sei's getan«,
sagt Macbeth, mein symbolischer Antagonist. Ich stelle fest: Wir
sind in Taten dieser Art keine Kinder mehr, sondern erwachsen.

III

Mein Kampf, Seite 177f.: Kurz nach der Nachricht der Ermordung von Erzherzog Franz Ferdinand fasst Hitler seinen Seelen-
zustand in dem Satz zusammen: »Was der Mensch will, das hofft
und glaubt er.«
Zuvor schreibt er:
»Mir selber kamen die damaligen Stunden wie eine Erlösung aus
den ärgerlichen Empfindungen der Jugend vor. Ich schäme mich
auch heute nicht, es zu sagen, daß ich, überwältigt von stürmischer Begeisterung, in die Knie gesunken war und dem Himmel
aus übervollem Herzen dankte, daß er mir das Glück geschenkt,
in dieser Zeit leben zu dürfen.«
Als intimes Weltbild quillt aus Hitler: »Ich hatte einst als Junge
und junger Mensch so oft den Wunsch gehabt, doch wenigstens
einmal auch durch Taten bezeugen zu können, daß mir die nationale Begeisterung kein leerer Wahn sei. Mir kam es oft fast als
Sünde vor, Hurra zu schreien, ohne vielleicht auch nur das innere Recht hierzu zu besitzen; denn wer durfte dieses Wort
gebrauchen, ohne es einmal dort erprobt zu haben, wo alle Spie-

lerei zu Ende ist, und die unerbittliche Hand der Schicksalsgöttin Völker und Menschen zu wägen beginnt auf Wahrheit und Bestand ihrer Gesinnung? So quoll mir, wie Millionen anderen, denn auch das Herz über vor stolzem Glück, mich nun endlich von dieser lähmenden Empfindung erlösen zu können. ... Am 3. August reichte ich ein Immediatgesuch an Seine Majestät König Ludwig III. mit der Bitte, in ein bayerisches Regiment eintreten zu dürfen. ... Wenige Tage später trug ich dann den Rock, den ich erst nach nahezu sechs Jahren wieder ausziehen sollte.«

Ich stöbere im Zettelkasten nach einer prägnanten Passage dazu von Othmar Plöckinger. Dazwischen sodbrennen Hitlers Sätze auf meiner Zunge. Ich weiß nicht, ob ich lachen oder weinen soll. *Schtonk!* Dietls Meisterwerk rettet mich. Was für eine Wohltat dieser Film.

Dann lese ich weiter, wie der echte Hitler seiner irdischen Bestimmung entgegenmarschiert:
»So, wie wohl für jeden Deutschen, begann nun auch für mich die unvergesslichste und größte Zeit meines irdischen Lebens. Gegenüber den Ereignissen dieses gewaltigen Ringens fiel alles Vergangene in ein schales Nichts zurück.«

Mein vorläufiges Resümee: Meine Reise durch Adolf Hitlers *Mein Kampf* verursacht viel Abrieb in mir. Als schmiere man mich wie heißen Teer auf die Straße.

Immer sang ich das hohe Lied der Humanität und weiß nun nicht mehr, ob Mensch nicht besser unterginge, Platz schaffend einer entwicklungsfähigeren Spezies.

Meine Plöckinger-Notizen holten mich ins Jetzt zurück. Auf meine Frage, ob er das Buch in einem Rutsch gelesen habe, reagierte er mit Erstaunen: »Nein. Um Gottes willen. Ich beschäftige mich als Historiker immer nur mit Ausschnitten. Oder mit mehreren Teilen gleichzeitig. Aber den Versuch, das Buch von Anfang bis Ende als Einheit zu lesen, habe ich nie gestartet. Diese Wirkung des Buches habe ich nicht wirklich erfahren.«

Und über das Kapitel »Der Weltkrieg« sagte er: »Hitler war kein feiger Soldat. Dafür gibt es keine Belege. Er war ein durchschnittlicher Soldat. Er gesteht ja auch in *Mein Kampf* ein – das transzendiert er in das Motiv des Kampfes –, dass er eineinhalb Jahre mit sich gerungen habe. Die Bereitschaft auslotete, bedingungslos ins Feuer zu laufen, ohne vorher nachzudenken: Wie könnte ich mich schützen? Wie könnte ich dem entgehen? Wie könnte ich überleben?«

IV

Mein Kampf, Seite 180ff. Hitler rückt aus:
»Und so kam endlich der Tag, an dem wir München verließen. … Zum ersten Male sah ich so den Rhein, als wir an seinen stillen Wellen entlang dem Westen entgegenfuhren, um ihn, den deutschen Strom der Ströme, zu schirmen vor der Habgier des alten Feindes. … Und dann kommt eine feuchte, kalte Nacht in Flandern, durch die wir schweigend marschierten, und als der Tag sich dann aus den Nebeln zu lösen beginnt, da zischt plötzlich ein eiserner Gruß über unsere Köpfe uns entgegen und schlägt in scharfem Knall die kleinen Kugeln zwischen unsere Reihen, den nassen Boden aufpeitschend; ehe aber die kleine Wolke sich noch verzogen, dröhnt aus zweihundert Kehlen dem ersten Boten des Todes das erste Hurra entgegen. Dann aber begann es zu knattern und zu dröhnen, zu singen und zu heulen, und mit fiebrigen Augen zog es nun jeden nach vorne, immer schneller, bis plötzlich über Rübenfelder und Hecken hinweg der Kampf einsetzte, der Kampf Mann gegen Mann. … Nach vier Tagen kehr-

ten wir zurück. Selbst der Tritt war jetzt anders geworden. Siebzehnjährige Knaben sahen nun Männern ähnlich. Die Freiwilligen des Regiments List hatten vielleicht nicht recht kämpfen gelernt, allein zu sterben wußten sie wie alte Soldaten.«

Der Jubel weicht der Todesangst, das entgeht auch Adolf Hitler nicht, der nun wieder eine seiner hervorstechendsten Eigenschaften demonstriert: seine Großartigkeit.

Er überdurchschnittlicht sein Latrinenepos ins Mystische: »Es kam die Zeit, da jeder zu ringen hatte zwischen dem Trieb der Selbsterhaltung und dem Mahnen der Pflicht. Auch mir blieb dieser Kampf nicht erspart. Immer, wenn der Tod auf Jagd war, versuchte ein unbestimmtes Etwas zu revoltieren, bemühte dann sich als Vernunft dem schwachen Körper vorzustellen und war aber doch nur die Feigheit, die unter solchen Verkleidungen den einzelnen zu umstricken versuchte. Ein schweres Ziehen und Warnen hub dann an, und nur der letzte Rest des Gewissens gab oft noch den Ausschlag. Je mehr sich aber diese Stimme, die zur Vorsicht mahnte, mühte, je lauter und eindringlicher sie lockte, um so schärfer ward dann der Widerstand, bis endlich nach langem inneren Streite das Pflichtbewußtsein den Sieg davontrug. Schon im Winter 1915/16 war bei mir dieser Kampf entschieden. Der Wille war endlich restlos Herr geworden. … Nun erst konnte das Schicksal zu den letzten Proben schreiten, ohne daß die Nerven rissen oder der Verstand versagte.«

Mut schmeckt anders als Fanatismus. Ist Adolf Hitler ein Cold Case? Dazu später mehr.

GUTEN ABEND, FRAU H.

»Was ich glaube, will ich beweinen.
Was ich weiß, das will ich glauben,
Und was ich ändern kann, das will ich tun,
Wenn ich die Zeit zum Freunde haben werde.«
Macbeth, Malcolm

I

Ich weiß nicht, ob ich es suche oder es mich? Vermutlich schaut man einfach genauer hin und hört genauer zu, lässt Interessantes nicht im Alltag untergehen. Das ist das Schöne daran, ein Buch zu schreiben. Alles gerät zur Assoziation.

Ich begegnete dem in Würde gealterten Jeremiah Johnson im ICE von Köln nach München.

»Und Sie kommen aus Kalifornien? Sie sehen echt aus wie Robert Redford als Jeremiah Johnson in dem gleichnamigen Film.«

Und er antwortete in einem sympathischen Denglish: »Oh, man, that's nice, I like Redford in this role, danke schön!« Und klatschte vor Freude in die Hände, wenn ihm ein Wort auf Deutsch so richtig gut gelang. Sein Vater war im Zweiten Weltkrieg Captain der US Army gewesen: »An American War Hero:

Ilse Heß, geb. Pröhl, ihr Mann Rudolf und Adolf Hitler. Ilse Pröhl
war am Entstehen von *Mein Kampf* beteiligt.

der Hitler und den Nazis in den Arsch trat.« Er lächelte stolz
und zeigte mir dann Fotos von seinem Haus in den Bergen Kali-
forniens. Beeindruckend. »I love Germany sehr«, sagte er. »Wir
haben die Nazis besiegt, den Deutschen haben wir geholfen.«

Während des Marshall-Plans hatte seine Familie in Good Old
Germany gelebt. Sein Vater war in Süddeutschland stationiert.

»And you?«, fragte ich, denn ich wollte wissen, ob ich mit
meiner Vermutung recht hatte, dass William, so hieß er, ein
Mensch ist, der wie jener legendäre Jeremiah vor der Zivilisation
in die Berge geflohen war.

»Me? There's nothing about me, my son.«

Wir schwiegen ein Bier lang.

»Me? I was drafted and sent to Viet Nam at the age of 19«,
antwortete er dann.

»Wie war dieser Krieg?«

»Death's waiting hall in a war of no hope and no glory.«

Wenn Stahlreifen über Gleisschwellen hämmern, entsteht dieser hypnotische Sog, dann gleiten Gedanken in den Schlaf oder ins Wesentliche.

»Die Wartehalle des Todes in einem Krieg ohne Hoffnung und Ruhm?«

»Aber der Krieg gegen Hitler war doch …« –

»Good? Yes.«

»Gibt es einen Unterschied?«

»Of what? Of wars? I'm not god, I don't know«, sagte William, der aus seiner Brieftasche einen vergilbten Zettel zog, die Bilder seines Hauses in Kalifornien hatte er mir lässig auf seinem Smartphone gezeigt. Dann las er mir vor, was er auf diesem Zettel notiert hatte, als Teenager, vor 50 Jahren. Es ist ein Gedicht. Für mich hatte es jenseits seines Tarantino-Charmes etwas zutiefst Berührendes. Ich habe es gleich nach meiner Ankunft in München aus dem Gedächtnis ins Deutsche übertragen und notiert, und ich hoffe, es so authentisch wie möglich wiederzugeben:

Heimat, leb wohl! Good morning, Viet Nam.
Übermut. Leichtsinn. Kinder noch.
Die Schar Soldaten schreitet durch Dschungelland,
Lässt ihren Trompeter einen Hügel erklimmen,
Lauscht den Tönen still, mal bittersüß, mal erhaben,
Die durch den Abendwind getragen,
Bald tanzen, bald klagen.
»Mach's kurz!«, spricht der Offizier,
»Ohne Zögern holt Charlie dich dort runter.«
Es fällt dieser scharfe Schuss, der Tod starrt ihn an,
Sein letzter Atemstoß tönt aus der Trompete. Bleich.
Charlies Gewehrfeuer trennt den Kopf vom Rumpf.
Höchste Not, nirgends Hoffnung und Herrlichkeit.

William ist kein Eremit, kein Mann aus den Bergen geworden, er ging in die Wissenschaft und arbeitete bis zu seiner Pensionierung als Direktor eines Krankenhauses.

Der ICE glitt in den Münchner Hauptbahnhof. »Did you like my poem?« fragte er, der besser Deutsch verstand, als er sprach.
    »Ja. Sehr. Sehen wir uns einmal wieder?
    »Sure.«

II

Zurück am Schreibtisch. Seite 183ff. Aus dem Kapitel »Der Weltkrieg« macht Hitler schnell eine Wahlkampfveranstaltung, umschmeichelt seine Zielgruppe, die deutschen Soldaten, unsterblich deren »Tapferkeit und Heldenmut« und schweift vom Eigentlichen ab. Gerade mal ein paar Seiten Persönliches aus dem Ersten Weltkrieg. Dann langweilt er mit Propaganda:
    »Man hatte keine blaße Ahnung, daß die Begeisterung, erst einmal geknickt, nicht mehr nach Bedarf zu erwecken ist. ... Ich kannte die Psyche der breiten Masse nur zu genau, um zu wissen, daß man hier mit ›ästhetischer‹ Gehobenheit nicht das Feuer würde schüren können, das notwendig war, um dieses Eisen in Wärme zu halten. ... Der Marxismus, dessen letztes Ziel die Vernichtung aller nichtjüdischen Nationalstaaten ist und bleibt, mußte zu seinem Entsetzen sehen, daß in den Julitagen des Jahres 1914 die von ihm umgarnte deutsche Arbeiterschaft erwachte und sich von Stunde zu Stunde schneller in den Dienst des Vaterlandes zu stellen begann. ... Wenn an der Front die Besten fielen, dann konnte man zu Hause wenigstens das Ungeziefer vertilgen. Stattdessen aber streckte Seine Majestät der Kaiser selber den alten Verbrechern die Hand entgegen und gab den hinterlistigen Meuchelmördern der Nation damit Schonung und Möglichkeit der inneren Fassung.«

Dass es Hitler dabei nicht bewenden lässt, ist klar, er dreht seine Kreise, benutzt den Großen Krieg, um seinen Lösungsansatz für die angeblichen Feinde im Innern zu präsentieren. Idee gegen Idee, Vernichtungsprogramm gepaart mit Vernichtungswillen.

Plöckinger drückt das so aus: »Es geht darum, dass eine tiefst innere Überzeugung, die sich losgelöst hat von Erkenntnis, von Vernunft, von Verstand, exekutiert werden soll. Das ist ein hermetischer Raum, in den nichts mehr von außen reinkommt. Und auch nicht hereinkommen soll. Und wenn das doch passiert, dann ist es ein Zeichen dafür, dass der Raum noch nicht hermetisch war. Es ist ein Ausschließlichkeitsdenken, das man sich in dieser Form kaum vorstellen kann. Und wenn, was ich unterstelle, Hitler das wirklich geglaubt hat, muss der eigentlich in einer Welt gelebt haben, die aus seiner Sicht extrem bedrohlich war. Das ist eine Weltsicht, die kein Argumentieren mehr zulässt. Der Starke diskutiert nicht. Der Starke kämpft und gewinnt. Das war die Welt von überzeugten Antisemiten.«

In den völkischen Kreisen Deutschlands war das kein Hinterzimmergeflüster.

III

Ein hermetischer Raum, wie muss ich mir den vorstellen? Plöckingers Worte hallen in mir nach.

SWASTIKA »DAS MANUSKRIPT«

Gemütliche Gaststube im Allgäu. 1975. Ein Interview fürs Fernsehen, das es nie gegeben hat. Frau Ilse H., Journalist, Kameramann, Toningenieur, Beleuchter.

Journalist: »Guten Abend, Frau …«

Frau H.: »… Keine Namen!«

Journalist: »Gut, einverstanden. Mir geht's ja nur ums Buch.«

Frau H.: »*Mein Kampf* oder was? Sagen S' doch! Da ist viel von mir drin. Ohne mich wäre das ja gar nicht …«

Journalist: »Entstanden?«

Frau H.: »Genau.«

Journalist: »Ich dachte immer, Ihr Mann, sein Stellvertreter, hätte das geschrieben?«

Frau H.: »Ach was. Er hat zugehört, er hat's ihm vorgelesen. Ich hab's Manuskript dann immer aus Landsberg geholt und zu Hause noch mal ins Reine getippt. Kennen Sie das schöne Foto, das ich geschossen habe, das mit dem Lorbeerkranz? Alles meine Idee. Hoffmann gab mir die Kamera, die schmuggelte ich hinein. Das hat ihm sehr gefallen, auch dass ich ihm so gedient habe. Anders als andere wollte ich nie im Vordergrund … Aber was wollen Sie denn nun von mir wissen?«

Journalist: »Haben Sie Adolf Hitler geholfen? Redaktionell?«

Frau H.: »Das heißt Führer!«

Journalist: »Heute nicht mehr.«

Frau H.: »Bei mir schon. Kommt Ihnen nicht über die Lippen, was? Na gut, ich sag's dann immer für Sie.«

Journalist: »Also noch mal, hat Hitler …«

Frau H.: »Mein Führer!«

Journalist: »… das Buch selbst geschrieben, und haben Sie ihm redaktionell geholfen? Er war schließlich in Festungshaft …«

Frau H.: »Mein Führer!«

Journalist: »… und Sie draußen.«

Frau H.: »Bla, bla, bla. Sie müssten sich mal hören. Sie haben keine Ahnung, was da los war. Eine Bibel sollte das werden und wurde es auch.«

Journalist: »Ihr späterer Mann, Rudolf …«

Frau H.: »1927 geheiratet, endlich. War bestimmt kein Schriftsteller. Hat aufgepasst, hat zugehört. Ich habe ihn sehr gemocht. Mein Führer mochte ihn auch.«

Journalist: »Das Buch war schon im Druck? 1924?«

Frau H.: »Und dann schnüffelte die Polizei rum. Haben gefragt und geschaut und wir wussten, jetzt geht's um alles, da darf man nichts drin finden, was auch nur irgendwie mit dem Putsch zu tun hat, was politisch missliebig ist. Wir haben das Buch als eigenhändig aufgeschriebene Autobiografie konzipiert, nichts Politisches auf den ersten Blick, sondern menschlich sollte es rüberkommen. Wir konnten in vielen Kapiteln wunderbare Schleifen ins Jetzt ziehen, ohne dass uns jemand draufkam. Mein Führer hatte Redeverbot. Die Partei stand vor der Neugründung. Das war ein Spiel: Merken sie's oder gelingt's uns. Im Kapitel ›Weltkrieg‹ haben wir ein Leitmotiv unserer Bewegung versteckt. Mit dem Schwert kann man keine geistige Idee ausrotten: nur dann, wenn diese Waffen zugleich selber Träger eines neuen zündenden Gedankens, einer Idee oder Weltanschauung sind.«

Journalist: »Stammt das von Ihnen?«

Frau H. verneint stumm. Dann stramm: »Seine Ideen. Seine Worte. Ich diente.«

Journalist: »Es ranken sich viele Legenden ums Buch.«

Frau H.: »Absicht. Mein Führer mochte das gern. In Wirklichkeit war's harte Arbeit. Haben wir jedes Wort rumgedreht. Einmal war ich sogar in Berchtesgaden … Egal. Er hatte schon Anfang der 1920er etwas geschrieben. Dietrich hatte dabei immer so gute Ideen, auch das mit dem Fotografieren kam von Eckart.«

Journalist: »Ihnen ist bewusst, dass *Mein Kampf* ein Blutbuch ist, das schlimmste Buch der Weltgeschichte?!«

Frau H.: »Warum? Weil mein Führer alles umsetzte, was er geschrieben hat? Das nenne ich wahrhaftig, epochal, konsequent.«

Journalist: »Das kommt Ihnen so einfach über die Lippen?«

Frau H.: »Ja. Sein Buch ist meine Lehre. Meine Weltanschauung. Nichts hat sich seit damals geändert.«

Beleuchter: »Jetzt brauchen wir mehr Licht.«

Er baut entsprechend um. Frau H. genießt es, im Mittelpunkt zu stehen.

Frau H.: »Wir haben das Buch geteilt, Parteipolitisches in Band 2. Der kam ja später. Aber in Band 1 war alles drin, was drin sein sollte. Der

Mythos. Der Auserwählte. Dietrich hatte ja immer so gute Ideen wie das mit dem Erlöser im deutschen Wesen und so, das gefiel ihm aber nicht, er wollte allein, nur aus sich. Das zeichnete meinen Führer aus. Wir haben ihn zum ›Everbody's Darling‹ gemacht, das fand er gelungen, wenn der Junge aus kleinen Verhältnissen aus eigenen Kräften aufsteigt und oben, am Gipfel, sich selbst und den Seinen treu bleibt.«

Journalist: »Ein Autor des Vereins gegen Antisemitismus hat in seinem Abwehrblatt über *Mein Kampf* geschrieben: ›Es wird noch viel Rhein den Fluss runterfließen, bis dass Deutsche auf solchen Unsinn hören werden‹.«

Frau H.: »Was wollen Sie jetzt hören? Dass es mir leidtut? Was denn? Ich habe Ihnen doch gesagt, dass ich an all das glaube. Wie wir jetzt verfolgt werden, wurden wir ja schon einmal verfolgt. Wir siegten, weil wir wussten, jeder Versuch, eine Weltanschauung mit Machtmitteln zu bekämpfen, scheitert am Ende, solange nicht der Kampf die Form des Angriffs für eine neue geistige Einstellung enthält. So bezwangen wir den jüdischen Marxismus.«

Journalist: »Haben Sie keine Angst vor Gottes Strafe?«

Frau H.: »Dass er sich rächt an mir, Gott? Welcher Gott, Ihrer oder meiner?«

Journalist: »Aber die ganze Welt …«

Frau H.: »… sagt, dass wir Verbrecher waren?«

Journalist: »Ja!«

Frau H.: »Soso.« Sie lacht auf.

Toningenieur: »Entschuldigung, kurze Pause, ich muss das Band wechseln.«

Frau H.: »Nehmen Sie das alles auf?« Lacht, bekommt sich kaum noch ein. »Das können S' alles wegschmeißen.«

Journalist: »Ja aber …«

Frau H.: »Oh, da fällt mir noch etwas ein. Der Dietrich Eckart war sein Freund. Und Ideen hatte der. Da sind wir, mein Führer, mein Mann, der Dietrich und ich, zum Hoffmann. Dem Fotografen. ›Ein Buch brauchst du, Adolf, und Fotos wie Ikonen‹, hat der Dietrich immer gesagt.«

Journalist: »Wir wollten das Interview doch für die Nachwelt! Sie wollten Ihre Sicht der Dinge …?«

Frau H.: »Hab ich doch. Und jetzt wird das alles vernichtet. Für die Nachwelt. Ha! So, meine Herren, das war's. Wiederschauen.«

Frau H. steht auf und geht.

Aufnahme aus der Haft 1924, auf der Festung Landsberg

Zehn Jahre später. Am Fenster seiner ehemaligen Zelle

SWASTIKA »LEDERHOSENGAUDI«

Fotoatelier Heinrich Hoffmann. Gelöste Stimmung. Ein Büfett. Ilse Pröhl und Rudolf Heß haben Hunger, eine attraktive Assistentin bedient sie. Heinrich Hoffmann steht an der Kamera. Im Hintergrund: Dietrich Eckart und Adolf Hitler, der diverse Kostüme probiert und sich dann präsentiert in SA-Uniform, als Geschäftsmann, Soldat, Berufspolitiker. Man einigt sich auf Heimatliches, Lederhose und Trachtenjanker.

Hoffmann: »Aufgeweckter Naturbursche. Fabelhaft.« Er richtet das Licht ein.

Hitler: »Das dauert!«

Eckart: »Braucht halt.«

Pröhl: »Zeit spielt am richtigen Ort keine Rolle. Ich find's gut.«

Heß: »Ich weiß nicht. Sehr bayrisch.«

Hitler zupft am Janker und mäkelt: »Unästhetisch. Jüdisches Schwabinger Kulturparfüm.«

Heß: »Schwarzes Hemd und Armbinde. Bayrisch und faschistisch. Tradition und Weltmacht. Wie der Mussolini.«

Hitler: »Gut. Sehr gut. Schwarzes Hemd und Hakenkreuzbinde. Schlips. Jetzt holt mir das.«

Hoffmann huscht mit seiner Assistentin nach hinten.

Hitler zu Heß: »Ja was jetzt?«

Pröhl: »Schwarzes Hemd, schwarzer Schlips, Armbinde und Parteinadel.«

Hitler: »Sind bei mir in der Thierschstraße.«

Ilse Pröhl eilt sofort los, um Gewünschtes zu holen.

Eckart: »Wir haben Zeit.«

Hitler: »Haben wir? Am Vorabend vom Putsch?«

Eckart: »Wir brauchen Bilder. Das Wort ist Brandfackel, doch vom lieben Gott wollen die Leute allweil euch ein Bild, als Ikone, wo das Weib sich bekreuzigt und betet. Weißt, wie ich meine?«

Hitler: »Worte für den Verstand. Fotos fürs Gefühl.«

Hoffmann kommt zurück. Hebt entschuldigend die Hände.

Seine Assistentin beauftragt er: »Geh, Schatzl, jetzt holst uns was Gscheits. Jedem a Halbe und Weißwürscht.«

Zu Hitler und Eckart: »Das dauert nicht lang, meine Herren.«

Nach der Brotzeit. Ilse Pröhl hilft Hitler beim Umziehen. Hitler tritt in die Fotokulisse, ein Arbeitszimmer im alpenländischen Stil.

Hoffmann: »Fabelhaft. Große Ideen, große Posen. Sie müssen …«

Hitler schrofft zurück: »Ich weiß, wie das geht. Bitte!«

Hitler konzentriert sich, variiert seine theatralischen Haltungen entsprechend seiner Rede:»Wenn aber Völker um ihre Existenz auf diesem Planeten kämpfen, die Schicksalsfrage von Sein oder Nichtsein an sie herantritt, fallen alle Erwägungen von Humanität oder Ästhetik in ein Nichts zusammen. Ich kenne die Psyche der Masse.«
Hoffmann:»Fabelhaft. Die Kamera liebt Sie.«
Hitler:»Propaganda, lieber Hoffmann. Propaganda.«
Eckart:»Bilder. Und noch mal Bilder.«
Hitler zu Hoffmann:»Nicht eines, sondern eine Million.«

Adolf Hitler im Atelier von Heinrich Hoffmann in München.
Das Postkarten-Motiv wurde von der NS-Publizistik später als unpassend verworfen.

GEISTIGE WAFFE

»Wer das Unglück
Der vor'gen Stunde meldet, sagt was Altes;
Jedweder Augenblick gebiert ein neues.«
Macbeth, Rosse

I

Mein Kampf, Seite 196ff.:
»An wen hat sich die Propaganda zu wenden? An die wissenschaftliche Intelligenz oder an die weniger gebildete Masse? Sie hat sich ewig nur an die Masse zu richten!«

Man muss sich immer wieder vergegenwärtigen, das ist Hitler, das hat er Anfang der 1920er-Jahre geschrieben. Er formuliert, wie er sich seine Eigenwerbung vorstellt: Aufmerksamkeit erregen. Aus dem Interesse eine Begierde kreieren, um schließlich durch die Handlung zur Erfüllung zu gelangen.

Er formuliert also die damals modernen Gesetze der Werbung – Attention, Interest, Desire, Action:
»Die Kunst liegt nun ausschließlich darin, dies in so vorzüglicher Weise zu tun, daß eine allgemeine Überzeugung von der

Wirklichkeit einer Tatsache, der Notwenigkeit eines Vorgangs, der Richtigkeit von etwas Notwendigem usw. entsteht. ... So muß ihr Wirken auch immer mehr auf das Gefühl gerichtet sein und nur sehr bedingt auf den sogenannten Verstand. Jede Propaganda hat volkstümlich zu sein und ihr geistiges Niveau einzustellen nach der Aufnahmefähigkeit des Beschränktesten unter denen, an die sie sich zu richten gedenkt.«

Klingt, als hätte Hitler das Fernsehen von heute erfunden. Dann mokiert er sich über die schlechte Werbekunst der Deutschen, lernt seine Lektion und zieht seine Lehren daraus:
»Demgegenüber war die Kriegspropaganda der Engländer und Amerikaner psychologisch richtig. Indem sie dem eigenen Volke den Deutschen als Barbaren und Hunnen vorstellte, bereitete sie den einzelnen Soldaten schon auf die Schrecken des Krieges vor und half so mit, ihn vor Enttäuschungen zu bewahren. Die entsetzlichste Waffe, die nun gegen ihn zur Anwendung kam, erschien ihm nur mehr als die Bestätigung seiner schon gewonnenen Aufklärung und stärkte ebenso den Glauben an die Richtigkeit der Behauptungen seiner Regierung, wie sie andererseits Wut und Haß gegen den verruchten Feind steigerte. ... So konnte sich der englische Soldat vor allem nie als von zu Hause unwahr unterrichtet fühlen, was leider beim deutschen so sehr der Fall war, daß er endlich überhaupt alles, was von dieser Seite noch kam, als ›Schwindel‹ und ›Krampf‹ ablehnte. Lauter Folgen davon, daß man glaubte, zur Propaganda den nächstbesten Esel abkommandieren zu können, statt zu begreifen, dass hierfür die allergenialsten Seelenkenner gerade noch gut genug sind.«

II

Nach der Tagesarbeit am Buch rührte Hitlers Pathos nachts in meinen Gefühlen. Mir fiel wieder etwas aus dem Gespräch mit dem Historiker Othmar Plöckinger ein: »Dieser permanent um Selbststilisierung bemühte Mann schafft es nicht, in meinen Augen, auch nur eine Zeile zu schreiben, ohne darüber nachzudenken: Wie wirkt das? Was denken die anderen darüber? Komme ich damit so rüber, wie ich rüberkommen möchte? Also die gänzliche Unfähigkeit, zumindest subjektiv ehrlich über sich zu schreiben, stets die Wirkung und Selbstdarstellung im Blick zu haben, ist einer der ganz zentralen roten Fäden in seinem Buch.«

Dass die Lektüre von *Mein Kampf* Verschleiß erzeugen würde, war klar. Wie sehr aber das Buch durch meinen Blutkreislauf giftete, war erschreckend. Ich sehnte mich nach Versöhnlichem, doch in meinen Träumen gesellte sich jede Nacht Dunkles zu Tragischem: Die Rechtskurve war wieder da. Die Hundskurve, die nicht enden wollte.

Ich warf einen Blick in den Rückspiegel meines Motorrads, sah meinen Freund auf seiner Maschine hinter mir, sah den weißen Qualm aus dem Auspuffrohr seiner Suzuki und wusste, dass er aufdrehte. Er saß herrlich gelassen auf seinem Bike, nur etwas zu sehr in der Mitte der Straße, dachte ich. Ich zog zum Kurveninnern, tief geneigt, flott, nicht schnell. Im linken Augenwinkel bemerkte ich den Lkw, der Fahrer lenkte rechts, in Italien üblich, um das Fahren am Straßenrand bergiger Routen zu erleichtern, und er war schon ganz am Straßenrand. Den Scheitelpunkt der Kurve hatte ich geknackt, doch sie zog und zog sich. Die Kurve hatte den Blick auf meinen Freund verschluckt. Ich hörte den Schlag, als er mit seinem Motorrad gegen die seitliche Ladefläche des Lasters krachte, an ihr entlangschrammte und schließlich auf die Straße stürzte.

Das Zurückrennen zum Unfallort dauerte unendlich lange. So tränenreich lang, wie man verlorene Unschuld eben betrauert. Das war am Gardasee. Ich war 18, er 19.

Ich sah ihn auf der Straße liegen, das Motorrad im Straßengraben, er trug keinen Helm. Warum? Er hatte immer einen auf.

Der Sturzhelm hatte sich beim Aufprall an einem Scharnier der Ladefläche des Lasters verhakt und war durch die Wucht der Kollision abgerissen worden, das ergab die spätere Unfallklärung. Er atmete noch, ich hockte neben ihm, von überall kamen Leute angerannt. Kaum Blut. Seine Jeans war zerrissen, ich sah seinen Oberschenkelknochen, so rein und weiß. Der Krankenwagen kam. Alles ging sehr schnell. Der Krankenwagen war nicht so groß wie deutsche Krankenwagen; ich dachte noch, gut, dann kommt er schneller überall durch. Ich hatte immer noch meinen Helm auf. Das Atmen fiel schwer und war laut. Mein Freund starb auf dem Weg ins Hospital. Genickbruch.

Man fühlt sich schuldig, auch wenn man nichts dafür kann. Moral funktioniert so.

Sieben Jahre später sprang ich aus einem Schlossfenster. Ein kraftvoller Satz. Ich tauchte mit einer solchen Wucht ins Wasser ein, dass es mir den Atem verschlug. Erreichte den Grund. Genoss das Wasser im Swimmingpool, das gegen den Himmel so herrlich blau schimmerte. Dann tauchte ich auf, schwamm zum Beckenrand und hatte mir bewiesen, was ich mich traute. Das war zwar nicht klug oder vernünftig, wie meine hübsche Freundin immer mahnte, aber so war ich. Ich wollte keinen anderen Willen, keine Fremdbestimmung, kein »Tu dies, tu das«. Ich wollte mich nicht so, wie die Welt mich wollte.

Ich zog mich am Beckenrand hoch, tropfte zum Handtuch und legte mich in die Sonne. Was für ein Tag, der mich zur Leichtigkeit des Seins gütig nötigte.

So sollte es immer sein, das ging aber nicht. Auf der Waagschale des Schicksals geht es immer um alles. Mir ging es um nichts. Niemandem zur Last fallen. Niemanden um Erlaubnis fragen müssen. Niemandem verpflichtet sein. Wäre ich sieben Jahre zuvor mit dem Motorrad verunglückt, hätte ich all das nicht erleben können. Dürfen. Das war ich ihm schuldig. Das war ein unausgesprochener Schwur. Was ist schon Leben, wenn es nicht gelebt werden kann? Ich liebte dieses Gefühl, und ich konnte mich unheimlich gut selbst belügen. Darin war ich großartig.

In Wahrheit stirbt man jeden Tag ein bisschen. Und am Ende ist man ganz tot.

Die Clique, mit der ich abhing, war eine Schar der Gattung Jeunesse dorée, deren Dasein sich im Dunstkreis des Schlosses derer von Luchs abspielte; Zinnen, Erker, Türmchen, ein Swimmingpool inmitten eines Rosengartens, gleich darüber das Jugendzimmer des Freiherrn, aus dem ich in den Pool sprang. Dem jungen Freiherrn und seinen Schwestern gefiel ihre Welt, und ihre Welt gefiel mir. So sorglos alles wirkte, so schön alles schien, so wunderbar war es tatsächlich auch, aber nicht für mich. Ich litt, weil ich so gar nichts darstellte. Ich war dabei, wenn der große Gatsby, so sah Heinrich von Luchs auch aus, Hof hielt. Ich war geduldeter Geschichtenerzähler mit geradezu russischem Hang zum Melodramatischen, was gut ankam, Fantast und Beobachter, Chronist aus der Fraktion: »Na ja, der wohnt im Gartenhäuschen des Lebens, muss es auch geben«.

Das genügte mir, glaubte ich. Nachdenklich machte mich das erst, als meine zweite große Liebe vom Leben mehr haben wollte, als immer nur für zehn Mark zu tanken. Als wir uns an einem Abend ins Nachtleben stürzten, ein Ritual, das in einer Studentenkneipe begann und in einer Provinz-Hollywood-Disko endete, entdeckte ich bei meiner Freundin eine gewisse Umorientierung, die am Ende dieser Nacht in dem Satz gipfelte: »Du bist mir einfach zu unrealistisch mit all deinen Träumen, ich will ein bisschen mehr, wir machen jetzt Schluss.«

Mein naiver Kosmos geriet ins Wanken. Ich war so tief verletzt, dass ich auswandern wollte, was mein Vater einen Tag später verhinderte. Ich musste ihn von einem Saufgelage mit seinen Versicherungskumpels abholen. Er war richtig gut drauf und ich stumm wie ein Fisch. Als er endlich mein Leid aus mir gekitzelt hatte, meinte er nur: »Vergiss sie.« Das kam so direkt und überzeugend, dass ich dem wortlos zustimmen musste. Ich war so perplex, daran hatte ich nicht gedacht. Meine schöne Ex und der Baron kamen nicht wirklich zusammen. Sie lernte jemand anderes kennen. Mein Vater starb etwa ein Jahr später. Jahrelang dauerte das Gefühl: Nicht Sein Wollen.

Ich fühlte mich schuldig, weil ich ihm so wenig zurückgeben konnte. Mein Kummer wandelte sich irgendwann in Wut. Bei meiner ersten Theaterarbeit als Regie-Hospitant für *Macbeth* hörte ich Malcolm sagen: »Erweiche nicht dein Herz, entzünd es!«

III

Mein Kampf giftet seiner Klimax entgegen: Propaganda, Lüge, Hass. Seite 201ff.:

»Das Volk ist in seiner überwiegenden Mehrheit so feminin veranlagt und eingestellt, dass weniger nüchterne Überlegung, vielmehr gefühlsmäßige Empfindung sein Denken und Handeln bestimmt. Diese Empfindung aber ist nicht kompliziert, sondern sehr einfach und geschlossen. Es gibt hierbei nicht viel Differenzierungen, sondern ein Positiv oder ein Negativ, Liebe oder Haß, Recht oder Unrecht, Wahrheit oder Lüge, niemals aber halb so und halb so, oder teilweise usw. ... Zu hoffen, daß es mit diesem faden Pazifistenspülwasser gelingen könnte, Menschen zum Sterben zu berauschen, brachten nur unsere geistfreien ›Staatsmänner‹ fertig.«

Zum Schluss des Kapitels wartet Hitler mit noch ein paar Erkenntnissen aus seiner Propaganda-Trickkiste auf: »Jede Reklame, mag sie auf dem Gebiete des Geschäftes oder der Politik liegen, trägt den Erfolg in der Dauer und gleichmäßigen Einheitlichkeit ihrer Anwendung. … In England aber begriff man noch etwas: daß nämlich für diese geistige Waffe der mögliche Erfolg nur in der Masse ihrer Anwendung liegt, der Erfolg jedoch alle Kosten reichlich deckt.«

EISKALT SERVIERT

»Die Nacht ist lang, die niemals tagen kann!«
Macbeth, Malcolm

I

Das Buch vor mir auf dem Schreibtisch und so viele Fragen plagen mich. Was würde Hitler wohl antworten, wenn man ihn fragte: Warum? Warum haben Sie das geschrieben?

Wahrscheinlich würde er meine Frage gar nicht verstehen, in der hermetischen Abgeschlossenheit seines gebildeten Fanatismus. Vermutlich käme nur ein: Rache wird eiskalt serviert.

Sein Kapitel »Die Revolution« in *Mein Kampf* beginnt mit den Worten: »Mit dem Jahre 1915 hatte die feindliche Propaganda bei uns eingesetzt, seit 1916 wurde sie immer intensiver, um endlich zu Beginn des Jahres 1918 zu einer förmlichen Flut anzuschwellen. Nun ließen sich auch schon auf Schritt und Tritt die Wirkungen dieses Seelenfanges erkennen.«

Ahnend, was nun kommt, flüchte ich vor dem ganzen Heldenmut, vor jeder Dolchstoßlegende. Ich klappe das Buch zu. Es fällt mir immer schwerer, nicht einfach über ES herzufallen,

ES zu zerfleischen. Das ist aber nicht Teil meiner Vereinbarung mit mir. Hitler operiert in *Mein Kampf* mit einem anerzogenen Wertekodex, bedient sich sozusagen aus einer gemeinsamen deutschen Bildungsfibel, die er radikalisiert. Die Dämonie seines Pathos und die aus ihm kommende Wirkungsgeschichte nagen in mir, ich will mich nicht als Nestbeschmutzer fühlen, den das Schicksal strafen wird, weil er Stunde null und Schlussstrich frevelt. Ich begehe kein Verbrechen, nur weil ich *Mein Kampf* lese. Und schon bin ich wieder ein Häftling seiner Propagandaphrasen, weil ich es wage zu widersprechen.

Ich war auf dem Marienplatz. Der Tag ist vorbei. Wenn es mir schlecht geht, wenn ich mit meiner Arbeit nicht vorankomme, trinke ich Gesichter, die mich ablenken, mich aufregen, mich bestürzen, zum Lachen bringen, mich einfach amüsieren, und ich denke mir zu den Gesichtern Geschichten aus, die die Eigenschaften dieser Menschen charakterisieren. Diesmal konnte ich nicht in Gesichter schauen, zu sehr beschäftigte mich die Frage, wer wir Deutschen eigentlich sind. Was macht unser Wesen aus? Wir sind sauber, wir müssen immer alles blitzblank putzen, wir nannten Unbedenklichkeitsbescheinigungen »Persilscheine«, wir haben auch einen Meister Proper und fahren doch gleichzeitig zu den Wundern dieser Welt, um dort die Patina von Jahrtausenden anzuhimmeln. Wie würde bei uns Deutschen das Kolosseum aussehen? Zweifellos saniert, frisch gestrichen und funktionstüchtig, sonst macht das alles ja keinen Sinn. Funktionstüchtig. Das muss man sich auf der Zunge zergehen lassen. Was für Eigenschaftskopplungen. Es suggeriert nicht nur Tüchtigkeit, sondern auch noch Willen. Ich stand also mitten auf dem Marienplatz und fragte mich: Wird man so geboren? Ist das Erziehung? Oder ist das einfach als Deutscher so, steht das quasi im Personalausweis unter besonderen Merkmalen: Immer und zu allen Zeiten funktionstüchtig?

Die Folgefragen waren: Bin ich auch so, wenn ich pflichtbewusst funktioniere, damit ich kein schlechtes Gewissen habe? Wenn ich stets bedenke und danach handle, »Was du heute kannst besorgen, das verschiebe nicht auf morgen«? Wenn ich glaube, nur Leistungen, die ich mir abgerungen habe, zählen, und nicht das leicht Hingeworfene? Wenn ich glaube, nur edel zu sein, wenn ich den schweren Weg wähle und nicht den leichten?

Ich bin deutsch erzogen. Das ist für mich – dann und wann – eine Nacht, die nicht tagen kann.

Mein Autorenfreund Michael Gantenberg eigenschaftet solche Sinnfragen aufs Wesentliche: »Der Sinn des Lebens ist leben.«

II

Mein Kampf, Seite 205ff. Er hitlert sich nun in die Herzen der alten Armee und schreibt über die deutschen Soldaten im Ersten Weltkrieg, die, zermürbt von feindlicher Zersetzung, dringend psychologische Hilfe aus der Heimat benötigt hätten:
»Nur dann durfte man auf Erfolg bei Männern rechnen, die zum Schluß ja für diese Heimat unsterbliche Taten des Heldenmutes und der Entbehrungen seit schon bald vier Jahren vollbracht hatten.«
Dann zieht Hitler eine seiner typischen Schleifen: »Damals stiegen mir oft Zorn und Empörung auf, wenn ich die neuesten Zeitungen zu lesen erhielt und man diesen psychologischen Massenmord, der da verbrochen wurde, zu Gesicht bekam. Öfter als einmal quälte mich der Gedanke, daß, wenn mich die Vorsehung an die Stelle dieser unfähigen oder verbrecherischen Nichtskönner oder Nichtwoller unseres Propagandadienstes gestellt hätte, dem Schicksal der Kampf anders angesagt worden wäre. In diesen Monaten empfand ich zum ersten Male die gan-

ze Tücke des Verhängnisses, das mich an der Front und in einer Stelle hielt, in der mich der Zufallsgriff jedes Negers zusammenschießen konnte, während ich dem Vaterlande an anderem Orte andere Dienste zu leisten vermocht hätte! Denn daß mir dieses gelungen sein würde, war ich schon damals vermessen genug zu glauben. Allein ich war ein Namenloser, einer unter acht Millionen! So war es besser, den Mund zu halten und so gut als möglich seine Pflicht an dieser Stelle zu tun.«

III

»Das riecht noch immerfort
Nach Blut! – Arabiens Wohlgerüche alle
Versüßen diese kleine Hand nicht mehr.«
Macbeth, Lady Macbeth

Hitler beschreibt die deutschen Truppen im Ersten Weltkrieg als »herrliche Heldenarmee«, die um hundert Meter Schlamm kämpfte, als hinge das Schicksal Deutschlands davon ab. Hitler stilisiert zwischen den Zeilen, ohne dass er es groß ausführt, die von ihm bewunderte Nibelungentreue zum deutschen Mythos schlechthin: die Treue des Nibelungenkriegers zu seinem Herrn, ihm zu dienen, sein Leben im Kampf zu opfern und dabei so viele Feinde mitzunehmen wie möglich. Diese bedingungslose Treue, die Hingabe, die einen Untergang wenn, dann als Erlösung verhängnisvoll, schreibt Hitler später seiner SS (Schutzstaffel) ins Soldbuch: »Meine Ehre heißt Treue«. Hitler inkludiert in das *Nibelungenlied* nicht nur seinen Walhalla-Weiadiewoga-Walküren-Ethos, sondern auch brutalstmögliche Verbrechen an der Menschheit. Das steht nicht auf der Einladung zum Treueeid, aber es schreit aus den Zeilen seines Buches.

Im Gegensatz zu Hitler scheint sich der Verfasser des Nibelungenepos der Tragik der Handlung durchaus bewusst und favorisiert als Moral seiner Geschichte: die freie Wahl des Ehepartners sowie gegenseitigen Respekt und Ehre am Hof.

Nibelungentreue ist keine deutsche Tugend, sondern eine Sünde; ein Synonym für Schuld, die an der Seele frisst, für Blut, das an den Händen klebt.

Adolf Hitler trommelfeuert weiter:
»Der gleiche Mann, der erst geschimpft und geknurrt hatte, tat wenige Minuten später schweigend seine Pflicht, als ob es selbstverständlich gewesen wäre. Dieselbe Kompanie, die erst unzufrieden war, klammerte sich an das Stück Graben, das sie zu schützen hatte, wie wenn Deutschlands Schicksal von diesen hundert Metern Schlammlöchern abhängig gewesen wäre. … Ende September 1916 rückte meine Division in die Somme-Schlacht ab. Sie war für uns die erste der nun folgenden ungeheuren Materialschlachten und der Eindruck denn auch ein nur schwer beschreibbarer – mehr Hölle als Krieg. In wochenlangem Wirbelsturm des Trommelfeuers hielt die deutsche Front stand, manchmal etwas zurückgedrängt, dann wieder vorstoßend, niemals aber weichend. Am 7. Oktober 1916 wurde ich verwundet. Ich kam glücklich nach rückwärts und sollte mit einem Transport nach Deutschland. Es waren nun zwei Jahre verflossen, seit ich die Heimat nicht mehr gesehen hatte, eine unter solchen Verhältnissen fast endlose Zeit. Ich konnte mir kaum mehr vorstellen, wie Deutsche aussehen, die nicht in Uniform stecken. Als ich in Hermies im Verwundeten-Sammellazarett lag, zuckte ich fast wie im Schreck zusammen, als plötzlich die Stimme einer deutschen Frau als Krankenschwester einen neben mir Liegenden ansprach. Nach zwei Jahren zum ersten Mal ein solcher Laut! Je näher dann aber der Zug, der uns in die Heimat bringen sollte, der Grenze kam, um so unruhiger wurde es nun

im Innern eines jeden. Alle die Orte zogen vorüber, durch die wir zwei Jahre vordem als junge Soldaten gefahren waren: Brüssel, Löwen, Lüttich, und endlich glaubten wir das erste deutsche Haus am hohen Giebel und seinen schönen Läden zu erkennen. Das Vaterland! Im Oktober 1914 brannten wir vor stürmischer Begeisterung, als wir die Grenze überfuhren, nun herrschte Stille und Ergriffenheit. Jeder war glücklich, daß ihn das Schicksal noch einmal schauen ließ, was er mit seinem Leben so schwer zu schützen hatte, und jeder schämte sich fast, den anderen in sein Auge sehen zu lassen. Fast am Jahrestage meines Ausmarsches kam ich in das Lazarett Beelitz bei Berlin. Welcher Wandel! Vom Schlamm der Somme-Schlacht in die weißen Betten dieses Wunderbaus! Man wagte ja anfangs kaum, sich richtig hineinzulegen. Erst langsam vermochte man sich an diese neue Welt wieder zu gewöhnen. Leider aber war diese Welt auch in anderer Hinsicht neu.«

Hitler lässt eigene Erinnerung im Dunkeln. Zweifel am Sinn des Krieges, am Abschlachten, kommen ihm nicht.

Er kompensiert seine Angst, jeder hatte Angst, vor dem Stahlgewitter: »Der Geist des Heeres an der Front schien hier schon kein Gast mehr zu sein. Etwas, das an der Front noch unbekannt war, hörte ich hier zum ersten Male: das Rühmen der eigenen Feigheit! Denn was man auch draußen schimpfen und ›masseln‹ hören konnte, so war dies doch nie eine Aufforderung zur Pflichtverletzung oder gar eine Verherrlichung des Angsthasen. Nein! Der Feigling galt noch immer als Feigling und sonst eben als weiter nichts. … Hier aber im Lazarett war es schon zum Teil fast umgekehrt.«

Erster Weltkrieg. Hitler im Feld (l.); beide Fotos aus dem Sammelbilderalbum
Deutschland erwacht, Cigaretten-Bilderdienst Hamburg-Bahrenfeld 1933

IV

Hitlers Staccato seiner Kriegsschilderungen mühlsteint mir eine
Erinnerung zurück: das Gefühl, in einem Schraubstock zu stecken. Ich zähle noch zur Generation des »Bürgers in Uniform«
und leistete meinen Wehrdienst in Hammelburg. Bei einer
Übung mit dem Maschinengewehr führte ich die Schießkladde.
Nach einer Stunde war ich außen starr und innen glühend. Das
ständige Geballere machte mich rasend vor Aggression und
ängstigte mich gleichzeitig zu Tode. Weil ich nicht mehr in der
Lage war, ordentlich zu schreiben, tauschte mich der Oberfeld-
webel aus. Begründung: Knalltrauma. Sobald ich mich vom
Schießplatz entfernt hatte, Ruhe einkehrte, löste sich die Ver-
krampfung, das Gemüt schaltete von Alarmstufe Rot zurück auf
Alltag. Ich bin kein Hosenschisser. Beim Einzelschießen mit
dem G3 am nächsten Tag schnitt ich wieder gut ab. Natürlich

158

Adolf Hitler im Lazarett von Beelitz (hinten, 2. v. r.)

weiß ich nicht, wie Krieg schmeckt, aber ich kann lesen: Hitler
wolft seine Erinnerungen über Verwesung und Fäulnis hinweg
in ein glorreiches Stahlgewitter. Dieser Frontkoch bereitet eine
Lügenspeise zu, die eifrige Esser verschlingen werden.

Ich schreibe am Tag kaum mehr als eine Seite, Aggression blo-
ckiert mich, nichtige Anlässe führen zu spontanen Wutausbrü-
chen, all das zeigt mir, wie sein Buch in mir giftet, wie es mich
nötigt, mich ständig zu entscheiden. Dieses Flüstern Hitlers zwischen den Zeilen, »Folge mir!«, empfinde ich als Schraubzwin-
ge, die, einmal festgedreht, nichts und niemanden mehr freigibt.
   Im *Nibelungenlied* träumte die junge Kriemhild, sie habe einen Falken aufgezogen. Da seien zwei Adler gekommen und
hätten das edle Geschöpf vor ihren Augen zerrissen. Kriemhilds

Mutter Ute deutete den Traum als Prophezeiung, dass Kriemhilds künftiger Gemahl, der edle Falke, wenn Gott ihn nicht vor seinen Feinden behüte, grausam untergehe.

Im Kosmos der Nationalsozialisten spielten Gewissensprüfungen keine Rolle, da ging's um Glanz und Gier und Geilheit. In meinem Zettelkasten fand ich noch eine aufschlussreiche Bemerkung Othmar Plöckingers: »Der Legendenkranz, der um sein Buch gewoben wurde, gefiel Hitler, von ihm nicht inszeniert, aber geduldet. Tatsächlich ist die Entstehungsgeschichte des Buches komplex. Die ersten Passagen entstanden schon Anfang der 1920er-Jahre, also vor dem Hitlerputsch vom 8. und 9. November 1923 in München.«

Ich nachtalbe eine Geschichte, die nicht ein historisches Zusammentreffen, aber eine Mentalität beschreibt. Hitlers Worte stammen aus dem letzten Drittel des 7. Kapitels »Die Revolution«.

Ernst Röhm, SA-Führer, Maschinengewehr-König von München, erst
Freund, dann Rivale von Adolf Hitler;
geb. 1887, ermordet 1934 im
Münchner Zentralgefängnis Stadelheim

SWASTIKA »MASCHINENGEWEHRKÖNIG«

Ein nobles Hotel in Feldafing, oberhalb des Starnberger Sees. Ernst Röhm feiert mit Kameraden seiner Sturmabteilung im großen Kreis ein Motto-Spektakel: Heldenstaat der Nibelungen. Überall im Hotel, im Garten und vor allem im Festsaal sind junge Männer in Nibelungenkostümen, auch Brunhilde und Kriemhild werden von Männern dargestellt. Alle sind nur spärlich bekleidet, Röhm als Hagen von Tronje kostümiert, stets an seiner Seite ein Recke namens Siegfried. Die laszive Posse erreicht ihren Höhepunkt, als Röhm den Seinen den Lanzenstoß verkündet.

Röhm: »Runter auf die Knie! Siegfried! Empfange den Lanzenstoß. Da kommt sie geflogen, die steife Lanze …«

Der Saal grölt ob der derben Anzüglichkeit. Röhm schiebt dem knienden Siegfried von hinten seine Hagenlanze zwischen die Beine und bewegt den Stock hin und her. Er ist damit am Ziel seiner schauspielerischen Darstellungskraft angelangt. Bevor die Nibelungenhorde orgiastisch übereinander herfallen kann, stört ein Bote, der hysterisch schreit: »Der Führer kommt! Der Führer kommt!« Zunächst müssen einige lachen, als sich aber Anführer Hagen hastig in Ernst Röhm zurückverwandelt, geht ein Ruck durch die Menge. Hitler, Heß und Göring betreten den Saal.

Göring verschlingt mit den Augen begierig die Szene.

Göring schwafelt, während Röhm gerade seine Uniformjacke zuknöpft.

Göring: »Hätte ich dir gar nicht zugetraut, stillvoll.« Er nimmt Röhm die hagensche Augenklappe ab, zieht sie sich selbst auf und meint genüsslich: »Gefällt mir, so mit allem Drum und Dran.«

Heß drängt sich an Röhm und sagt: »Wo sind die Waffen?«

Röhm: »Was, was? Alles parat.« Er lässt Heß stehen und geht zu Hitler: »Adolf?«

Hitler: »Ernst?«

Röhm: »Du musst verstehen. Es …«

Hitler: »Es ist alles so naturalistisch, das mag ich.«

Röhm: »Ja, genau.«

Hitler: »Sehr nackt, war wohl damals so. Wir wissen es nicht?«

Röhm: »Das hat sich so ergeben, die Kostüme sind teuer.«

Hitler: »Wagner, Bayreuth. So musst du das machen, dir das abschauen. Dich inspirieren lassen. Gut. Kann ich unsere Waffen sehen?«

Röhm: »Selbstverständlich. Aber Adolf, willst du uns nicht zuerst die Ehre geben und zu uns sprechen?«

Göring mischt sich ein: »Was ist jetzt los? Redet der Führer?«

Röhm lässt Fackeln entzünden, das elektrische Licht wird ausgeschaltet. Die Fackeln werden in der Mitte des Saals zu einem Hakenkreuz aufgestellt.

Röhm: »Diese Schalen … Siegfried, den Rotwein! … sind wir bereit mit unserem Blut zu füllen im Opfergang für Volk und Vaterland. Für den Heldenstaat.«

Göring: »Ihr zwei mit den Fackeln, kommt mal her.«

Göring organisiert ein kleines Podest für Hitler, das er vor das Hakenkreuz platziert. Heß holt ein Manuskript aus einer schweinsledernen Dokumentenmappe und reicht es Hitler.

Hitler: »Heß, danke.« Er wirft einen Blick auf die Seiten und beginnt dann zu zitieren: »1916. Berlin litt Hunger. Noch ärger in München. Zurück in meinem Ersatzbataillon. Ärger, Missmut und Geschimpfe. Kein Respekt vor den Frontkämpfern. Überall nur Angsthasen. Verräter und Juden. Die allgemeine Stimmung? Haufen von Drückebergern.«

Zustimmendes Raunen im Saal.

Röhm: »Bravo. Jeder Schreiber ein Jude, jeder Jude ein Schreiber.«

Hitler: »Diese Fülle von Kämpfern des auserwählten Volkes.« Er lacht laut auf, wird aber sofort wieder todernst. »Die Spinne saugte dem Volke das Blut aus den Poren; und während der Jude seine Giftpropaganda aussäte, stritten sich die Bayern mit den Preußen und umgekehrt. Der Jude zückte den Dolch. Deutschland sollte nicht siegen.«

Beifall.

Siegfried fragt Hitler: »Herr Hitler?«

Hitler antwortet: »Mein Kamerad?«

Siegfried: »Wann seid ihr zurück an die Front?«

Hitler: »1917 war ich wieder bei meinem Regiment. Die ganze Armee schöpfte nach dem russischen Zusammenbruch wieder frische Hoffnung. Mit aufatmender Zuversicht harrten wir dem Frühjahr 1918 entgegen.«

Göring: »Die Ruhe vor dem Sturm.«

Röhm: »Und dann …« Er fasst sich an den Hals. »… drehte man uns den Hals zu. Munitionsstreik. Der Soldat kämpft, die Heimat streikt.«

Hitler: »Bodenlose Feigheit und Dummheit und Gutgläubigkeit verhalfen dem internationalen Kapital zur Herrschaft über uns. So kam es damals, so ist es heute.«

Hitlers zur Ekstase verzerrte Fratze wird von den beiden Fackelträgern beleuchtet.

Hitler: »Da, als man aus den kühlen Nächten schon das Rollen der Sturmarmeen des deutschen Heeres zu vernehmen glaubte und ein bangender Feind in banger Sorge dem kommenden Gericht entgegenstarrte, da zuckte ein grellrotes Licht aus Deutschland auf: Generalstreik. Die Zerfetzung Deutschlands.«

Hitler macht eine Pause und trinkt aus dem von Röhm dargebotenen Kelch. Röhm erteilt seinem Siegfried eine Order, der geht und nimmt gleich ein paar Kameraden mit.

Heß erinnert seinen Chef, was sie eigentlich wollten: »Chef, die Waffen, die Pistolen, die Gewehre, wir sollten ihn jetzt zur Rede stellen.«

Hitler antwortet: »Jaja.« Er fordert Göring mit einer Geste auf, etwas zu unternehmen.

Göring positioniert sich neben Röhm und befiehlt ihm: »Der Chef will die Waffen für den Putsch sehen, gleich!«

Röhm antwortet schroff: »Was, was? Stoßtruppenführer? Ich bin der Maschinengewehrkönig von München. Verstehst mich?« Und wie aufs Stichwort tragen Siegfried und seine Kameraden einen überlebensgroßen Schwan in den Festsaal und platzieren das Requisit vor Hitler.

Röhm jovial in die Runde: »So, schaut, Ihr Herrschaften. Ich bin der Maschinengewehrkönig von München.«

Der Schwan wird aufgerissen, und Röhm holt ein funktionstüchtiges Maschinengewehr hervor. Siegfried hält ihm den Munitionskasten.

Göring klatscht vor Freude in die Hände und ruft: »Kolossal!«

Heß devotet zu seinem Chef, der kurz vorm Ausrasten ist: »Nicht aufregen, Chef, nur nicht aufregen.« Zu spät.

Hitler schreit wie von Sinnen: »Das ist ein Schwan, Röhm, ein Schwan! Der gehört hier nicht hin. Ein Schwan, ihr saublöden Deppen!«

Alle schauen entgeistert auf Hitler. Während sich Röhm mit dem Maschinengewehr in der Hand ein paar Schritte auf Hitler zubewegt, Siegfried mit dem Patronenkasten hinterher, flippt Hitler völlig aus, hebt die Hand, als wolle er Röhm ohrfeigen, und schreit: »Das ist doch nicht zu fassen! Das ist Lohengrin mit dem Schwan, Ernst, Lohengrin! nicht Der Ring des Nibelungen!«

Röhm entgeistert: »Ach so. Aber es geht einwandfrei. Das MG.«

Heß eifrig: »Haben wir noch mehr?«

Göring: »Viel mehr?«

Röhm: »Alles da. Da hinten im Schuppen, und in München, in einem Kloster. Und noch an anderen Ecken. Perfekte Vorbereitung.«

Hitler: »Jetzt ist keine Stimmung mehr da.«

»Die kommt schnell wieder«, ruft Röhm in die Runde und ballert in die Decke: »Wie im Krieg. Herrlich.«

Der Oberkellner des Hotels kommt in den Festsaal. Ein Riesenkerl.

Er schreit: »Ja seid's alle blöd, ihr Heinis?«

Siegfried und andere umringen den Oberkellner. Hitler winkt den Mann zu sich. Eingekreist von der Gruppe, bewegt sich der Oberkellner in dessen Richtung. Hitler freut sich über das neue Publikum. Er begrüßt den Oberkellner mit Handschlag und setzt seinen Vortrag fort.

Hitler: »Weißt du, Kamerad, im Herbst des Jahres 1918 standen wir zum dritten Mal auf dem Sturmboden von 1914. In der Nacht vom 13. auf den 14. Oktober ging das englische Gasschießen an der Südfront vor Ypern los. Gelbkreuz. Keiner wusste, wie das wirkt. Mehrstündiges Trommelfeuer von Gastgranaten.« Er ahmt das Pfeifen der

Granaten und deren Einschläge nach, packt den Oberkellner am Arm. »Gegen Morgen erfasste auch mich der Schmerz von Viertelstunde zu Viertelstunde ärger. Schon einige Stunden später waren die Augen in glühende Kohlen verwandelt, es war finster um mich geworden.« Er ringt mit sich und redet nach einer Sekunde gespielter tiefster Rührung weiter: »Diesen geheiligten Boden, in dem doch die besten Kameraden schlummerten, die einst mit strahlenden Augen für das einzige teure Vaterland in den Tod hineingelaufen waren, wurden nun verraten von ein paar Judenjungen, die zur Revolution aufriefen, in diesem Kampfe um die Freiheit und die Schönheit und die Würde unseres Volksdaseins.«

Hitler baut sich direkt vor dem Oberkellner auf: »Wo hast du gedient, Kamerad?«

Der Oberkellner antwortet zackig: »Joseph Untersberg, genannt Seppi, der Franzosenfresser. Infanterieregiment ›Prinz Franz‹.«

Hitler: »Aaah. Auch an der Westfront.«

Der Oberkellner nickt.

Hitler: »Die nächsten Tage kamen und mit ihnen die entsetzlichste Gewissheit meines Lebens. Immer drückender wurden nun die Gerüchte, die wie ein Fiebersturm im Lazarett in Pommern tobten.«

Der Oberkellner unterbricht rüde: »Was wird denn das hier? Du bist doch der Hitler aus München. Das Kasperl, das dem Ludendorff den Arsch putzt, oder?«

Röhm: »Ich schieß die Sau tot!«

Göring: »Nicht jetzt.«

Hitler: »Ich bin noch nicht fertig.«

Der Oberkellner wendet sich zum Gehen, es gibt ein kurzes Gerangel, was aber Göring, der seine Pistole an den Kopf des Mannes hält, schnell beendet. Der Oberkellner wird an einen Stuhl gefesselt und bekommt einen Schlag mit dem Pistolenkolben. Die Platzwunde blutet.

Hitler: »Gebt ihm halt ein Tuch. Das ist ja unanständig. Der blutet ja wie ein Schwein.«

Hitler, ganz in sein Manuskript vertieft, blickt dann auf, als dem Oberkellner eine Serviette auf die Wunde gedrückt wird, und sagt:»Na also, geht doch. Am 10. November 1918 kam der Pastor in das Lazarett zu einer kleinen Ansprache. Der alte, würdige Herr zitterte sehr, als er uns mitteilte, dass das Haus Hohenzollern nun die deutsche Kaiserkrone nicht mehr tragen dürfe, dass das Vaterland ›Republik‹ geworden sei. Da begann er leise in sich hinein zu weinen. In dem kleinen Saale aber legte sich tiefste Niedergeschlagenheit wohl auf alle Herzen. Als aber der alte Herr uns mitzuteilen begann, dass wir den langen Krieg nun beenden müssten, ja, dass unser Vaterland für die Zukunft, da der Krieg jetzt verloren wäre und wir uns in die Gnade der Sieger begäben, schweren Bedrückungen ausgesetzt sein würden, ward es mir um die Augen wieder schwarz, tastete und taumelte ich zum Schlafsaal zurück, warf mich auf mein Lager und grub den brennenden Kopf in Decke und Kissen.«

Oberkellner:»In welchem Krieg hast du denn gekämpft, Hitler? In dem war ich nicht. Ein Blutschlachten. Ein Morden. Ein Verrecken. Für Preußens Glanz und Glorie. Nach Scheiße hat's gestunken in den Gräben. Weil sie sich die Hosen vollgeschissen haben vor Todesangst. Geschrien haben sie wie am Spieß, wenn sie verreckt sind am Gas, am Bauchschuss, an der weggefetzten Fresse. Wann er dann in den Graben sprang, der Feind? Jeder Schuss ein Ruß, jeder Stoß ein Franzos; einen nach dem anderen hab ich abgeschlachtet. In den Hals rein mit dem Feldspaten, einen nach dem anderen zerhackt. Heldenkrieg? Ja, schöne Helden. Dein Ludendorff hat den Schampus gesoffen, die Sau, mit dem Kaiser. Das war der Krieg, den kenne ich. Verstehst mich?«

Hitler:»Seit dem Tage, da ich am Grabe der Mutter gestanden, hatte ich nicht mehr geweint …«

Oberkellner:»… Roastbeef für die Etappe und Eiserne Ration für die Front.«

Hitler:»Da donnerte mich die Stimme des Gewissens an, elender Jämmerling, du willst wohl heulen? Während es Tausenden hundertmal schlechter geht.«

Oberkellner: »Schade, dass du nicht verreckt bist im Stahlgewitter, du Held.«

Röhm zu Göring: »Schieß endlich.«

Hitler mehr zu sich als zu den anderen: »Es war also alles umsonst gewesen?«

Röhm keift: »Adolf, ich ertrag das nicht. Die Marxistensau ist dran. Jetzt, sofort!«

Hitler schaut bedauernd zum Oberkellner: »Es gibt kein Mitleid mehr in diesen Zeiten. Wanderer, der du nach Deutschland kommst, melde der Heimat, dass wir hier in Flanderns Erde liegen, treu dem Vaterlande und gehorsam der Pflicht.«

Hitler drückt das Manuskript an seine Brust.

Oberkellner: »Schluss! Lieber bayrisch sterben als nationalsozialistisch verderben.«

Hitler flüstert Röhm etwas ins Ohr. Der lächelt zunächst, guckt dann aber enttäuscht.

Röhm: »Gut. Siegfried, du und du, kommt her. Tragt mir die Sau raus.«

Hitler und die Seinen folgen.

SWASTIKA »KUHSTALLGEBALLERE«

Hinter dem Nobelhotel ein ehemaliger Stall, der jetzt als Parkplatz dient. Im Hintergrund haben Röhms Lakaien den Oberkellner samt Stuhl an die Wand gelehnt und schlagen ihn halbtot. Röhm geht zu einem Lkw und zeigt auf die Ladefläche: Kisten mit Munition und Sturmkarabinern, Feldspaten und Bajonetten. Dann öffnet er noch den Kofferraum einer Limousine: Pistolen und Granaten.

Hitler: »Fabelhaft. Vergeltung und Rache werden den Herren in München eiskalt serviert. Heß, gib mir noch mal die Seiten. Darf ich?«

Alle nicken eifrig.

Hitler blättert ein wenig und sagt dann: »Ah, da …«

Göring: »Wird das eine Rede für den Putsch oder die Regierungserklärung?«

Hitler: »… nein. Ein paar Zeilen nur. Später ein Buch vielleicht.«

Röhm bereitet derweil einen kleinen Schießstand vor. Legt Waffen auf einen Tisch. Positioniert eine Zielscheibe etwa zwanzig Meter entfernt.

Hitler winkt ihn zu sich und liest dann vor: »Kaiser Wilhelm II. hatte als erster deutscher Kaiser den Führern des Marxismus die Hand zur Versöhnung gereicht, ohne zu ahnen, dass Schurken keine Ehre besitzen. Während sie die kaiserliche Hand noch in der ihren hielten, suchte die andere schon nach dem Dolche. Mit dem Juden gibt es kein Paktieren, sondern nur das harte Entweder-oder. Ich aber beschloss, Politiker zu werden.«
Hitler schaut in die Runde. Göring will der Erste sein und ruft: »Wahrhaftig. Und genial.«
Heß packt das Manuskript wieder ein: »Meisterhaft. Nicht mehr und nicht weniger.«
Röhm: »So, jetzt schießen wir aber.« Er verteilt Pistolen.
Hitler grinst wie über einen gelungenen Jungenstreich. Er feuert als Erster auf den röhrenden Hirsch auf der Zielscheibe. Dann Göring, Heß und Röhm. Das Geballere sorgt für große Gaudi.

OHNE LUFT UND LIEBE

»Gescheh'ne Dinge sind nicht mehr zu ändern.«
Macbeth, Lady Macbeth

I

Das Buch vor mir auf dem Schreibtisch. Zu. In mir tobt Wut. In extremen Situationen tauche ich in Erinnerungen ein, die mich vor der Gegenwart retten. Unbeschwerte Erlebnisse oder besser jene Momente, die am weitesten von *Mein Kampf* entfernt sind, so zum Beispiel das nächtliche Um-die-Häuser-Ziehen in meiner Heimatstadt. In einem Lokal traf ich diese Clique, in einem anderen jene. Mit einer Unermüdlichkeit war ich unterwegs, um mich zu amüsieren, zu bestätigen, zu finden. Ein Abend war dann gut, wenn alles passte: Musik, Ort, Freunde; am Ende der Nacht im Bett einer Schönheit aufzuwachen war natürlich die Krönung. Diese Sehnsucht nach dem süßen Nichts schien unstillbar, und dann verschwand sie aus meinem Leben, ohne sich zu verabschieden. Ich habe sie nicht vermisst. In Wirklichkeit stand das süße Nichts für Wildheit und Wut, für Sehnsucht und Sex, angetrieben aus meiner überall vermuteten Überlegenheit anderer. Was sollte ich auch tun, wenn ich für alles, was ich anfing, bewertet und kritisiert wurde? Damals übernahmen noch

Eltern und Gesellschaft die Rolle der Casting-Shows, weil Dieter Bohlen noch als Thomas Anders' Gitarrist beschäftigt war. Doch irgendwann drängten die inneren Vorbilder, wollten den Steppenwolf sehen und nicht mehr die Partyhyäne. Ich schrieb mein erstes Theaterstück und drehte kurz darauf meinen ersten Film. Das Stück orientiert sich an Max Dauthendeys Poesie. Der Film war inspiriert von Friedrich Rückerts Ballade *Chidher,* einem ewig jungen Wanderer, der die Vergänglichkeit der Welt erkennen und ertragen muss:

Chidher, der ewig Junge, sprach:
»Ich fuhr an einer Stadt vorbei,
Ein Mann im Garten Früchte brach;
Ich fragte, seit wann die Stadt hier sei?«
Er sprach und pflückte die Früchte fort:
»Die Stadt steht ewig an diesem Ort
Und wird so stehen ewig fort.«
Und aber nach fünfhundert Jahren
Kam ich desselbigen Wegs gefahren.
Da fand ich keine Spur der Stadt …

II

Wenn Menschen aus dem Krieg kommen, ist Eis in ihrem Lachen.

Manchmal genügt schon ein kühler Halbsatz Nietzsches, um eine Generation zu charakterisieren. Kurt Eisner hätte das bestimmt bestätigt.

Das Buch vor mir auf dem Schreibtisch. Offen. *Mein Kampf,* Kapitel »Beginn meiner politischen Tätigkeit«, Seite 226ff. Hitler schreibt zu Anfang:
»Noch Ende November 1918 kam ich nach München zurück.

Ich fuhr wieder zum Ersatzbataillon meines Regiments, das sich in der Hand von ›Soldatenräten‹ befand.«

Der Gefreite Hitler, der als Ordonnanz und Meldegänger im Ersten Weltkrieg diente, mied München. Ging mit einem Kriegskameraden nach Traunstein und kehrte im März 1919 wieder in die Stadt zurück.

Er schreibt:»Die Lage war unhaltbar und drängte zwangsläufig zu einer weiteren Fortsetzung der Revolution. Der Tod Eisners beschleunigte nur die Entwicklung und führte endlich zur Rätediktatur, besser ausgedrückt zu einer vorübergehenden Judenherrschaft, wie sie ursprünglich den Urhebern der ganzen Revolution als Ziel vor Augen schwebte.«

Kurt Eisner, geboren am 14. Mai 1867, war der erste Ministerpräsident des von ihm ausgerufenen Freistaates Bayern. Der pazifistische Politiker der Unabhängigen Sozialdemokratischen Partei Deutschlands (USPD) wurde am 21. Februar 1919 auf offener Straße von dem jungen Leutnant Anton Graf von Arco auf Valley erschossen.

Hitler führt weiter aus:»Wenige Tage nach der Befreiung Münchens wurde ich zur Untersuchungskommission über die Revolutionsvorgänge beim 2. Infanterieregiment kommandiert. Dies war meine erste mehr oder weniger rein politische aktive Tätigkeit. Schon wenige Wochen darauf erhielt ich den Befehl, an einem ›Kurs‹ teilzunehmen, der für Angehörige der Wehrmacht abgehalten wurde. In ihm sollte der Soldat bestimmte Grundlagen zu staatsbürgerlichem Denken erhalten. Für mich lag der Wert der ganzen Veranstaltung darin, dass ich nun die Möglichkeit erhielt, einige gleichgesinnte Kameraden kennenzulernen, mit denen ich die augenblickliche Lage gründlich durchzusprechen vermochte.«

Meine Recherche unter dem Stichwort Ernst Röhm, SA-Führer, brachte zutage, dass Hitler bei der Politischen Abteilung des

Gruppenkommandos der Reichswehr zunächst als V-Mann tätig gewesen sein soll, später soll er politische Schulungen durchgeführt haben.

Hitler spitzelt im Auftrag der Reichswehr durch die politische Landschaft Münchens und kann sich nicht entscheiden, ob er selbst eine Partei gründen oder einer bestehenden sich anschließen soll.

Zuvor arbeitet er sich in seinem »Erweckungsprozess« aber noch an der Wirtschaftspolitik ab, also dem internationalen Börsen- und Leihkapital, um dann seine Bestimmung zu finden als Programmatiker und Politiker, als »erhabener Begründer«:
»Je abstrakt richtiger und damit gewaltiger die Idee sein wird, um so unmöglicher bleibt deren vollständige Erfüllung, solange sie nun einmal von Menschen abhängt. Daher darf auch die Bedeutung des Programmatikers nicht an der Erfüllung seiner Ziele gemessen werden, sondern an der Richtigkeit derselben und dem Einfluß, den sie auf die Entwicklung der Menschheit genommen haben. Wäre es anders, dürften nicht die Begründer von Religionen zu den größten Menschen auf dieser Erde gerechnet werden, da ja die Erfüllung ihrer ethischen Absichten niemals eine auch nur annähernd vollständige sein wird. Selbst die Religion der Liebe ist in ihrem Wirken nur ein schwacher Abglanz des Wollens ihres erhabenen Begründers.«

Nachdem Hitler seine messianische Nähe hergestellt hat, belehrt er über die Eitelkeit, die immer eine Verwandte der Dummheit sei, um sein künftiges Wirken gleich mal in den Schrank der Geschichte zu stellen: »Denn je größer die Werke eines Menschen für die Zukunft sind, um so weniger vermag sie die Gegenwart zu erfassen, um so schwerer ist auch der Kampf und um so seltener der Erfolg.«

Darunter hatte Hitler nicht zu leiden. Sein Aufstieg war beispiel-los. Hitlers Expektorationen über Ideen und Ideale, also sein eitriger Auswurf, zielen auf das Bildungsbürgertum, denen er einen Ring des Verderbens komponiert:

»Freilich sind diese Großen nur die Marathonläufer der Ge-schichte; der Lorbeerkranz der Gegenwart berührt nur mehr die Schläfen des strebenden Helden.« Und dann verspricht er: »Für was wir zu kämpfen haben, ist die Sicherung des Bestehens und der Vermehrung unserer Rasse und unseres Volkes, die Ernäh-rung seiner Kinder und Reinhaltung des Blutes, die Freiheit und Unabhängigkeit des Vaterlandes, auf daß unser Volk zur Erfül-lung der auch ihm vom Schöpfer des Universums zugewiesenen Mission heranzureifen vermag.«

III

Hitlers Einsatz als politischer Lehrling bei der Reichswehr zahlt sich aus, er wird befördert:

»Das Ergebnis aber war, daß ich wenige Tage später dazu be-stimmt wurde, zu einem damaligen Münchener Regiment als so-genannter ›Bildungsoffizier‹ einzurücken. Die Disziplin der Truppe war zu dieser Zeit noch ziemlich schwach. Sie litt unter den Nachwirkungen der Soldatenratsperiode. Nur ganz langsam und vorsichtig konnte man dazu übergehen, an Stelle des ›frei-willigen‹ Gehorsams – wie man den Saustall unter Kurt Eisner so schön zu bezeichnen pflegte – wieder die militärische Diszi-plin und Unterordnung einzuführen.«

Herr Hitler wird »Offizier«. Er schafft es, zur richtigen Zeit am richtigen Ort zu sein. Zu Kurt Eisner kann ich nur sagen: wie visionär, freiwilliger Gehorsam für Soldaten. Kurt Eisner, der ethische Sozialist, hätte der Politik bestimmt noch viele Impulse geben können.

Zurück zu Hitler, der sich nun seiner neuen Aufgabe hingibt: »Ich begann mit aller Luft und Liebe. Bot sich mir doch jetzt mit einem Male die Gelegenheit, vor einer größeren Zuhörerschaft zu sprechen; und was ich früher immer, ohne es zu wissen, aus dem reinen Gefühl heraus einfach angenommen hatte, traf nun ein: ich konnte ›reden‹. Auch die Stimme war schon soviel besser geworden, daß ich wenigstens in kleinen Mannschaftszimmern überall genügend verständlich blieb. … Ich durfte auch von Erfolg sprechen: Viele Hunderte, ja wohl Tausende von Kameraden habe ich im Verlaufe meiner Vorträge wieder zu ihrem Volk und Vaterland zurückgeführt. Ich ›nationalisierte‹ die Truppe und konnte auf diesem Wege auch mithelfen, die allgemeine Disziplin zu stärken.«

Bezeichnend, dass dem »Bildungsoffizier« in Dienst und Sold der Reichswehr die Performance seiner Stimme wichtiger ist als der Inhalt des Gesagten; und dann auch noch die Erkenntnis: All das musste der Steuerzahler finanzieren.

GLÜCKLICH ENTBUNDEN!

»Nach seinem Sinne leben ist gemein:
Der Edle strebt nach Ordnung und Gesetz.«
Sinnspruch am Münchner Polizeipräsidium in der Löwengrube

I

»Das Kommando … in Weilheim erhielt am Sonntag,
den 11. Nov., Nachm. 4.20, den telefonischen Befehl, in der Villa Hanfstängl in Uffing am Staffelsee Adolf Hitler festzunehmen. Die Nachricht,
daß er sich dort aufhalte, stammte vom Nachrich-
tenreferenten der Regierung. Der Führer der Landespolizei (L.P.) Weilheim, Polizeioberleutnant
Belleville, war bereits 10 Minuten vor dem Ab-
fahrtbefehl angewiesen worden, einen Lastkraft-
wagen sicherzustellen, und denselben mit L.P.
und verfügbarer Gendarmerie besetzt fahrbereit
zu halten. Eine Weisung, um was es sich bei der
Unternehmung handelte, wurde nicht gegeben.
Die Sicherstellung des L.K.W. machte wegen des
Sonntag Nachm. Schwierigkeiten, noch größere
aber die Gewinnung eines Chauffeurs. Schließlich

gelang es, in dem Chauffeur des ›Bräuwastl‹, einem Sozialdemokraten, einen Lenker zu gewinnen. Auf dem Kraftwagen hatten 10 L.P. Beamte und 1 Gendarm Platz genommen. Sicherheitskommissär Mehringer fuhr mit der Bahn voraus nach Uffing. Auf den telefonischen Befehl der Regierung hin konnte der L.K.W. sofort abfahren. Unterwegs fragte der Kraftwagenführer mehrmals, wohin die Fahrt gehe, und erklärte schließlich: ›Sie werden doch nicht gar den Hitler fangen?‹ Der Chauffeur wußte nämlich, daß sich Hitler häufig in dieser Gegend aufhalte. Mit rascher Fahrt kam der Kraftwagen noch vor dem Sicherheitskommissär in Uffing an. Der Kommissär wurde sofort zur Gendarmerie-Station Uffing vorausentsandt. Die Aufstellung der L.P. in dem kleinen Dorf hatte sogleich einen Menschenauflauf zur Folge, so daß sich Oberleutnant Belleville entschloß, das Haus der Frau Hofrat Hanfstängl (in 20 Minuten Entfernung vor Ort) sofort zu umstellen. Am halben Wege wurde der Gendarm von Uffing ins Bild gesetzt und gab sofort den Rat, doch eher in der Villa des Sohnes Hanfstängl im Ort selbst nachzuschauen. Sofort wurden 2 Beamte in Zivil an den beiden gegenüber liegenden Hausecken der Villa im Orte aufgestellt, während Oberleutnant Belleville zunächst der Villa der Frau Hofrat zustrebte. Dort angekommen, wurde erst auf mehrmaliges Klopfen geöffnet, es war bereits dunkel. Frau Hofrat erklärte Oberleutnant Belleville auf seine Mitteilung hin, im Hause Hitler verhaften zu müssen, daß ihm das ganze Haus zur Durchsuchung zur Verfügung stehe. 1 ½ Stunden wurden alle Räume und Nebenräume umsonst abgesucht, während der Durchsuchung aber ertönte plötzlich das Telefon und Oberleutnant Belleville kam noch gerade recht, um dem Dienstmädchen nach den Worten ›Bei uns ist die Polizei‹ das Hörrohr aus der Hand zu nehmen und zu erfahren, daß aus dem anderen Hause der Familie Hanfstängl [Anm.: Rußbichlstraße 2] angerufen worden war. Frau Hofrat erklärte, sie wisse auch nicht, wo ihr Sohn sei, er sei vor dem Putsche nach München gefahren; es sei ihr unbekannt, wo er sich befände. Oberleutnant Belleville fragte am Telefon sofort die Schwiegertochter Hanfstängl, wo ihr Mann sei. Sie gab die Auskunft, daß er nicht da sei. Auf die Frage, wann Hitler das letzte Mal dort gewesen sei, sagte sie, am Sonntag. Oberleutnant Belleville sah von der Frage, ob er sich in ihrem Hause befinde, ab.

Inzwischen bemerkten die beiden Posten am Hause des Sohnes im ganzen Hause eine große Unruhe, ständiges Hin- und Hergehen, Licht-Auf- und Abdrehen etc. Das Kommando eilte sofort dorthin; auf Klopfen wurde nach einiger Zeit aufgemacht. Oberleutnant Belleville trat eine Dame entgegen. Nach Vorstellung seinerseits fragte die Dame, ob Oberleutnant Belleville der Führer sei. Auf die Bejahung hin, sagte sie: ›Darf ich Sie vielleicht bitten, erst einen Augenblick allein zu mir hereinzukommen.‹ Oberleutnant Belleville konnte wohl der Meinung sein, in eine böse Falle zu geraten, kam aber der Aufforderung nach. Das Kommando wartete vor dem Hause. Frau Hanfstängl führte Oberleutnant Belleville wortlos vor eine Zimmertüre, blieb dann einen Augenblick stehen,

Oberleutnant Belleville mit einem langen Blicke
ansehend, machte dann auf und sagte: ›Bitte‹. Im
Zimmer stand in weißem Schlafanzuge Hitler, den
Arm in einer Binde. Der Auftrag, Hitler nun zu
verhaften, kam begreiflicherweise Oberleutnant
Belleville sehr schwer an, hatte er doch 1920 mit
ihm zusammengearbeitet. Hitler starrte ihn ganz
geistesabwesend an, auf die Ankündigung, daß er
gekommen sei, ihn zu verhaften, streckte Hitler
ihm die Hand entgegen und erklärte, ihm zur Verfügung zu stehen. Er bat nur, ihn vor Anpöbelung
zu schützen.
Hitler hatte sich die Schulter luxiert [Anm.: aus-
gekugelt]. Er war am Odeonsplatz … zu Boden gerissen worden. … Mit Hilfe der Frau Hanfstängl und
des Oberleutnant Belleville wurde Hitler ange-
kleidet und ihm auf seinen Wunsch hin das E.K. I
[Anm.: Eisernes Kreuz] angeheftet. Das Kommando
räumte die Straße von Neugierigen, und nach schwe-
rem Abschied bestieg er den L.K.W. Im Hause waren
nur Frau Hanfstängl und 2 Dienstmädchen anwesend.
In rascher Fahrt eilte das Kommando nach Weilheim
zurück. Gleich darauf fuhren vor dem Hause (in
dem Hitler kurze Zeit zuvor verhaftet worden war)
2 Autos, ob P.K.W. oder L.K.W. konnte der Gendarm
von Uffing nicht feststellen, aus Richtung Murnau
vor und setzten die Fahrt in Richtung Weilheim
fort. Allem Anschein nach handelte es sich um
eine Befreiungsaktion.
Bei der Ankunft in Weilheim wußten bereits alle,
daß Hitler verhaftet wurde. Während der kurzen
Anwesenheit … es mußte erst der Schutzhaftbefehl
geschrieben werden und ein P.K.W. bereitgestellt

werden, fuhr Oberleutnant Belleville mit H. nach
Landsberg, wo H. um 10.46 abgeliefert wurde.
In Weilheim hatten sich besonders Juden angesam-
melt, um sich das Schauspiel anzusehen. Oberleutnant Belleville ließ sie verächtlich beiseite
schaffen.
In Landsberg hatten 1 Offizier, 6 Unteroffiziere
und 32 Mann … Wache. Arco [Anm.: der Eisner-At-
tentäter war dort zur selben Zeit inhaftiert]
mußte wegen Hitler sein Zimmer räumen. Hitler
glaubt, daß er erschossen werde …«

Hitler in Haft, nachdem er im Haus
der Hanfstaengls in Uffing am Staffelsee
festgenommen worden war

So weit das Verhaftungsprotokoll des Präsidiums der Regierung von Oberbayern vom 13. November 1923, angefertigt für das Generalstaatskommissariat.

»Begreiflicherweise« und »verächtlich«, was haben diese Worte in einem offiziellen Polizeibericht zu suchen? Neben dem charmanten oberbayerischen Umstandsgetue verstehe ich sie als inneres Strammstehen vor Hitler und seiner Politik. Nicht alle, aber viele bayerische Polizeibeamte verrieten damals die Demokratie an Hitler. Damit bekommt der Spruch am Münchner Polizeipräsidium noch einen ganz anderen Sinn.

Was war zuvor geschehen?

II

»Die ›Deutsche Arbeiterpartei‹«. 9. Kapitel in *Mein Kampf,* Seite 236ff. Ich lese Hitlers politische Anfänge und bin mir bewusst, dass die Ereignisdichte nach dem Krieg wohl ebenso groß war wie die Sehnsucht nach Frieden und Geborgenheit.

Hitler eröffnet sein Kapitel so:
»Eines Tages erhielt ich von der mir vorgesetzten Dienststelle den Befehl, nachzusehen, was es für eine Bewandtnis mit einem anscheinend politischen Verein habe, der unter dem Namen ›Deutsche Arbeiterpartei‹ in den nächsten Tagen eine Versammlung abzuhalten beabsichtige ... ich müsste hingehen und mir den Verband einmal ansehen und dann Bericht erstatten. Die Neugierde, die von seiten des Heeres damals den politischen Parteien entgegengebracht wurde, war mehr als verständlich. Die Revolution hatte dem Soldaten das Recht der politischen Betätigung gegeben, von dem nun auch gerade die Unerfahrensten den reichlichsten Gebrauch machten. Erst in dem Augen-

blick, da Zentrum [Anm.: gemeint ist die Partei ›Zentrum‹] und Sozialdemokratie zum eigenen Leidwesen erkennen mußten, daß die Sympathien der Soldaten sich von den revolutionären Parteien weg der nationalen Bewegung und Wiedererhebung zuzuwenden begannen, sah man sich veranlaßt, der Truppe das Wahlrecht wieder zu entziehen und die politische Betätigung zu untersagen. ... So entschloß ich mich, in die schon erwähnte Versammlung dieser mir bis dahin ebenfalls noch ganz unbekannten Partei zu gehen.«

Das war am 12. September 1919.

Hitler schreibt weiter:
»Als ich abends in das für uns später historisch gewordene ›Leiberzimmer‹ des ehemaligen Sterneckerbräues in München kam, traf ich dort etwa 20–25 Anwesende, hauptsächlich aus den unteren Schichten der Bevölkerung. ... Der Eindruck auf mich war weder gut noch schlecht; eine Neugründung, wie eben so viele andere auch.«
Dann berichtet Hitler, wie er erfolgreich einen »gelehrten Herrn« politisch zurechtrückt, der dann auch sofort das Weite sucht.
Hitler: »Als ich sprach, hatte man mit erstaunten Gesichtern zugehört, und erst als ich mich anschickte, der Versammlung gute Nacht zu sagen und mich zu entfernen, kam mir noch ein Mann nachgesprungen, stellte sich vor (ich hatte den Namen gar nicht richtig verstanden) und drückte mir ein kleines Heftchen, ersichtlich eine politische Broschüre, in die Hand, mit der dringenden Bitte, dies doch ja zu lesen.«

Was dann folgt, ist keine Ironie des Schicksals, sondern hat sich mir eingebrannt als Orakel der Kasernenmäuse: das Adolf Hitler nutzt für seine Karriereplanung.

Lokale und Wirtshäuser der SA in München und Berlin; aus dem
Bildband *SA – Illustrierter Beobachter* (Franz-Eher-Verlag) 1938

Mein Kampf:
»Ich wohnte zu jener Zeit noch in der Kaserne des 2. Infanterie-
regiments, in einem kleinen Stübchen, das die Spuren der Revolution noch sehr deutlich an sich trug. Tagsüber war ich fort,
meistens bei dem Schützenregiment 41 oder auch in Versammlungen, auf Vorträgen bei irgendeinem anderen Truppenteil
usw. Nur nachts schlief ich in meiner Behausung. Da ich jeden
Morgen früh schon vor 5 Uhr aufzuwachen pflegte, hatte ich mir
die Spielerei angewöhnt, den Mäuslein, die in der kleinen Stube
ihre Unterhaltung trieben, ein paar Stücklein harte Brotreste
oder -rinden auf den Fußboden zu legen und nun zuzusehen,
wie sich die possierlichen Tierchen um diese paar Leckerbissen

herumjagten. Ich hatte in meinem Leben schon so viel Not gehabt, daß ich mir den Hunger und daher auch das Vergnügen der kleinen Wesen nur zu gut vorzustellen vermochte. Auch am Morgen nach dieser Versammlung lag ich gegen 5 Uhr wach in der Klappe und sah dem Treiben und Gehusche zu. Da ich nicht mehr einschlafen konnte, erinnerte ich mich plötzlich des vergangenen Abends, und nun fiel mir das Heft ein, das mir der eine Arbeiter mitgegeben hatte. So begann ich zu lesen. Es war eine kleine Broschüre, in der der Verfasser, eben dieser Arbeiter, schilderte, wie er aus dem Wirrwarr marxistischer und gewerkschaftlicher Phrasen wieder zu nationalem Denken gelangte; daher auch der Titel ›Mein politisches Erwachen‹. … als ich noch keine Woche später zu meinem Erstaunen eine Postkarte erhielt des Inhalts, daß ich in die Deutsche Arbeiterpartei aufgenommen wäre …«

Aus der Deutschen Arbeiterpartei (DAP) formen Hitler und die Seinen bereits am 24. Februar 1920 mit der Gründungsfeier im Münchner Hofbräuhaus die Nationalsozialistische Deutsche Arbeiterpartei (NSDAP).

Rund drei Jahre später putscht Adolf Hitler in München. Sein politischer Bundesgenosse ist kein Geringerer als der ehemalige Weltkriegsgeneral und Erste Generalquartiermeister Erich Friedrich Wilhelm Ludendorff.

III

»Der Hitlerputsch wird ja gern als Bierkellerkampf bezeichnet. Das hört sich so nach Oktoberfest seliger Politposse an. Stimmt das denn?«, fragte ich den Polizeihauptkommissar.

»Das war eine konzertierte Aktion. Ein ernster Umsturzversuch nach dem Vorbild von Mussolinis Marsch auf Rom. Ein Putsch, der brutal und blutig war«, antwortete mir Walter Nick-

Geburtsstunde der NSDAP.
Oben li.: So sah die SA 1922 aus.
Oben re.: Zweite Geschäftsstelle der NSDAP
in der Münchner Corneliusstraße.
Unten li.: Übung der SA vor den Toren
Münchens, 1923. Unten re.: Die Oberlandler
bei der Fahnenweihe in München, 1923.
Die Fotos und Bildunterzeilen stammen aus
dem Sammelbilderalbum *Deutschland erwacht,*
Cigaretten-Bilderdienst Hamburg-
Bahrenfeld 1933.

mann. »Schauen Sie, durch sein charismatisches Auftreten und
wegen seine Talentes als Redner hat es der 34 Jahre alte Adolf
Hitler geschafft, aus der 1920 gegründeten NSDAP eine Partei
zu schaffen, die im Jahr 1923 rund 70 000 Mitglieder zählt.«

Der Beamte, der wie der liebenswürdige Kontaktbereichs-
polizist von nebenan wirkt, zeichnet mitverantwortlich für die
selbstkritische Aufarbeitung der Münchner Polizei und ihrer

Rolle im Dritten Reich. Seine Forschungsarbeit über den Hitler-Ludendorff-Putsch aus Sicht der Polizei besticht durch Präzision. Ich habe von ihm die Erlaubnis bekommen, sie dem Thema des Buches folgend verwenden zu dürfen.

Walter Nickmann beginnt seine Spurensuche mit einem so simplen wie metaphysisch wirkenden Satz:

8. November 1923.
Nasskalt und trist ist dieser Donnerstag, nichts deutet für die Mehrheit der rund 640 000 Münchner Bürger auch nur ansatzweise darauf hin, dass dieser und der nachfolgende Tag in die Geschichte eingehen werden. Am Morgen können die Münchner in der sozialdemokratischen Münchner Post lesen, dass die Rente für den Kauf von sechs Laib Brot, ein Pfund Kartoffeln und einer Kerze ausreichen. Die Zeitung selbst kostet an jenem Tag acht Milliarden Mark.

Hitler entscheidet sich für diesen Tag, weil er Angst hat, dass Generalstaatskommissar von Kahr ihm und Ludendorff zuvorkommen und seinerseits einen Putsch initiieren würde.

Adolf Hitler auf dem Deutschen Tag in Hof im September 1923

[Anm.: Gustav Ritter von Kahr, damals sozusagen Alleinherrscher über Bayern, ausgestattet mit Sondervollmachten, verhängt ab September 1923 den Ausnahmezustand über Bayern.]

Ein sehr gut Eingeweihter über den bevorstehenden Putsch ist Ernst Pöhner [Anm.: Ex-Polizeipräsident von München]. Hitler besucht ihn am Vormittag des 8. November in seiner Wohnung und teilt ihm mit, dass er heute putschen werde und Pöhner danach als Bayerischer Ministerpräsident regieren solle.

Über Gefolgsleute ergeht im Lauf des Tages die Aktivierung aller Gehilfen, teils telefonisch, zum größten Teil mittels Boten. Einer der telefonisch aktivierten Helfer ist der diplomierte Landwirt Heinrich Himmler.

Gegen 17.45 Uhr.

Ein Sicherheitsbeamter bemerkt in der Herzog-Rudolf-Straße einen 120 Mann starken Trupp, der teils in bürgerlicher Kleidung, teils in Uniform des Sturmtrupps, ohne Waffen, stadtauswärts marschiert. Sofort ruft er in der zuständigen Polizeidirektion an und erhält die Antwort: Das sei bekannt, der Zug marschiere zum Bürgerbräukeller, das brauche nicht beanstandet zu werden.

Gegen 18.45 Uhr.

Der gleiche Beamte beobachtet einen weiteren Zug von 60 bis 70 Mann an der Maximiliansbrücke.

Kurze Zeit zuvor, gegen 18.30 Uhr.

Ein Wachtmeister beobachtet eine Kompanie Nationalsozialisten am Gärtnerplatz. Viele Nationalsozialisten tragen Stahlhelme. Einige von ihnen sind mit Gewehren bewaffnet. Der Wachtmeister geht jetzt zur Parteizentrale der NSDAP in die nahe gelegene Corneliusstraße 12. Dort hat sich eine große Menschenmenge versammelt. Überall ist zu hören, dass es heute Nacht aufgehe.

Der Wachtmeister verständigt nun die Polizeidirektion. Die Reaktion dort fällt beschwichtigend aus.

Stoßtrupp Hitler, 1923

Die gesamte Münchner Polizeiführung macht sich derweil auf den Weg in den Bürgerbräukeller, um sich die Rede des bayerischen Staatschefs von Kahr anzuhören. Einzig zurück bleibt Oberamtmann Wilhelm Frick [Anm.: später NSDAP-Reichsminister des Inneren], der meint, die Rede interessiere ihn nicht.

Bei der Landespolizei [Anm.: eine spezielle Abteilung, die bei Versammlungen, Veranstaltungen und politischen Kundgebungen für Ordnung sorgen soll] gibt es einige Offiziere, die ebenfalls nicht in den Bürgerbräukeller gehen. Dazu zählt der Landespolizei-Major Sigmund Freiherr von Imhoff. Er bleibt im Gebäude des Polizeipräsidiums zurück, um andere Offiziere zu schulen, bezeichnenderweise zum Thema: ›Aufstands-Kontrolle oder Die Niederschlagung eines Putsches‹.

Bürgerbräukeller. Eine Großschankgaststätte [Anm.: hinter dem heutigen Münchener Gasteig]. Schon kurz nach 19 Uhr wird der Bürgerbräukeller wegen Überfüllung geschlossen. Es kommt zu chaotischen Verhältnissen, vor allem auf der Rosenheimer Straße. Immer mehr Münchner wollen in den Bürgerbräukeller. Zusätzliches Schutzpersonal wird zur Verstärkung abkommandiert. Nach und nach gelingt es, zumindest den Fahrverkehr für die Tram auf der Rosenheimer Straße wieder zu ermöglichen.

`Gegen 19.10 Uhr.`

Adolf Hitler verlässt das Haus in der Thierschstraße 41. Seit Mai 1920 wohnt Hitler hier als Untermieter in einem Zimmer in einer Bürgerwohnung, unter dieser Adresse ist er bis Oktober 1929 eingetragen, danach bezieht Hitler eine feudale Wohnung am Prinzregentenplatz 16.

In den Redaktionsräumen des *Völkischen Beobachters,* der zum Parteiverlag Franz Eher-Nachfolger in der Münchner Thierschstraße 11 zählt, dem *Mein-Kampf*-Verlag, trifft sich Hitler mit Hermann Göring. Göring trägt seinen »Pour le Merité« um den Hals, den höchsten Kriegsorden des Kaiserreichs. Auf Görings Stahlhelm prangt ein weißes Hakenkreuz.

Dann fährt man zum Bürgerbräukeller. Rudolf Heß, Anführer der »Studenten-SA«, trägt seine Uniform als ehemaliger Fliegerleutnant der Bayerischen Armee; er nimmt Hitler am Haupteingang in Empfang. Strategisch geschickt werden zwei Putschisten neben dem einzigen Telefon in der Küche platziert. Göring wartet noch in der Nähe des Bürgerbräukellers mit seinen Männern ab.

`20 Uhr.`

Gustav Ritter von Kahr beginnt seine Rede vor rund 3000 Zuhörern. Der antisemitische Potentat von Kahr versteht es, die Menge und die fast vollständig versammelte bayerische Regierungselite in seinen Bann zu ziehen. Hitler wird nervös. Die Zeit drängt, wenn Ritter von Kahr jetzt selbst zum Putsch ausruft, wäre für Hitler alles gelaufen. Der junge Mann aus Oberösterreich und sein unbedingter Wille zur Macht sind schon lange zuvor ein Bündnis eingegangen: Kein Preis ist zu hoch für das Gelingen des Putsches, auch nicht der Tod.

Währenddessen gelingt es den Putschisten, weit weg vom Bürgerbräukeller, in der Kaserne der Zentralen Infanterieschule in der Blutenburgstraße 3, den Kommandeur festzusetzen und danach 20 Offiziere und 80 Offiziersanwärter für ihre Sache zu gewinnen: Die »Sturmkolonne Ludendorff« ist geschaffen.

`20.28 Uhr.`
Kriminaloberkommissär Philipp Kiefer, Einsatzleiter im Bürgerbräukeller, beobachtet Hitler, der ständig auf seine Taschenuhr schaut. Kiefer bemerkt auch, dass Hitler vermutlich eine Pistole in der Hosentasche versteckt. Bevor er noch reagieren kann, er ahnt, dass es um einen Putsch geht, treffen Göring und seine Sturmkolonne vor dem Bürgerbräukeller ein. Von Kahr ist in seine Rede vertieft, merkt nichts oder will nichts merken. Göring riegelt mit seinen Kämpfern alles ab, sogar die Rosenheimer Straße. Die SA-Männer sind militärisch ausgerüstet: Pistolen, Gewehre, Handgranaten, Maschinengewehre. Mit dem Kommando, »Raus, wir wollen keine Schutzleute sehn!«, drohen die Putschisten den Sicherheitsbeamten mit vorgehaltenen Waffen und schalten sie aus. Göring proklamiert dann auf der Treppe zum Biergarten: »Die Berliner Regierung, die Reichsregierung ist abgesetzt. Wir anerkennen nur noch die Regierung Ludendorff-Kahr-Hitler!« Außerdem verkündet er, dass die Polizei aufseiten der Putschisten sei und Beamte zur Verstärkung bereits entsandt seien.

`Hitler schaut auf seine Taschenuhr: 20.30 Uhr.`
Er trinkt noch einmal aus seinem Bierkrug und zerschmettert ihn dann auf dem Boden. Dann zückt er seine automatische Pistole, eine Browning. Ulrich Graf, als sein Leibwächter eingesetzt, lädt seine Pistole durch.

Kriminaler Philipp Kiefer zögert nicht, er will sich einmischen, ein mögliches Blutvergießen verhindern. Er legitimiert sich als Einsatzleiter und versucht, Hitler aufzuhalten. Aussichtslos. Kiefer wird an Göring verwiesen, der dann auch gleich auftaucht. Der Oberkommissär Kiefer will von Göring wissen, was jetzt geplant sei. Göring meint nur, er möge auf Frick warten. Der Name ist dem Einsatzleiter kein Begriff. Darauf meint Göring: Es kommt gleich jemand Verantwortliches von der Münchner Polizei.

Philipp Kiefer gelingt es, im allgemeinen Durcheinander zum Polizeirevier am Weißenburger Platz zu rennen. Von dort will er seine vorgesetzte Behörde warnen. Denn ein Einsatz im Innern des Bürgerbräukellers mit seinen wenigen Schutzkräften erscheint ihm zu riskant.

Die Maschinengewehrmündung zeigt auf den großen Saal des Bürgerbräukellers. Noch sind die Türen zu. Das Nullachtfünfzehn haut 500 Schuss in der Minute raus. Ein Blutbad, wenn das MG eingesetzt würde. Hitler ist nervös.

Er will abschrecken. Kein Blutvergießen. Noch. Es geht los.

Hitler gibt das Zeichen, und Görings Stoßtrupp-Männer reißen die Schwingtüren zum Saal auf. Die Scharniere knarzen, mit jedem Schwung der Tür noch mehr Bewaffnete. Hitler und sein Gefolge bahnen sich mit Schlägen und Drohungen einen Weg durch den voll besetzten Saal. Jetzt sieht Ritter von Kahr Adolf Hitler und unterbricht seine Rede.

Die beiden fixieren sich. Unruhe kommt auf. Murren. Drohen. Aber auch Zustimmung.

Hitler handelt. Er besteigt mit seiner Waffe in der Hand das Rednerpodium und verkündet die nationale Revolution in München. Der Bürgerbräukeller sei in der Hand von 600 Bewaffneten.

Was geschieht jetzt?

Hitler hat den Saal in der Hand. Sie singen: »Deutschland, Deutschland über alles!« Noch Minuten zuvor wusste Hitler nicht, wie die da unten, das Volk, die Bürger, die Münchner, darauf reagieren würden, als er die Namen der neuen Regierung verkündete: Von Kahr ist dabei; und Pöhner, der es bereits wusste, Lossow, Chef der Armee in Bayern, und Ludendorff, die Weltkriegsgalionsfigur.

Hitler hält sich zurück. Bewusst. Er sieht sich als Ermöglicher. Als Organisator, zunächst.

`Gegen 20.45 Uhr.`

Oberamtmann Frick wartet geduldig ab. Seine Treue zu Hitler wird, nein, muss sich lohnen, diese Gewissheit erfüllt ihn. Und jetzt erfährt er von einem Verbindungsmann, dass er zum Polizeipräsidenten ernannt worden sei.

Im Bürgerbräukeller hält Hitler gerade eine Rede. Im Hintergrund wird bereits politisch gehandelt. Posten werden bestätigt. Gegen 21 Uhr erhält Frick in seinem Amtszimmer einen Anruf aus der Küche des Bürgerbräukellers. Das Codewort fällt: »Glücklich entbunden!« Frick kann also davon ausgehen, dass der Putsch geglückt ist.

Im Bürgerbräukeller wird niemand mehr aus dem Saal gelassen. Die Situation wird prekär. Viele sind angetrunken. Die Luft ist zum Schneiden. Ludendorff wird jetzt aus seiner Villa in der Sollner Heilmannstraße 5 abgeholt und in den Bürgerbräukeller gebracht. Die Regierungselite, von Kahr und von Seißer, der Chef der bayerischen Landespolizei, wollen nicht mit Hitler paktieren. Ludendorff soll mit den Unwilligen verhandeln. Derweil flammt Hitler in seiner Rede auf und verspricht: »Der Morgen findet entweder in Deutschland eine nationale Regierung oder uns tot!« Die Menge im Saal jubelt und johlt. Ludendorff, mittlerweile im Bürgerbräukeller angekommen, verhandelt mit von Kahr und von Seißer und beschwört sie, dem Umsturz und der neuen Regierung zuzustimmen, was zunächst auch gelingt.

Rudolf Heß erweist sich als nützlich und folgt den Befehlen: Er bringt weitere, für das Geschehen nicht so wichtige Politiker der Regierung, einer ist Ministerpräsident Eugen von Knilling, als Geiseln in eine Villa nach Großhesselohe.

Zur gleichen Zeit im Münchner Polizeipräsidium. Landespolizei-Major Sigmund Baron von Imhoff weiß inzwischen, was im Bürgerbräukeller vorgeht. Er erfährt auch, dass Oberamtmann Frick bereits aktiv ins Geschehen eingreift und von einem Einsatz der Landespolizei abrate, um ein Blutvergießen zu vermeiden. Damit ist für Imhoff klar: Frick selbst zählt auch zu den Putschisten. Imhoff wird nun seinerseits aktiv und alarmiert die Kasernen der Landespolizei. Außerdem nimmt er Kontakt mit der Reichswehr auf und lässt das Haupttelegrafenamt und das Fernamt in der Hauptpost von der Landespolizei besetzen. Das Polizeipräsidium ist ein Gebäude, aber keine Einheit. Imhoff mimt den Ahnungslosen, wiegt Frick in Sicherheit. Frick ahnt nicht, dass hinter seinem Rücken bereits das Niederschlagen des Putsches eingeleitet wird.

Im Löwenbräukeller, sonst ebenfalls ein Tempel der Gemütlichkeit, haben sich bis zum Abend Tausende Nationalsozialisten, dabei auch Heinrich Himmler, versammelt. Auch sie erhalten das Codewort:»Glücklich entbunden!« SA-Führer Ernst Röhm führt dann den Marsch zum Wehrkreiskommando an. Mit dabei die Kapelle des Löwenbräukellers. Von deftiger Marschmusik begleitet, besetzt Röhm das Gebäude [Anm.: das heutige Bayerische Staatsarchiv], um darin Ludendorffs Hauptquartier einzurichten.

Das Wehrkreiskommando ist der Sitz des Stabes des Oberbefehlshabers des bayerischen Wehrkreises der Deutschen Reichswehr, dessen Kommandeur General von Lossow ist.

Weitere Putschisten aus dem Löwenbräukeller belagern jetzt das Franziskanerkloster am St.-Anna-Platz. Um 22 Uhr geht bei der Landespolizei der Anruf des Abtes, Pater Polykarp, ein. Der Abt meldet, dass eine etwa 1000 Mann starke Abteilung der Nationalsozialisten vor dem Kloster stehe und die Herausgabe der

Die Sturmabteilung (SA), aus dem Bildband *SA – Illustrierter Beobachter*.
Die Original-Unterzeile lautet: »S.A. – rraus!«

im Kloster untergebrachten Waffen verlange. Dem Abt wird mitgeteilt, dass augenblicklich keine Kräfte zum Schutz des Klosters zur Verfügung stünden. Nachdem die Nazis Gewalt androhen, werden ihnen rund 3000 Gewehre ausgehändigt, die eigentlich zum Eigentum der Einwohnerwehr gehören.

Ganz anders geht der Versuch von 400 Kämpfern aus, die sich in der Pionierkaserne in der Leonrodstraße mit Waffen versorgen wollen. Sie werden von den Reichswehrsoldaten festgenommen.

Gegen 22 Uhr.
Die Sperrung der Saalausgänge des Bürgerbräukellers wird aufgehoben.

Jetzt beginnen die Putschisten, im gesamten Stadtgebiet zu wüten; sehr lautstark und zuweilen primitiv grölend ziehen sie umher. Sie stürmen die Redaktionsräume der angesehenen und kritischen *Münchner Post* und stehlen vertrauliche Unterlagen. Kriminalpolizisten mit Hakenkreuzbinden helfen dabei.

Am Bavariaring dringen etliche Putschisten in Wohnungen von jüdischen Bürgern ein. Vom Polizeipräsidium aus wird gegen die Ausschreitungen wenig unternommen. Oberamtmann Dr. Wilhelm Frick, den die Putschisten zum Polizeipräsidenten befördert haben, ist immer noch in seinem Büro und glaubt, der Putsch nehme den vorgesehenen Verlauf.

Gegen 22.15 Uhr.
Adolf Hitler erhält die Nachricht von der Festnahme seiner 400 Oberland-Kämpfer in der Pionierkaserne. Wutentbrannt lässt er sich umgehend vom Bürgerbräukeller in die Leonrodstraße fahren. Er will die Putschisten befreien.

In Begleitung seiner Leibwache, zu der auch der Polizeioberwachtmeister Matthäus Hofmann gehört, verlässt Hitler den Bürgerbräukeller. Drei Lastwagen mit SA-Männern werden für die Aktion abkommandiert.

Adolf Hitler kommt nicht in den Sinn, dass er damit als Führer des Putsches seine Befehlsstelle verlässt. Das bedeutet, dass er für den Zeitraum seiner Abwesenheit weder neue Lagemeldungen erhält noch diese einschätzen beziehungsweise darauf reagieren kann. Außerdem ist er für seine Leute nicht mehr unmittelbar erreichbar.

Während Hitlers Absenz macht Ludendorff dem sogenannten Triumvirat, von Kahr, von Lossow, von Seißer, das Angebot, sich in ihre jeweiligen Dienststellen zu begeben. Ludendorff geht davon aus, dass sich die Triumvirn nach seinem Sinn verhalten werden.

Gegen 22.30 Uhr.
Das Triumvirat verlässt ohne Bewachung den Bürgerbräukeller. Niemand außer ihnen weiß, wohin sie gehen.

Hitler erfährt davon nichts. Er versucht in der Pionierkaserne händeringend, seine Putschisten frei zu bekommen. Vergeblich.

Unverrichteter Dinge fährt er wieder in den Bürgerbräukeller zurück. Hitler ist fassungslos über Ludendorffs Entscheidung.

Im Polizeipräsidium kurz vor 23 Uhr.
Pöhner und Frick schicken einen entsprechend vorbereitenden Boten in die Redaktionsräume der führenden Münchner Tageszeitungen, um zu einer Pressekonferenz über die »historischen Ereignisse« zu laden.

Inzwischen haben Major von Imhoff und sein direkter Vorgesetzter, Landespolizei-Oberst Josef Banzer, das Polizeipräsidium verlassen. Durch einen Seitenausgang. Sie fahren in die Landespolizeikaserne in der Schwabinger Türkenstraße. Sie wollen sich nicht der Gefahr aussetzen, von Fricks Leuten verhaftet zu werden. Sie treffen auf den eben »freigelassenen« Chef der Landespolizei, Hans von Seißer. Über das weitere Vorgehen herrscht Unentschlossenheit. Seißer will erst mit Kahr sprechen.

Gegen Mitternacht gerät die Pressekonferenz in der Bücherei der Polizeidirektion außer Kontrolle. Pöhner verbietet schließlich das Erscheinen des Münchner Blattes der Bayerischen Volkspartei, den *Bayerischen Kurier*.

9. November 1923. Freitag.

Kurz nach Mitternacht. Adolf Hitler und Erich Ludendorff treffen im von SA-Röhm besetzten »Kriegsministerium« ein. Gerüchte kommen auf, das Triumvirat aus von Kahr, von Lossow und von Seißer sei in der Infanteriekaserne am Oberwiesenfeld. Hitler sendet mehrere Boten dorthin, die aber beim Betreten der Kaserne unter Arrest gestellt werden. Adolf Hitler und Ludendorff merken, dass der Putsch einen völlig anderen Verlauf zu nehmen droht als geplant.

Gegen 1 Uhr.

Polizeioberst Hans von Seißer, Chef der Landespolizei, teilt Generalstaatskommissar Gustav von Kahr mit, er habe die Landespolizei fest in seiner Hand: »Weitere Hundertschaften von auswärts sind nach München unterwegs.«

Gegen 3 Uhr.

Major von Imhoff und Oberst Banzer, die Gegenspieler im Polizeipräsidium zu den beiden Hitlerverbündeten Pöhner und Frick, erhalten einen Telefonanruf, der ihnen einen Boten mit einer geheimen Weisung ankündigt. Kurze Zeit später trifft er ein und überbringt persönlich den Haftbefehl für Pöhner und Frick. Gerade in dieser Sekunde tritt Frick, Polizeipräsident von Hitlers Gnaden, auf den Plan, als hätte er etwas geahnt oder beobachtet, kommt ins Dienstzimmer des Majors von Imhoff, um mal zu hören, was los sei. Er meint auch, Oberst Banzer sei hier nicht mehr vonnöten: »Es ist doch alles ganz ruhig.«

Das ist genau die Sekunde, die den Putsch entscheidet. Knickt Imhoff ein? Reicht Fricks Autorität schon aus?

Von Imhoff zögert nicht. Er geht ins Nebenzimmer und holt zwei Beamte. »Auf Befehl des Generalstaatskommissariats erkläre ich Dr. Wilhelm Frick für verhaftet. Abführen!«

Frick, nach ein paar Stunden Ex-Polizeipräsident, wird in einem entlegenen Zimmer der Landespolizei festgesetzt. Um keine Aufregung zu verursachen, wird die Verhaftung verschleiert. Auf Nachfrage wird erklärt, man wisse nicht, wo Frick sich gerade aufhalte.

Major von Imhoff erhält dann die Order, sich umgehend in der Infanteriekaserne einzufinden. Dort erfährt er, dass das Triumvirat sich geschlossen gegen den Hitlerputsch stellt. Regierungschef Gustav von Kahr, Reichswehrgeneral Otto von Lossow und Landespolizeichef Hans von Seißer lassen Ludendorff und Hitler fallen.

4 Uhr.

Imhoff ist wieder zurück in der Polizeidirektion und trifft nun Vorbereitungen, um Pöhner, Ministerpräsident auf Wunsch Hitlers, verhaften zu lassen.

Im »Kriegsministerium« beraten derweil Adolf Hitler, Erich Ludendorff und Ernst Pöhner die Lage. Sie wissen noch nicht von Imhoffs Aktionen.

Hitler spürt instinktiv, dass man sofort handeln muss. Nach einer protokollierten Aussage nach dem Putsch sind Hitlers Worte deutlich und beschwörend: »Herr Ministerpräsident, wir haben Ihnen die Macht gegeben, nun nutzen Sie diese Macht auch aus. Wir müssen jetzt die Initiative ergreifen, sonst ergreifen sie die anderen. Sie marschieren jetzt an der Spitze des Bataillons Müller in das Polizeipräsidium und besetzen dieses im Morgengrauen. Dann durchziehen unsere Patrouillen die Stadt und rufen, ›Fahnen raus!‹, dann wollen wir sehen, ob wir nicht eine Begeisterung bekommen …«

Warum Pöhner Hitlers Anweisung nicht folgte, ist nicht bekannt.

In den Morgenstunden erscheinen die ersten Tageszeitungen, die – die Pressekonferenz bei der Polizei hinterließ ja bei den Journalisten den Eindruck, die neue Regierung sei bereits installiert – unisono über einen geglückten Putsch berichten. Damit glauben die Münchner, es sei alles bereits vorbei.

Noch in den frühen Morgenstunden überfallen Putschisten die Gelddruckerei der Gebrüder Parcus am Promenadenplatz und die Firma Mühltaler & Co. Sie rauben insgesamt rund 28 000 Billionen Reichsmark. Hitler benötigt das Geld, um die Putschisten mit Lebensmitteln und Sold zu versorgen. Nach diesem Al-Capone-Räuberstück wird das Geld auf einen Lkw verladen und in den Bürgerbräukeller gefahren. Den Lkw hatte Hitler zuvor in der Schiffsbrauerei in Ingolstadt requiriert.

`5.30 Uhr.`

An alle deutschen Funkleitstellen ergeht folgender Lagebericht: »Lage in München 5 Uhr. Kasernen und wichtigste Gebäude fest in der Hand der Reichswehr und Landespolizei. Verstärkung im Anmarsch. Stadt ruhig. Gez. von Lossow.«

Die Rolle von Ernst Pöhner und sein nun mangelnder Antrieb sind unklar. War er noch wenige Stunden zuvor Akteur, wird er jetzt zum Statisten.

`Kurz vor 6 Uhr.`

Ernst Pöhner erscheint in Begleitung im Polizeipräsidium. Weil er zu Hause nicht verhaftet werden konnte, er war im »Kriegsministerium«, ergreift Major von Imhoff jetzt sofort die Initiative und setzt Pöhner fest. Der Ex-Ministerpräsident ist erkennbar betroffen, nimmt die Festnahme jedoch ruhig auf.

Im Bürgerbräukeller beginnt jetzt die Auszahlung des Soldes an die Putschisten. Das zuvor gestohlene Geld soll die Männer motivieren. Hermann Göring bemerkt, dass die Stimmung merklich nachlässt. Göring befiehlt, eine Blaskapelle zu organisieren, um die Kampfmoral zu heben.

`6 Uhr.`

Die vom Generalstaatskommissariat erlassenen Haftbefehle gegen die Führung des Putsches sollen an alle Grenzposten weitergeleitet werden. Das verzögert sich aber bis zum Mittag wegen der gesperrten Fernsprechverbindungen.

`Gegen 7 Uhr.`

In der Gaststätte Thornbräu im Tal richten Putschisten ein Werbebüro für die Rekrutierung neuer Stoßtrupp-Männer ein.

`7.15 Uhr.`

Die Kaufingerstraße [Anm.: heute Münchens Fußgängerzone] und das nahe gelegene Polizeipräsidium sind jetzt von den nationalsozialistischen Putschisten abgesperrt.

Am Morgen schwärmen Hitlerputschisten aus dem Bund Oberland in Bogenhausen und in der Widenmayerstraße aus, um jüdische Mitbürger als Geiseln zu nehmen. Die Geiseln werden teils aus dem Adressbuch, teils durch das Ablesen jüdisch klingender Namen an den Klingelschildern zusammengesucht. In Bogenhausen wird ein Kraftfahrer mit seinem Auto gekidnappt. Die Putschisten nötigen den Mann dazu, sie in der Stadt herumzufahren, um nach geeigneten Opfern Ausschau zu halten. Dann befehlen sie ihm, in die Dachauer Straße zu fahren, um dort – natürlich gegen jedes geltende Recht – jüdische Händler als Geiseln nehmen zu können.

Als Nazi-Putschisten in der Inneren Wiener Straße in die Wohnung der Familie Stein eindringen und dort einen Schuss abfeuern und mit dem Werfen von Handgranaten drohen, ziehen zwei zu Hilfe gerufene Schutzleute wieder ab, »weil sie sich nicht in diese politische Sache einmischen wollten«, geben sie später zu Protokoll.

Mehr als 20 Münchner Bürger jüdischen Glaubens werden so in den Bürgerbräukeller verschleppt und dort als Geiseln der Nazi-Putschisten gefangen gehalten.

Für die Münchner Polizisten ist die Situation, der Status quo, verwirrend. Wer war der tatsächliche Polizeipräsident? Wer der tatsächliche Ministerpräsident? Und jeder Polizist wird sich wohl gefragt haben, was ist, wenn der Putsch gelingt? Wie ist meine berufliche Perspektive, wenn der Putsch scheitert? Für was entscheide ich mich? Welche Folgen hat das? Viele Polizisten wussten nicht mehr, wem sie dienten.

`8.30 Uhr.`

In der Turnhalle der Polizeidirektion wird vor rund 500 Beamten ein Rapport abgehalten. Dabei erfahren sie die tatsächliche politische Lage. Von den Polizisten wird eine restlose Gefolgschaft eingefordert. Sie werden daran erinnert, dass sie der verfassungsmäßigen Regierung des Generalstaatskommissars Gustav von Kahr Pflicht und Gehorsam schulden. Den Beamten, die mit den Nazis sympathisieren, wird dringend nahegelegt, ihr Gewissen zu erforschen und die Folgen in Betracht zu ziehen. Die Ermahnung fruchtet. – Noch.

`9.45 Uhr.`

Stoßtrupp-Männer stürmen in das Münchner Rathaus und nehmen den Oberbürgermeister Eduard Schmid und mehrere Stadträte als Geiseln.

Verladung des Stoßtrupps Hitler am Morgen des 9. November 1923 für die Verhaftung der roten Stadträte in München

Auf dem überfüllten Marienplatz hetzen Redner der NSDAP. Als besonders perfider Einpeitscher erweist sich der aus Nürnberg angereiste Lehrer Julius Streicher.

Adolf Hitler, der sich am Rande eines Nervenzusammenbruchs befindet, hat Streicher am Morgen im Bürgerbräukeller inständig gebeten, die Propaganda zu übernehmen. Streicher soll die Masse der Bürger für den Putsch gewinnen. Ohne zu zögern, übernimmt Streicher, der Herausgeber der Wochenzeitung *Der Stürmer,* diesen Auftrag und löst damit ein nachhaltiges Gefühl der Dankbarkeit bei Hitler aus.

Im Bürgerbräukeller geraten Göring und Ludendorff aneinander. Sie streiten. Göring will sich nach Rosenheim zurückziehen. Ludendorff plant den Vorstoß und befiehlt: »Wir gehen in die Stadt, um die öffentliche Meinung zu gewinnen, um zu sehen, wie dann die Herren vom Triumvirat ihrerseits auf die öffentliche Meinung reagieren.«

Halbstündlich trifft nun immer mehr Verstärkung von Reichswehr und Landespolizeieinheiten in München ein.

Göring folgt der Weisung Ludendorffs und marschiert zu den Isarbrücken, die von der Landespolizei besetzt und gesichert sind. Er beruft sich auf die Autorität des Generals Ludendorff und droht: »Der erste Tote oder Verwundete in den Reihen der Putschisten bedeutet den Tod einer Geisel.« An der Corneliusbrücke geht Göring noch weiter und kündigt ein Blutbad an, alle Geiseln würden erschossen, wenn auch nur einem Putschisten etwas geschehe. In München herrschen nun kriegsähnliche Szenarien. Die Situation steht vor der Eskalation.

11.30 Uhr.

Die Reichswehr nähert sich mit zwei Infanteriebataillonen, einem Pionierbataillon, einer Minenwerferkompanie, drei Artilleriebatterien, einer Kraftfahrerabteilung und acht Panzerwagen dem von 400 Putschisten besetzten Wehrkreiskommando, also dem »Kriegsministerium«. Die Ludwigstraße ist voll mit Passanten, Neugierigen und Sympathisanten. Eine Maschinengewehr-salve sorgt für Panik und eine leere Straße.

`Gegen 11.45 Uhr.`

SA-Führer Röhm stimmt einem zweistündigen Waffenstillstand zu. Röhm fährt vom »Kriegsministerium« in die Kaserne der Landespolizei, um weiter zu verhandeln.

Parallel bilden in der Rosenheimer Straße, vor dem Bürger-bräukeller, die Hitlerputschisten einen Zug, um in die Stadt zu marschieren. Nun überschlagen sich die Ereignisse. Röhm, der noch aktiver Hauptmann der Reichswehr ist, wird schließlich von Stadtkommandant General Danner an Eid und Gehorsam gegenüber der Reichswehr erinnert. Röhm scheint sich fügen zu wollen. Er kehrt ins »Kriegsministerium« zurück. Vor dem »Kriegsministerium« kommt es zu einem Schusswechsel. Aus dem Gebäude heraus werden die Reichswehrtruppen beschossen und zwei Reichswehrsoldaten verletzt. Sofort erwidert ein auf dem Dach des gegenüberliegenden Gebäudes positionierter MG-Schütze das Feuer. Seine Schüsse töten zwei Putschisten.

`Gegen 12.10 Uhr.`

Rund 2500 Nazi-Putschisten, in drei Kolonnen zu je vier Reihen, marschieren vom Bürgerbräukeller Richtung Ludwigsbrücke. Es ist ihr Propagandazug, der die Bürger aufputschen soll. Die Männer sind bis an die Zähne bewaffnet. Im tödlichen Sorti-ment sind auch leichte und schwere Maschinengewehre. Den Schluss des Zuges komplettiert ein Sanitätswagen.

An der Ludwigsbrücke stellt sich eine Kompanie der Landes-polizei dem Zug entgegen. Sie sind zahlenmäßig weit unterlegen. Rücksichtslos und brutal bahnen sich die Putschisten einen Durchgang für ihren Propagandazug Richtung Innenstadt.

`12.30 Uhr.`

Ohne weitere Gegenwehr erreichen Adolf Hitler, Erich Luden-dorff und ihre Nazi-Legion den Marienplatz. Auf Ludendorffs Anweisung wird am Marienplatz kein Halt gemacht, sondern nach rechts in die Weinstraße abgebogen. Zwangsläufig ist die Marschrichtung nun der Odeonsplatz.

`Am Tag zuvor, gegen 21 Uhr.`

Der 26-jährige Oberleutnant Michael Freiherr von Godin wird von Major von Imhoff aufgefordert, sofort und umgehend zu seiner Kompanie zurückzukehren, die in der Münchner Residenz stationiert ist.

`Jetzt gegen 12.30 Uhr, am Tag des Putsches.`

Oberleutnant Michael von Godin wird gemeldet, dass sich der Propagandazug der Nazis nähere. Der Offizier lässt seine ihm unterstellten 130 Mann gegen die 2500 Putschisten im Kaiserhof der Residenz antreten. Seine Kommandos gellen scharf durch den Hof: »An die Gewehre! Mit scharfen Patronen laden! Gewehre in die Hand! Truppen links – rechts schwenkt Marsch!«

Sein Bataillonskommandeur schreit ihm noch hinterher: »Godin! Raus! Schnell, schnell! Sie sind im Anmarsch!«

Zahlreiche Schaulustige haben sich dem Nazi-Marsch angeschlossen. Der Zug biegt an der Perusastraße nach rechts ab und gelangt in die Residenzstraße. So wollen die Putschisten eine ihnen gemeldete Absperrung umgehen.

Michael Freiherr von Godin positioniert seine Züge an strategisch wichtigen Punkten.

Die Nazi-Bande mit Adolf Hitler und Erich Ludendorff an der Spitze singt »Die Wacht am Rhein«. An der engsten Stelle der Residenzstraße entdecken die Putschisten eine kleine Gruppe Landespolizisten. Die Geräuschkulisse ist infernalisch.

Die ersten Beamten, die sich dem Propagandazug entgegenstellen, benutzen ihre Gewehre als Stoß- oder Schlagwaffe. Sie wollen nicht schießen. Wollen ein Blutbad vermeiden. Sie werden von der Menge einfach weggedrückt.

`Gegen 12.45 Uhr.`

Der erste Schuss kracht, vermutlich aus einem Karabiner. Der Schütze ist unklar. Das schwere Spitzgeschoss, die sogenannte

S-Patrone, dringt mit tödlicher Wucht in den Körper des Oberwachtmeisters Fink ein. Der zweite Schuss, eindeutig einem der Nazi-Putschisten zuzuordnen, kracht aus dem Lauf der Pistole, als das Projektil bereits auf sein Ziel zu beschleunigt. Die Energie dieses Geschosses wird ausreichen, um einen Schädel glatt zu durchschlagen.

So das Gesetz der Ballistik, das sich nicht der Moral, sondern der Physik unterordnet.

Aus der protokollierten Aussage von Landespolizei-Oberleutnant Michael von Godin: »Ich eilte mit meinem Zug in die Theatinerstraße zurück um die Feldherrnhalle herum und erkannte, daß der Gegenstoß der Hitlertruppen, die mit Kriegsmaterial jeglicher Art ausgerüstet waren, ... durch die Residenzstraße gelungen war. Ich trat hierauf mit dem Befehl, ›Verstärkung, Marsch! Marsch!‹ zum Gegenstoß gegen den gelungenen Durchbruch der Hitlertruppen an. Beim Einbruch in den Gegner wurden wir mit gefälltem Bajonett, entsichertem Gewehr und vorgehaltener Pistole empfangen ... Ich persönlich hatte zu meiner Verteidigung, um nicht frühzeitig von meiner Pistole Gebrauch machen zu müssen, einen Karabiner genommen, parierte damit zwei mir vorgehaltene Bajonette und rannte die Angreifer mit quer vorgehaltenem Karabiner über den Haufen. Plötzlich gab ein Hitlermann, der einen Schritt halblinks von mir stand, einen Pistolenschuß auf meinen Kopf ab. Der Schuß ging an meinem Kopf vorbei und tötete den hinter mir stehenden Unterwachtmeister Hollweg, Nikolaus. Für den Bruchteil einer Sekunde trat bei meinen Männern Erstarrung ein. Noch bevor es mir möglich gewesen war, einen Befehl zu geben, erwiderten meine Leute das Feuer, was die Wirkung einer Salve auslöste. Zu gleicher Zeit nahmen die Hitlertruppen das Feuer auf und es entspann sich für etwa 20 bis 25 Sekunden ein regelrechter Feuerkampf ... In einer Zeitspanne von höchstens 30 Sekunden ergriffen die Hitlertruppen die Regel lose Flucht.«

Ludendorff, der starr auf einen Polizisten zumarschiert, wird verhaftet. Göring, den eine Kugel am Oberschenkel verletzt hat, zerren seine SA-Männer aus der Gefahrenzone. Die Bilanz des Feuergefechts an der Feldherrnhalle: 13 getötete Putschisten, ein toter, unbeteiligter Zivilist, vier gefallene Landespolizisten.

Adolf Hitler, 34 Jahre alt, schafft es, bis auf eine Schulterverletzung, heil zu entkommen. Den Putschisten neben Hitler, eingehakt mit ihm, streckte ein Herzschuss zu Boden. Er riss Hitler mit, dessen Schulter dabei luxierte. Am Boden liegend geriet Hitler aus der Schusslinie.

`13.30 Uhr.`

Ernst Röhm ergibt sich mit seinen Männern im »Kriegsministerium« der Reichswehr.

`Gegen 14 Uhr.`

Mehrere Hundertschaften der Landespolizei umstellen den Bürgerbräukeller und befreien die eingeschlossenen jüdischen Geiseln und Polizeibeamten. Die entführten Kommunalpolitiker kommen erst gegen 18 Uhr frei. Insgesamt werden 216 Personen verhaftet. Viele Putschisten fliehen nach Österreich.

Bei einem der getöteten Putschisten wird eine Art Notverfassung gefunden. In diesem Dokument steht unter Paragraf 14: »Das gesamte bewegliche und unbewegliche Vermögen der Angehörigen des jüdischen Volkes kann beschlagnahmt werden.« Unter Paragraf 16: »... zur Säuberung und Entlastung der Städte, Bäder, und Fremdenorte, insbesondere zur Entfernung aller sicherheitsgefährlichen Personen und unnützen Esser. Diese sind nach Bedarf in Sammel-Lager zu verbringen ...«

Der Verfasser ist Theodor von der Pfordten, Richter am Bayerischen Obersten Landgericht.

Hitler wird in dem hinter den Putschistentruppen fahrenden Krankenwagen weggebracht. Er flieht nach Uffing. Zur Familie Hanfstängl.

IV

Sigmund von Imhoff, Landespolizist und Generalmajor der Luftwaffe im Zweiten Weltkrieg, starb 1967. Er verlor seinen Sohn beim Überfall auf die Sowjetunion. Von Imhoff hatte nach dem Putsch – soweit bekannt – unter keinen Repressalien zu leiden.

Michael Freiherr von Godin starb hoch geachtet 1982 in München. Nach der Machtergreifung der Nationalsozialisten hatten ihn die neuen Machthaber aus Rache von Mai 1933 bis Januar 1934 im Konzentrationslager Dachau interniert. Nach Österreich floh Godin schließlich in die Schweiz. Mit Wilhelm Hoegner, später Ministerpräsident von Bayern (SPD), kam Godin im Juni 1945 nach München. Er ordnete die Landespolizei neu, nach demokratischen Gesichtspunkten und dezentral. Michael Freiherr von Godin wurde zum Präsidenten der Bayerischen Landespolizei auf Lebenszeit ernannt.

Otto von Lossow starb 1938 in München. Er war nach seiner Pensionierung 1924 in die Türkei gegangen und kam später zurück nach München.

Hans von Seißer starb 1973 in München. Seißer war im Januar 1930 als Polizeioberst in den Ruhestand gegangen. Nach der Machtergreifung der Nationalsozialisten wurde er einige Zeit im KZ Dachau inhaftiert. Von Mai bis August 1945 reaktivierten ihn die Amerikaner kurzzeitig nochmals als Polizeipräsident der Stadt München.

Gustav von Kahr starb im Juni 1934. Er war ins KZ Dachau verschleppt und gleich nach seiner Ankunft im Arrestraum der Kommandantur erschossen worden. Als sein Mörder gilt der Oberaufseher Johann Kantschuster.

Erich Ludendorff starb 1937 in München. Ludendorff, der sich gern mit »Ihre Exzellenz« ansprechen ließ, war nach dem Putsch verhaftet und bald danach auf Ehrenwort wieder freigelassen worden. Ludendorffs Nachkommen wurden 1941 mit Grundbesitz im Wert von 1 612 000 Reichsmark bedacht.

PHYSIK DES BÖSEN

»Nun schießt die Blutsaat, die er ausgesät,
Zur fürchterlichen Ernte rächend auf.«
Macbeth, Lenox

I

Neben *Mein Kampf* mein aufgeklappter Zettelkasten. Ich lese
eine Passage aus meinem Interview mit *Mein-Kampf*-Forscher
Plöckinger:»Die Initialzündung ist dann allerdings Landsberg
am Lech. Er kommt zu sich, er findet Zeit zu reflektieren und
will zunächst eine Abrechnung mit dem politischen Gegner, wobei er besonders die Gegner des Putsches im Auge hat. Aber er
erlaubt sich dann Schritt für Schritt einen höheren Anspruch. Er
will nicht nur mit seinen politischen Gegnern abrechnen, er
möchte auch mit den Gegnern in der Welt abrechnen. Gleichzeitig strebt er eine Art Selbstinszenierung an, die ihn als den
idealen Nationalsozialisten darstellt: der aus kleinen Verhältnissen sich durch ständige Willensanstrengung, Selbstbildung und
Selbstdisziplin hocharbeitet zum Parteiführer. Es ist eine Darstellung seiner eigenen Person hin zu einem ideologisch über-
höhten Führermythos. Rudolf Heß dient ihm als Resonanzboden. Hitler trägt ihm immer wieder Passagen vor, nutzt ihn als

Justizvollzugsanstalt Landsberg am Lech, heute

Publikum, studiert, wie reagiert er darauf? Heß berichtet öfter darüber, Hitler hätte ihm diesen oder jenen Teil vorgelesen. Und er war selbstverständlich begeistert davon. Also Hitler nutzt seine Leute im Gefängnis als Resonanzboden.«

II

Der Point of no Return liegt schon eine Weile hinter mir. Ich bin froh, dass es endlich auf die Zielgerade geht. Meine Kondition scheint ausreichend, die zweite Luft ist da. Mein Eintrag ins Fahrtenbuch meiner Expedition durch *Mein Kampf:* Folgende Symptome an mir festgestellt: Wut, Verzweiflung, Angst, Depression, Vergiftungserscheinungen, den Wunsch, sich auszuknipsen, den Drang, weiterzumachen, den Zwang, Angefangenes beenden zu müssen. Ich bin zwar gegen viele Krankheiten geimpft, doch was geschieht, wenn man sich diesen Erreger direkt injiziert? Etwas schüttelt mich, das nicht Erkenntnis, nicht Verhängnis ist, sondern Empfindung: Hitlers Worte und Sätze giften als ideologisches Ebola durch die Welt.

III

Als ein Apfel den Kopf des Physikers trifft, zündet die Idee zur Gravitationslehre bei Isaac Newton. Auch Adolf Hitler versucht sich als Physiker. Seine Naturwissenschaft ist von anderer Provenienz. Er jongliert mit der Schwerkraft von Staaten anstatt mit Äpfeln.

Mein Kampf, Kapitel: »Ursachen des Zusammenbruchs«, Seite 245ff. Hitler beginnt mit einer Metapher:
»Die Tiefe des Falles irgendeines Körpers ist immer das Maß der Entfernung seiner augenblicklichen Lage von der ursprünglich eingenommenen. Dasselbe gilt auch über den Sturz von Völkern und Staaten. Damit aber kommt der vorherigen Lage oder besser Höhe eine ausschlaggebende Bedeutung zu. Nur was sich über die allgemeine Grenze zu erheben pflegt, kann auch ersichtlich tief fallen und stürzen. Das macht für jeden Denkenden und Fühlenden den Zusammenbruch des Reiches so schwer und entsetzlich, da er den Sturz aus einer Höhe brachte, die heute, angesichts des Jammers der jetzigen Erniedrigung, kaum mehr vorstellbar ist. Schon die Begründung des Reiches schien umgoldet vom Zauber eines die ganze Nation erhebenden Geschehens … denn nicht im Geschnatter einer parlamentarischen Redeschlacht, sondern im Donner und Dröhnen der Pariser Einschließungsfront vollzog sich der feierliche Akt …«

IV

Manchmal ist er sehr nah, nicht emotional, sondern physisch, dann spielen meine Sinne mir einen Streich: Ich meine, seine ausgeschrienen Sätze zerfetzen jeden Moment mein Trommelfell, und sein Speichel tropft in mein Ohr.

Was zwischen den Zeilen steht, versuche ich zu dekuvrieren; ich will seine Mentalität ergründen, darum geht es mir in den

Reenactments. Egal, wie authentisch prägnant sie letztlich gelingen, sie sind ein Brennen auf der Zunge, eine Erinnerung, dass Geschichte lebt und fortzeugend Kinder ihrer Taten gebärt.

SWASTIKA »SPEICHELLECKER«

Er hitlert mit seinen Wörtern Löcher in die stickige Luft der Zelle. Adjutant Heß zündet den Ofen für die Zubereitung des geliebten Frühstückskaffees an.

Hitler: »Die Frage nach den Ursachen des deutschen Zusammenbruchs ist mithin von ausschlaggebender Bedeutung, vor allem für eine politische Bewegung, deren Ziel ja eben die Überwindung der Niederlage sein soll. Die leichteste und daher auch am meisten verbreitete Begründung des heutigen Unglücks ist die, dass es sich dabei um die Folgen des eben verlorenen Krieges handle, mithin dieser die Ursache des jetzigen Unheils sei.« Inzwischen hat der Tribun sich bekleidet und schaftstiefelt jetzt zackig aus der Zelle durch den Festungsgang nach unten in den Hof, ein Morgenspaziergang soll den Geist erquicken.

»Gehen denn überhaupt Völker an verlorenen Kriegen an und für sich zugrunde?«

Mittlerweile lauschen dem Schwadroneur der Direktor und dessen höhere Wachbeamte, sie hängen an seinen Lippen.

»Die Antwort darauf kann sehr kurz sein: Immer dann, wenn Völker in ihrer militärischen Niederlage die Quittung für ihre innere Fäulnis, Feigheit, Charakterlosigkeit, kurz Unwürdigkeit erhalten. Leider ist die militärische Niederlage des deutschen Volkes nicht eine unverdiente Katastrophe, sondern eine verdiente Züchtigung der ewigen Vergeltung. Wir haben diese Niederlage mehr als verdient. Sie ist nur die größte äußere Verfallserscheinung.« Und er bestätigt, dass das alles auch im Buch stehen wird, mit dem er gut vorankommt.

Anstaltsdirektor von Landsberg am Lech, Otto Leybold, hakt sich bei Hitler unter. »Und Sie haben diese Gedanken einfach so?«, was Hitler mit einem kurzen Nicken bestätigt, »phänomenal, wenn ich das so sagen darf. Und wie verhält es sich mit den Schuldigen? Also irgendwer, aber nicht wir, muss doch schuld an diesem Schlamassel sein, an dieser Tragödie?«

Sie schreiten nun nebeneinander über den Hof, »weil Sie ja bald entlassen werden, jaja, noch vor Weihrachten, werden Sie denn abgeholt und nach München gehen? Ach so, jaja, dürfte ich wissen, bevor Ihr Buch erscheint, also wer ist es nun, wer ist schuld?«

Hitler bleibt abrupt stehen und ewigt Erbärmliches: »Die großen Meister der Lüge, die besten Kenner dieser Wahrheit über die Möglichkeiten der Anwendung von Unwahrheit und Verleumdung waren zu allen Zeiten die Juden.«

Rudolf Heß und seine Freundin Ilse beobachten die beiden durchs Zellenfenster. Sie kehrt zum Tisch zurück und tippt die Nachtarbeit des Tribuns ins Reine, spricht im Takt der aufs Papier hämmernden Schreibmaschinentypen: »Genau so verhält es sich auch mit Erkrankungen von Volkskörpern. Wenn sie nicht katastrophal auftreten, beginnt sich der Mensch langsam an sie zu gewöhnen und geht endlich an ihnen, wenn auch erst nach Zeiten, so doch umso gewisser zugrunde. Es ist dann schon ein – freilich bitteres – Glück, wenn das Schicksal sich entschließt, in diesen langsamen Fäulnisprozess einzugreifen und mit plötzlichem Schlage das Ende der Krankheit dem von ihr Erfassten vor Augen führt. Denn darauf kommt eine solche Katastrophe öfters als einmal hinaus. Sie kann dann leicht zur Ursache einer nun mit äußerster Entschlossenheit einsetzenden Heilung werden.«

V

Heute Nacht geträumt: Ist Hitler ein Parasit, der sich in der Seele einnistet? Darf ich diese Hetze überhaupt zitieren oder in eine Handlung einbetten? Ich entscheide mich für Ja, weil es so in seinem Buch steht. Weil im Licht keine geheimnisumwitterte Symbiose stattfinden kann. Weil das Entmystifizieren so wichtig ist, wie den Stein anzuheben, um die Kellerassel zerdrücken zu können.

Hitlers Entschlossenheit, einen Schuldigen zu präsentieren, erinnert mich frappierend an Heinrich Kramers *Hexenhammer*. In seinem Buch versucht der Inquisitor mit der Ernsthaftigkeit seiner klerikalen Position nachzuweisen, dass es Hexen gibt.

Bei beiden Manifesten geht es ausschließlich um totale Macht und absolute Vernichtung.

VI

Mein Kampf, Seite 255ff. Die Aktualität ist erschreckend. Auf dem Nährboden des Alltags gedeihen Hitlers Gedanken zu Worten und schließlich zu Taten:

»Not und häufige Arbeitslosigkeit begannen ihr Spiel mit den Menschen und ließen als Erinnerung Unzufriedenheit und Verbitterung zurück. Die Folge davon schien die politische Klassenspaltung zu sein. Bei aller wirtschaftlichen Blüte wurde so der Unmut dennoch immer größer und tiefer, ja es kam so weit, daß die Überzeugung, ›es könne so nicht mehr lange weitergehen‹ eine allgemeine wurde, ohne daß aber die Menschen sich eine bestimmte Vorstellung von dem, was hätte kommen sollen, machten oder auch nur machen konnten. Es waren die typischen Zeichen einer tiefen Unzufriedenheit, die auf solche Weise sich zu äußern versuchten. Schlimmer aber waren andere Folgeerscheinungen, die die Verwirtschaftlichung der Nation mit sich brachte. In eben dem Maße, in dem die Wirtschaft zur bestimmenden Herrin des Staates aufstieg, wurde das Geld der Gott, dem alles zu dienen und vor dem sich jeder zu beugen hatte. … Damit erst war die Arbeit so recht zum Spekulationsobjekt gewissenloser Schacherer herabgesunken; die Entfremdung des Besitzes gegenüber dem Arbeitnehmer aber wurde in das unendliche gesteigert.«

Kann man einen schicksalhaften Fehler zwei Mal machen? Wie lernen wir aus der Vergangenheit? Haben wir uns überwunden, verzichten lieber, als zu fordern?

Was ist die große Erinnerung anderes als eingenarbtes Erbmaterial von Hass und Ohnmacht?

Der Mensch ist nicht so gut, wie er denkt.

DER AUF MICH ZURASENDE
SCHWARZE MONOLITH

»Ich hab zu Nacht gegessen mit Gespenstern.
Und voll gesättigt bin ich von Entsetzen.«
Macbeth

I

Historisches aus meinem Zettelkasten.

Plöckinger erklärte mir, dass Hitler bei seinem Buch etliche Leute zur Seite standen: »Letztlich tritt eine Person auf den Plan, die es gewohnt oder in der Lage war, ihr Wissen und ihre Fähigkeiten einzubringen, aber gleichzeitig zu akzeptieren, dass Hitler ihr deutlich übergeordnet ist, und das war die damalige Freundin von Rudolf Heß, Ilse Pröhl. Sie war aus seiner Sicht eine ideale Partnerin. Sie übernahm Sekretariatsarbeiten und unterstützte ihn redaktionell. Das Buch wird im April fertiggestellt. Dann kommt ein Zweiter auf den Plan, Josef Stolzing-Cerny, ein Redakteur des *Völkischen Beobachters*. Er geht noch mal über das Buch, entwirft die sogenannten Kopfzeilen; jede Seite hat ja eine eigene Überschrift. Also er wird zu einer Art Redakteur des Buches. Das ist eine gängige Prozedur.«

II

SWASTIKA »ONKEL DOKTOR«

Mitten in der Nacht, Hitlers Schreibtischlampe brennt noch. Heß ruht auf der Couch. Dann der dreifache Glockenschlag einer nahen Kirche. Hitler zählt mit. Er ist hellwach, arbeitet seit Stunden am Manuskript. Seine Fingerkuppen sind taub, weil er so auf die Tasten eindrischt. Er reibt die Finger am Daumen vorbei die Handfläche entlang. Er mag diese Bewegung. Sie erinnert ihn an die Konzentration eines Dirigenten kurz vor einer Symphonie. Heß ist durch die Glockenschläge aus dem Tiefschlaf erwacht; er döst, jederzeit bereit, sich von seinem Tribun wieder einspannen zu lassen.

Hitler sagt leise, »Was ist Leben?«, dann lauter, »heute oder morgen, immer aufs morgen gerichtet? Was ist Leben?«

Heß richtet sich auf und bedeutungsvoll eifrig: »Kampf. Immer Kampf.«

Hitler lehnt sich zurück. »Jaja. Schon richtig. Aber es gibt, es muss geben ein Gedächtnis außerhalb des Gehirns, möglicherweise in den Zellen des Menschen. Wirkend als vererbte Erinnerung tiefster Verwundungen der Seele und des Fleisches … Der kollektive Schmerzensschrei des Volkskörpers, die Erbwunde?«

Heß ist wieder eingenickt. Hitler feixt über seinen schwächelnden Adjutanten. Er hackt in die Maschine: »Was sind die Ursachen des Zusammenbruchs des Deutschen Reiches …«, dann fast sanft, »… und des privaten, unendlichen Leids? Es ist eine Krankheit.« Er sinnt nach. Das Gesicht verzerrt. Wieder gefasst: »Zur Heilung dieser Krankheit vermag man nur zu kommen, wenn der Erreger derselben bekannt ist, so gilt das Gleiche auch vom Heilen politischer Schäden. Ihre in das Auge stechende Erscheinung pflegt man leichter zu sehen und zu entdecken als die innere Ursache dieser Krankheit. Dies ist der Grund, warum so viele Menschen über äußere Wirkungen überhaupt nie hinauskommen und sie sogar mit der Ursache verwechseln, ja das Vorhandensein einer solchen am liebsten zu leugnen versuchen. Das ist die große Lüge, sie bedeutet, das Licht der Erkenntnis auszublasen wie eine kleine Kerze.«

Rudolf Heß, Stellvertreter von Adolf Hitler

SWASTIKA »UNVOLLKOMMENE LÖSUNG«

Hitlers Wohnung in der Thierschstraße 41. 1925, kurz vor Erscheinen des Buches *Mein Kampf*. Ilse Pröhl versucht die Bitten des Verlages umzusetzen, dass Hitler aktuelle politische Agitation aus dem Buch entfernen muss.

Adolf Hitler geht auf und ab. Er knüppelt seine Worte heraus, unter denen Ilse Pröhl zusammenzuckt: »Lausig. Schwachsinn, o ja, Blödsinn. Nein! Nein, nein! Das bleibt drin, das kann nicht raus. Das ist die politische Abrechnung. Das ist kein laues Lüftchen. Rache für die Blutopfer des Putsches. Stärke beweisen. Unerbittliche Stärke. Das wird …«, nun fast röchelnd, »zur unverbindlichen Höflichkeit herabsinken in den stinkenden Straßendreck Münchens. Nein. Noch schlimmer: zur Halbheit verwahrlosen, zur schlimmsten Verfallserscheinung in Deutschland.«

Ilse Pröhl devot: »Es frommt nicht, jetzt durchsetzen zu wollen, was jetzt nicht geht. Wir stehen unter polizeilicher Beobachtung. Man wird jedes Wort lesen und umdrehen. Mehr möchte ich dazu nicht sagen: Warum schreiben oder fügen Sie nicht ein wichtiges Kapitel ein, über die Erziehungsfehler des deutschen Volkes?«

Der Autor stimmt zu: »Gut ... Warum sollten wir das nicht machen ... Die Erziehungsfehler. Die Halbheit und die aus ihr resultierende Feigheit.«

III

Gestern lag ich den ganzen Tag flach, obwohl ich zunächst voller Tatendrang aufgestanden war. Ich kam gedanklich nicht los vom Thema »Halbheit«, da waren Dornen der Erinnerung.

Mein Kampf, Seitenüberschrift: »Halbheit – Erziehungsfehler«, Seite 258ff. Hitler beginnt mit einem Leitsatz, in gesperrten Lettern:

»Eine der bösesten Verfallserscheinungen war im Deutschland der Vorkriegszeit die allenthalben immer mehr um sich greifende Halbheit in allem und jedem.« Dann psychologisiert er weiter: »Sie ist immer eine Folge von eigener Unsicherheit über irgendeine Sache, sowie einer aus diesen und anderen Gründen resultierenden Feigheit. Gefördert wurde diese Krankheit noch durch die Erziehung.«

Anschließend greift der unverheiratete und kinderlose Vollwaise Adolf Hitler nach der Jugend.

Seine Umerziehung, das hat uns die Nachkriegszeit gelehrt, fraß sich – in fataler Weise völlig unterschätzt – in die Seelen der Kinder ein.

Hitler kritzelt also seine Erziehungsanalyse aufs Papier und gibt im Umkehrschluss eine Ahnung davon, wie er dereinst als

Adolf Hitler im Wahlkampf 1932

Monolith im deutschen Kosmos in die Aufzucht der deutschen
Jugend einzugreifen gedenkt:
»Die deutsche Erziehung vor dem Kriege war mit außerordent-
lich vielen Schwächen behaftet. Sie war in sehr einseitiger Weise
auf die Anzüchtung von reinem ›Wissen‹ zugeschnitten und weniger auf das ›Können‹ eingestellt. Noch weniger Wert wurde auf
die Ausbildung des Charakters des einzelnen gelegt – soweit diese überhaupt möglich –, ganz wenig auf die Förderung der Ver-
antwortungsfreudigkeit und gar nicht auf die Erziehung des Willens und der Entschlußkraft. Ihre Ergebnisse waren wirklich
nicht die starken Menschen, sondern vielmehr die gefügigen
›Vielwisser‹, als die wir Deutsche vor dem Kriege ja allgemein
galten und demgemäß auch eingeschätzt wurden. Man liebte den
Deutschen, da er sehr gut zu verwenden war, allein man achtete
ihn wenig, gerade infolge seiner willensmäßigen Schwäche.«

Aus dem Sammelbilderband *Adolf Hitler;* »Kinderhände«, so die Original-Unterzeile.
Cigaretten/Bilderdienst Altona/Bahrenfeld 1936

Dann wird es noch etwas spezieller, aber nicht besser: »Geradezu verhängnisvoll wurde diese Gesellschaft aber, als sie auch die Form bestimmte, unter der allein es gestattet war, dem Monarchen entgegenzutreten. Die Form verlangte: Niemals widersprechen, sondern alles und jedes gutheißen, was Seine Majestät zu geruhen beliebt. Gerade an dieser Stelle aber war freie Manneswürde am nötigsten, die monarchische Institution mußte sonst eines Tages an dieser Kriecherei zugrunde gehen. ... Dieses Devote war jedoch ein Fehler unserer ganzen Erziehung ...«

Am 18. Juli 1925 erschien Hitlers Buch. Der Tyrann gab kaum 20 Jahre später auf dem Höhepunkt des Zusammenbruchs seiner totalen Macht den sogenannten Nero-Befehl, alles in Deutschland von Wert zu zerstören, damit den Feinden nichts in die Hände falle.

IV

Der auf mich zurasende schwarze Monolith traf mich an der Stirn. Ich hatte noch versucht auszuweichen, mich wegzuducken. Dann fiel ich vom Küchenstuhl. Ich hatte mich aber schnell wieder beisammen und verließ mit Tränen der Wut den Ort der Demütigung und marschierte Richtung Kinderzimmer. Die Tür war mir im Weg, deshalb stieß ich mit der Faust dagegen und sogar durch die Holzplatte hindurch. Splitter steckten in meiner Haut, und es blutete heftig. Den Vormittag verbrachte ich dann beim Arzt, der mit einer Pinzette die Holzstückchen aus dem Fleisch zog. Mit verbundener Hand verbrachte ich den restlichen Tag am Fenster meines Kinderzimmers, das eigentlich schon ein Jugendzimmer war, immerhin war ich bereits 14 Jahre. Am Abend, bevor ich ins Bett ging, holte ich mir ein großes, scharfes Küchenmesser. Ich hätte mich verteidigt, wäre mein Vater zu mir gekommen, um mich zu züchtigen. Es kam zu keiner Tragödie, es blieb ein ganz gewöhnliches Familiendrama um ein schlechtes Zwischenzeugnis. So dachte ich bislang.

Es war ein Kampf um eine vermeintlich vergeudete Jugend. In den 1970er-Jahren. Ein Frühstück in einer deutschen Familie mit Vater, Mutter, zwei Kindern. Gymnasiale Zwischenzeugnisse mit drei Sechsern mussten auch damals schon unterschrieben in die Schule zurückgebracht werden. Mein Vater würdigte das Dokument nur eine knappe Sekunde mit ungeteilter Aufmerksamkeit. Das reichte, um die gefährdete Versetzung zu erfassen. Als ich das Jahr zuvor auch schon mit einem schlechten Jahres-Abschlusszeugnis aus der Masse hervorgestochen war, hatte er mit einer ausholenden Bewegung seines Armes alles vom Frühstückstisch gefegt. Seine väterliche Allmacht hatte mich damals paralysiert. Nun war ich älter und renitenter.

Jetzt also sagte er gar nichts, sondern stand auf. Kein gutes Zeichen. Er ging zum Kühlschrank. Ich rechnete mit einer auf mich zufliegenden Milchtüte. Stattdessen schrie er aus der Zeitkrümmung einer verflossenen Jugend mit unglaublicher Wut: »Wir konnten unsere Jugend nicht so verschwenden und vergeuden für Halbheiten wie du!«

Was ich empört konterte: »Ich kann nichts dafür, ich habe den Krieg nicht angefangen, ich habe ihn auch nicht verloren.«

Der dann auf mich zurasende schwarze Monolith durchmaß – in meiner Erinnerung in Zeitlupe – unsere Küche. Der eiskalte Mars-Schokoriegel kam angeflogen wie eine Granate.

Wir sprachen nie mehr über diesen Vorfall. Doch er machte etwas mit mir. Für einen kurzen Moment hatte ich die Macht des Dritten Reiches gespürt, ohne dass ich es einsortieren konnte. Jetzt lese ich in Hitlers Buch etwas über Halbheiten und weiß, woher mein Vater das hatte.

Er entschuldigte sich auf seine Art. Er besorgte mir Latein-Nachhilfestunden bei meinem Sportlehrer. Dazu brauchte es eine Genehmigung der Schule, aber weil ich stets eine Eins in Sport hatte, war eine Vorteilsnahme durch die Nähe zu jenem Sportlehrer, der eben auch Latein unterrichtete, ausgeschlossen. Meine Lateinkenntnisse verbesserten sich leider nicht. Zu viel war schon im *Gallischen Krieg* ohne mich passiert. Für eines bin ich diesem Pädagogen jedoch für immer dankbar, dass er mir vermittelt hat, was wissenschaftliche Recherche bedeutet.

Mein ursprünglicher Lateinlehrer galt später offiziell als der Sadist, der er damals schon war.

Zurück zu Hitler. Seine Feigheit vor Verantwortung war so groß, dass er sich aus lauter Angst, als Schrumpfkopf auf Stalins Schreibtisch zu enden, sogar verbrennen ließ.

1925 schrieb er in *Mein Kampf* noch ganz wacker:
»Eine Folgeerscheinung verkehrter Erziehung war Feigheit vor der Verantwortung und die daraus sich ergebende Schwäche in der Behandlung selbst lebenswichtiger Probleme.«

V

Mein Kampf, die nächsten Seiten handeln wieder von der »Groß-macht Presse«. Da sind dann Journalisten grundsätzlich Spitz-buben, die immerzu arme Wähler durch ihre Propaganda zum Kreuz im falschen Kreis verführen.

Hitlers Maxime nach dem blutig gescheiterten Putsch war die Machtergreifung auf legalem Weg. Wie schnell er lernte, sich der Pressefreiheit zu bedienen, belegt die Geschichte.

Das Nazi-Wort von den »marxistischen Lügenblättern« fehlt genauso wenig wie die Drohung: »Eine Dreißig-Zentimeter-Granate zischt immer noch mehr als tausend jüdische Zeitungs-vipern – also lasst sie denn nur zischen!«

Was jetzt kommt, hat er schon in früheren Kapiteln themati-siert. Ich weiß, dass er nichts ohne Grund macht. Auch keine Redundanz. Also dienen die häufigen Repetitionen dazu, die Jas zunächst bei den damals populären Themen einzusammeln. Hier ein Ja, da ein Ja, schließlich spekuliert er auf das große Ja seiner Leser.

VI

Am Abend eines Tages voller Erinnerungen rief mich Ursula Gasch an. Das Telefonat mit der Kriminologin hatte etwas Ver-söhnliches. Ich fühlte mich nicht mehr so allein.

»Bist du schon fertig mit dem Hitlerpsychogramm?«

»So ein Cold Case geht nicht von heute auf morgen, aber ich bin bald fertig.«

»Und?«, fragte ich so gespannt, wie ich nur konnte, und sie fragte zurück in ihrer sibyllinischen Art: »Hast du es portio-niert?«

»Wieso?«

Gasch: »Ich hab's mir portioniert. Nach einer Stunde lesen war mir klar, das ist ein Buch, da muss ich die Dosis rationieren.«

Am Obersee bei Berchtesgaden, von Hitlers Leibfotografen
Heinrich Hoffmann in Szene gesetzt

»Ich habe das nicht gemacht.«

Gasch: »Und wie geht's dir? Träume? Mehr noch?«

Ich bestätigte ihre Vermutung.

»Vergiss nicht«, mahnte sie, »er ist einfach nur ein Mensch.«

»Ist er nicht.«

»Ist er doch. Das reicht für Schlimmstes völlig aus. Also, ich bin bald fertig. Ich komme dann nach München zu dir?«

»Ja«, bestätigte ich, »ich bereite alles vor.«

DIE LIEBESSEUCHE

»Kannst du ein krankes Gemüt
Von seinem Grame nicht befrein,
Ein tief gewurzelt quälendes Bewusstsein
Nicht aus der Seele heilend ziehen …?«
Macbeth

I

Es liegt vor mir auf dem Schreibtisch. So klein, so unscheinbar, so banal auf den ersten Blick. Tatsächlich grausamt seine Eiseskälte, herrenmenscht seine Abrechnung, hitlert seine Vernichtung.

Wie schon im *Malleus Maleficarum* geht es auch in *Mein Kampf* um Sex. Der darf anscheinend in der Hammerliteratur nicht fehlen. In Hitlers Kapitel »Ursachen des Zusammenbruchs« gibt es das Unterkapitel »Die Syphilis«. Welcher Teufel mich geritten hat, mir zuvor Leni Riefenstahls *Tiefland* anzutun, dem zwischen 1940 und 1944 gedrehten Film, verrate ich gern. Ich hatte ihren Film auf Youtube gesucht und dort auch in voller Länge gefunden. Ich wollte endlich wissen, wie die Regisseurin sich selbst als Hauptdarstellerin inszenierte.

Tiefland soll eine Lieblingsoper von Hitler gewesen sein, seine Lieblingsregisseurin steht auf jeden Fall fest: Leni.

Leni Riefenstahl, Schauspielerin und Regisseurin

Tiefland spielt in den Pyrenäen um die Jahrhundertwende, also vom 19. zum 20. Jahrhundert. Ein übermächtiger Don tyrannisiert seine Leibbauern und unterwirft sich eine fahrende Tänzerin, verkörpert von Leni Riefenstahl, zur Gespielin. Ein Schafhirte, der in den Bergen lebt, ist in seiner Kühnheit letztlich der Einzige, der dem Don gefährlich werden kann. Denn er vermag es, einen seine Herde bedrohenden Wolf mit bloßen Händen zu erwürgen. Der Wolf im *Tiefland* ist der Don. Der Schafhirte, ein im Herzen reines Naturkind, heiratet in wahrer Liebe die Tänzerin. Die Ehe ist jedoch vom Don arrangiert, weil der durchtriebene Edelmann für sich selbst eine reiche Partie vorzieht. Als der Schafhirte erkennt, dass der moralisch verwahrloste Don diese Heirat nur eingefädelt hat, um weiter ungehindert Zugriff auf die Tänzerin zu haben, kommt es zum Showdown. Der Schafhirte erwürgt nun den verkommenen Wolf des Tieflandes mit bloßen Händen. So weit zur Handlung.

Es gefällt heute noch nicht jedem, wenn man etwas Kritisches über Leni Riefenstahl äußert, die sich selbst – im Einvernehmen mit ihren Verehrern – als unpolitische Filmhalbgöttin stilisierte. *Tiefland* stellt für mich ein Komplementärwerk zu *Mein Kampf* dar, in dem eine attraktive Hauptdarstellerin von einer attraktiven Regisseurin attraktiv in Szene gesetzt wird; attraktiv im Sinne des hitlerschen Schwarz-Weiß-Kosmos von Liebe, Aufopferung und Triumph des Willens. Für mich ist der Film vor allem ein infantiler Albtraum, in dem eine arische Salome mit dem Wolf tanzt. Und ich kann mir mühelos vorstellen, wie sie danach lechzte, ihrem Publikum und ihrem Führer erotische Fantasien zu entlocken. Die Regisseurin riefenstahlte eine Filmbildgewalt aus sexueller Implosion und politischer Explosion mit einer unappetitlichen Sauberkeit, oft devot und meistens arrogant.

Stattdessen empfehle ich den Film *Menschen am Sonntag*. Zauberhaft, leicht, authentisch. Ein Werk von Robert Siodmak, Edgar G. Ulmer und Billy Wilder aus den Jahren 1929/1930.

II

Mein Kampf, Seite 269ff. Hitler beginnt seine Abhandlung über die Syphilis mit einer Belehrung:
»Ein weiteres Beispiel für Halbheit und Schwäche in den wichtigsten Lebensfragen der Nation bei der Leitung des Vorkriegsdeutschlands ist folgendes: Parallel zu der politischen, sittlichen und moralischen Verseuchung des Volkes lief schon seit vielen Jahren eine nicht minder entsetzliche gesundheitliche Vergiftung des Volkskörpers. Die Syphilis begann besonders in den Großstädten immer mehr zu grassieren, während die Tuberkulose gleichmäßig fast im ganzen Lande ihre Todesernte hielt.

Leni Riefenstahl und ihr Arbeitgeber, Gönner und Protagonist Adolf Hitler. Sie inszenierte für ihn u.a. die Propagandafilme *Sieg des Glaubens* (1933) sowie *Triumph des Willens* (1934).

Trotzdem in beiden Fällen die Folgen für die Nation entsetzliche waren, vermochte man sich nicht zu entscheidenden Maßnahmen dagegen aufzuraffen. Besonders der Syphilis gegenüber kann man das Verhalten der Volks- und Staatsleitung nur mit vollkommener Kapitulation bezeichnen. Bei einer ernstgemeinten Bekämpfung musste man schon etwas weiter ausgreifen, als dies in Wirklichkeit geschah.«

Diese Hitlerphrase »weiter ausgreifen« bedeutet freilich nichts Gutes. Hitlers Sexualität scheint eher ein virtuelles Programm in seinem Kopf gewesen zu sein.

Dass die Bedürfnisbefriedigung im Alltag eine große Rolle spielt, weiß er und nutzt ein überlebenswichtiges Gesundheitsthema für seine Rassenhetze:
»Auch hier konnte nur der Kampf gegen die Ursachen in Frage kommen und nicht die Beseitigung der Erscheinungen. Die Ursache aber liegt in erster Linie in unserer Prostituierung der Liebe. ... Diese Verjudung unseres Seelenlebens und Mammonisierung unseres Paarungstriebes werden früher oder später unseren gesamten Nachwuchs verderben, denn an Stelle kraftvoller Kinder eines natürlichen Gefühls werden nur mehr die Jammererscheinungen finanzieller Zweckmäßigkeit treten. Denn diese wird immer mehr die Grundlage und einzige Voraussetzung unserer Ehe. Die Liebe aber tobt sich woanders aus.«

Adolf Hitler als Verteidiger der wahren Liebe und Förderer der sexuellen Erfüllung in einer glücklichen Ehe? Aus einem ernsten Problem wird Wahlkampfkapital geschlagen. Perfide, wie Hitler die Bevölkerung in ihrer Lebenswirklichkeit abholt, um sie für sich einzunehmen. Das macht er nicht ungeschickt:
»... in den Krankheiten der Kinder offenbaren sich die Laster der Eltern. Es gibt verschiedene Wege, sich mit dieser unange-

»Beneidenswerte Perspektive: Vom schönsten Fensterplatz
aus sehen sich diese drei Mädchen den traditionellen
Vorbeimarsch der Sturmabteilungen an«, so der Original-
Kommentar aus dem Bildband *SA – Illustrierter Beobachter*.
Auf mich wirkt das wie: Tanz den Adolf Hitler!

nehmen, ja schrecklichen Tatsache abzufinden: die einen sehen
überhaupt nichts oder wollen, besser gesagt, nichts sehen; … die
anderen hüllen sich in den Heiligenmantel einer ebenso lächerli-
chen wie noch dazu verlogenen Prüderie, … um dann vor dieser
gottlosen Seuche die Augen in frommer Abscheu zu schließen
und den lieben Gott zu bitten, er möchte doch – wenn möglich
nach ihrem eigenen Tode – in dieses ganze Sodom und Go-
morrha Schwefel und Pech hineinregnen lassen …«

So weit Adolf Hitlers Sicht eines gesellschaftlichen Problems, das natürlich nicht seiner Sorge um jenes von Trieben geleitete männliche Individuum entspringt, sondern auf ein viel größeres Ziel zusteuert, die »Sünde wider Blut und Rasse«:

»Darauf aber kommt es am Schluße hinaus. Auch dies ist nur ein Prüfstein des Rassenwertes – die Rasse, welche die Probe nicht besteht, wird eben sterben … Denn da diese Frage in erster Linie den Nachwuchs betrifft [Anm.: werdende Mütter, von ihren Männern mit Syphilis angesteckt, übertragen die Krankheit auf das ungeborene Kind], gehört sie zu denen, von welchen es mit so furchtbarem Recht heißt, daß die Sünden der Väter sich rächen bis in das zehnte Glied – eine Wahrheit, die nur von Freveln am Blut und an der Rasse gilt.«

Aus der Zeitschrift *Freude und Arbeit*, Kapitel: »Wir lieben die Freude, wir lieben das Leben!«. Südost-Europa zeigt schöne Trachten.

Damit es schließlich auch der Dümmste begreift, schreibt Adolf Hitler die Genesis um. Nicht mehr Gott bestimmt das Geschehen, sondern er, Hitler, diktiert es. Gesperrt gedruckt: »Die Sünde wider Blut und Rasse ist die Erbsünde dieser Welt und das Ende einer sich ihr ergebenden Menschheit.«

Der Inquisitor Heinrich Kramer verdammte und ergötzte sich in seinem *Hexenhammer* am Kopulieren von Hexen mit Dämonen; Adolf Hitler delektiert sich an der Umdeutung der Bibel: Aus dem biblischen Paradies soll ein deutsches Elysium werden. Ohne sündige Syphilis. Lebe wohl: Adam und Eva. Servus: Hans und Heidi.

Hitler entkleidet eine bigotte Gesellschaft, um ihr die Hakenkreuzwäsche direkt auf den Leib zu schneidern. Im Plauderton geht's weiter:

»Der Kampf gegen die Syphilis erfordert einen Kampf gegen die Prostitution, gegen Vorurteile, alte Gewohnheiten, gegen bisherige Vorstellungen, allgemeine Ansichten, darunter nicht zum letzten gegen die verlogene Prüderie in gewissen Kreisen. Die erste Voraussetzung zu einem aber auch nur moralischen Rechte, gegen diese Dinge anzukämpfen, ist die Ermöglichung einer früheren Verehelichung der kommenden Generation. … Die Prostitution ist eine Schmach der Menschheit, allein man kann sie nicht beseitigen durch moralische Vorlesungen, frommes Wollen usw., sondern ihre Einschränkung und ihr endlicher Abbau setzen die Beseitigung einer ganzen Anzahl von Vorbedingungen voraus. Die erste aber ist und bleibt die Schaffung der Möglichkeit einer der menschlichen Natur entsprechenden frühzeitigen Heirat vor allem des Mannes, denn die Frau ist ja hier ohnehin nur der passive Teil.«

Eigentlich könnte man darüber lachen, wäre es nicht in Wahrheit düster und verlogen. Die Wirklichkeit sah nämlich so aus: In nahezu jedem Konzentrations- und Arbeitslager gab es Zwangsprostitution als Belohnung für die SS und die Wachmannschaften.

In seinem Buch soll die Ehe nicht als Liebesheirat gelten, sondern als Verpflichtung zu Höherem. Hitler schreibt:
»Auch die Ehe kann nicht Selbstzweck sein, sondern muß dem einen größeren Ziele, der Vermehrung und Erhaltung der Art und Rasse, dienen. Nur das ist ihr Sinn und ihre Aufgabe.«

Damit das auch gelingt, verkuppelt Hitler das Nützliche mit dem Praktischen. Ehe und Sozialnot gehen natürlich nicht zusammen. Da müssen Maßnahmen und Wohnraum her: »Welche Bedeutung diesen zukommt, sollte man am meisten in einer Zeit begreifen, da die sogenannte ›soziale‹ Republik durch ihre Unfähigkeit in der Lösung der Wohnungsfrage allein zahlreiche Ehen einfach verhindert und der Prostitution auf solche Weise Vorschub leistet.«

Adolf Hitler geht weiter auf Wahlkampftour und Stimmenfang, nachdem er die Partei im Februar 1925 neu gegründet hat:
»Der Unsinn unserer Art der Gehaltseinteilung, die viel zu wenig Rücksicht nimmt auf die Frage der Familie und ihre Ernährung, ist ebenfalls ein Grund, der so manche frühe Ehe unmöglich macht.«
Und dann entdeckt Hitler noch Mängel in Ausbildung und Erziehung, die zur Syphilis führen können, wenn man nicht genügend turnt, um der lüsternen Gedanken Herr zu werden. In die Forschung zu investieren, ist für Hitler disziplinarisch nicht gewinnbringend:
»In zweiter Linie aber hat Erziehung und Ausbildung eine ganze Reihe von Schäden auszumerzen, um die man sich heute überhaupt fast nicht kümmert. … Was heute Gymnasium heißt, ist ein Hohn auf das griechische Vorbild. Man hat bei unserer Er-

ziehung vollkommen vergessen, daß auf die Dauer ein gesunder Geist auch nur in einem gesunden Körper zu wohnen vermag.«

Auch in meinem Gymnasium prangte dieses Motto über dem Eingang zur Turnhalle: Mens sana in corpore sano.

Dieser Spruch gehört von der Wand geschlagen. Er ist Symbol für die Halbheit und die Verlogenheit eines noch nie wahren und durch Hitler missbrauchten Ideals.

Es heißt: Orandum est, ut sit mens sana in corpore sano. Der Spruch stammt vom römischen Satiriker Iuvenal und ist ein Spott auf dumme Menschen und trainierte Gladiatoren: Beten sollte man darum, dass in einem gesunden Körper ein gesunder Geist sei.

Hitler verdreht den schlauen Ausspruch von Iuvenal für seine nationalsozialistische Polemik und dichtet selbst nichts Gescheites obendrauf:

»Der Junge, der in Sport und Turnen zu einer eisernen Abhärtung gebracht wird, unterliegt dem Bedürfnis sinnlicher Befriedigungen weniger als der ausschließlich mit geistiger Kost gefütterte Stubenhocker.«

Hitlers Mahlzeiten haben immer die gleiche Nachspeise: Untergang, Tod, Verderben, Auslöschung:

»Erst nach der Durchführung dieser Maßnahmen kann der medizinische Kampf gegen die Seuche selber mit einiger Aussicht auf Erfolg durchgeführt werden. … Es ist eine Halbheit, unheilbar kranken Menschen die dauernde Möglichkeit einer Verseuchung der übrigen gesunden zu gewähren. Es entspricht dies einer Humanität, die, um dem einen nicht wehe zu tun, hundert andere zugrunde gehen läßt. Die Forderung, daß defekten Menschen die Zeugung anderer ebenso defekter Nachkommen unmöglich gemacht wird, ist eine Forderung klarster Vernunft und

Wahlreise durch Deutschland; *Adolf Hitler*, Cigaretten/Bilderdienst

Rast im Walde

Adolf Hitler legt die Reiseroute fest.

In deutscher Landschaft.
Hilpoltstein in der fränkischen Schweiz

Immer auf Achse

bedeutet in ihrer planmäßigen Durchführung die humanste Tat der Menschheit.«

Sterilisieren, ermorden. Das war gemeint.

Hitlers Überlegungen gipfeln in dem Satz:
»Der vorübergehende Schmerz eines Jahrhunderts kann und wird Jahrtausende vom Leid erlösen.«

Warum lade ich mir diesen Leichnam auf die Schulter? Seine Worte und Taten sprengen jeden Damm. Unausdenkbares wird Wirklichkeit.

Hitler ist abgründig; die menschliche Willensfreiheit gebiert eben Gutes wie Böses, und die Wahrheit ist meist viel unvollkommener, als man denkt.

III

Ich notiere: Nicht durchdrehen. Die Seele vom Hunger nach Erkenntnis befreien, mich mit Fakten sättigen. Ich blättere in meinen Aufzeichnungen, finde eine bedeutsame Fußnote der Geschichte.

Sommer 1925. Das Buch erscheint. *Mein-Kampf*-Experte Othmar Plöckinger: »Hitler erhält ja im März 1925 Redeverbot in Bayern. Das Bayerische Innenministerium verfolgt die Aktivitäten des vorbestraften Putschisten aufmerksam und misstrauisch. Ein Beamter im Bayerischen Innenministerium, ein gewisser Ministerialrat Joseph Zetlmeier, ist zuständig für die NSDAP. Er nimmt sich auch sofort nach Erscheinen Adolf Hitlers *Mein Kampf* vor. Der Beamte prüft das Buch auf mögliche Umsturzabsichten und legt im Oktober 1925 sein Gutachten vor.«

Plöckinger schickte mir das Dokument, das er im Staatsarchiv fand. Ich fasse das Gutachten des Regierungskommissärs und Ministerialrats Zetlmeier im Folgenden zusammen:

Der bayerische Beamte traut Adolf Hitler nicht über den Weg und schreibt:

»Bei der Art Hitlers muß angenommen werden, daß er die Grundsätze, die er für die Entwicklung der Bewegung dargestellt hat, auch fernerhin für notwendig hält. Damit aber hat er sich selbst als den Alten gezeichnet. Seine persönlichen Angaben und die Angaben seiner Freunde, daß es sich um eine neue Bewegung handelt, sind also nicht so aufzufassen, daß auf die Anwendung der bisherigen Mittel verzichtet werden soll. Das Sprechverbot ist also mit Recht angeordnet. München, den 10. Oktober 1925.«

Zuvor hat Zetlmeier Motive und Ziele, Wille und Weg des NSDAP-Chefs resümiert, die er aus *Mein Kampf* exzerpierte:

»Die nationale Gewinnung der Masse muß also die höchste Aufgabe einer Bewegung sein. Daraus ergeben sich verschiedene Forderungen:
a) kein soziales Opfer zu schwer,
b) nur über dem Umweg einer sozialen Hebung kann die nationale Erziehung der Masse erfolgen,
c) rücksichtslose und fanatische Einstellung auf das Ziel,
d) außer dem positiven eigenen Kampf zugleich Vernichtung der Träger des Gegenteiles. Ausrottung der internationalen Volksvergifter,
e) Berücksichtigung der Rassenfrage,
f) Neu-Hebung der unteren Volksklassen, daher entsprechende Standes- und Berufsvertretungen [Anm.: die Vorsilbe ›Neu‹ wurde gestrichen und durch ein unleserliches Wort ersetzt, so Plöckinger],

g) klare und wirksame Propaganda,

h) das Ziel der Bewegung muß in der Erlangung der politischen Macht liegen.

i) Grundsätze der germanischen Demokratie: Wahl des Führers, aber unbedingte Autorität desselben. … Nur der Held taugt zum Führer.

[Anm.: Punkt »j« kommt nicht vor.]

k) Die Bewegung sieht in beiden religiösen Bekenntnissen gleich wertvolle Stützen.

l) Die innere Organisation der Bewegung ist eine Zweckmäßigkeitsfrage. Die Untergliederung darf aber immer erst dann stattfinden, wenn die Autorität des geistigen Begründers und der von ihm herangebildeten Schule gesichert ist.

m) Zusammengehen mit einer anderen Bewegung hebt die Stärke der Bewegung nicht; ist nur äußerlich ein Erfolg, innerlich eine Schwächung. Die Bewegung muß vielmehr mit Hilfe ihres religiösen Fanatismus in die Höhe kommen.

n) Die Mitglieder dürfen sich nicht schämen, wenn sie von den Gegnern angefeindet werden.

o) Achtung vor der Person. Im persönlichen Wert liegt der Wert alles Menschlichen.

Ferner: Der Begriff ›völkisch‹ deckt das Wesen der Bewegung nicht. Er ist unbegrenzt. Man wählte absichtlich die Bezeichnung Nationalsozialistische Deutsche Arbeiterpartei. Der erste Ausdruck hielt die Altertumsschwärmer fern, die Wortmenschen und äußerlichen Sprücheklopfer, ihre sogenannten völkischen Ideen, der zweite befreite von dem Tross der Streiter mit ›geistigen‹ Waffen.«

Ende 1925 fasste also schon ein bayerischer Beamter das Werden und Wirken der braunen Bewegung präzise zusammen.

Joseph Zetlmeier wurde 1933 in den Ruhestand versetzt, 1941 verstarb der erste Gutachter von Hitlers *Mein Kampf.* Plöckinger meinte zur Person von Joseph Zetlmeier, dass er wohl ein staatstreuer, braver Beamter gewesen sei, dem jedes Extrem suspekt war.

IV
SWASTIKA »WILHELM-ZWO-EFFEKT«

Joseph Zetlmeier, seiner Funktion nach im Cut gekleidet, stets mit einem Hang zum Peniblen, schaut aus dem Fenster seines Dienstzimmers. In seiner linken Hand hält er eine Ausgabe von *Mein Kampf.* Er diktiert seiner Schreibkraft eine Passage aus dem Buch in den Stenografie-Block: »Die Macht, die die großen historischen Lawinen religiöser und politischer Art ins Rollen brachte, war seit urewig nur die Zauberkraft des gesprochenen Wortes. Ihre großen Bewegungen sind Volksbewegungen, sind Vulkanausbrüche menschlicher Leidenschaften und seelischer Empfindungen, aufgerührt entweder durch die grausame Göttin der Not oder durch die Brandfackel des unter die Masse geschleuderten Wortes.«

Schreibkraft: »So was Schönes sagt der? Ich dachte, der schreit nur daher.«

Zetlmeier: »So schaut's aus.«

Schreibkraft: »Und geht das so weiter, so erhaben geschrieben?«

Zetlmeier: »Mehr oder weniger.«

Schreibkraft: »Können Sie mir das dann ausleihen, bittschön?«

Zetlmeier: »Nein. Das geht nicht. Das Buch gehört dem Staat. Wenn, dann müssen Sie sich schon selbst eins kaufen.«

Schreibkraft: »Ach so!« Sie zuckt schnippisch mit den Schultern und spekuliert, dass sie das Buch von einem ihrer Verehrer bekommen wird. »Wie ist es sonst so?« –

Zetlmeier: »Gefährlich.«

Schreibkraft: »Sagen Sie?«

Zetlmeier: »Das ist schon so.«

Schreibkraft: »Sie sind halt voreingenommen …«

Zetlmeier lässt sich Zeit und repetiert dann seine Lebensmaxime: »Sie, jetzt reißen Sie sich aber zusammen und zollen mir und diesem Haus den gebührenden Respekt, verstehen Sie mich? Mir ist das wurscht, hinter welcher Fahne einer herrennt. Wenn es staatsgefährdend ist, ist dem so. Punktum. Den Rest, ach wissen Sie was, das machen wir morgen.«

»Wiederschauen, Herr Ministerialrat!« Die Schreibkraft verlässt das Büro.

Zetlmeier schaut wieder aus dem Fenster, auf die Reiterstatue von König Ludwig I. Mit einer für ihn untypischen Gedankenverlorenheit rechnet er für sich ab: »Beharrlichkeit. Gerechtigkeit. Ein rechter König, Ludwig der Erste. Große Tugenden und große Ideen. Wahrheit oder Glaube? Wie stellen wir sie uns vor, die Wahrheit? Immer nur so, wie wir sie mögen. Wie mögen wir sie? Wie wir sie verstehen.« Er dreht sich um und kehrt an seinen Schreibtisch zurück, legt Unterlagen akkurat zusammen, murmelt vor sich hin: »Heute. Heute sind wir fortschrittlich und immer ganz frisch vorne dabei.« Strafft sich, bevor er sich an den Kaiser wendet: »Dat is jut so, vorne ist, wo wir sind. Außer dem Scheibenwischer kam von den Hohenzollern nix Gescheites. Einen sinnlosen Krieg und einen wertlosen Frieden hat er uns beschert, der Herr Kaiser, der wiederum zu einem sinnlosen Herrn Hitler führt, so sieht er aus: der Wilhelm-Zwo-Effekt.«

V

Aus meinem Zettelkasten fische ich eine abschließende Notiz zu Dietrich Eckart, dem Mentor und väterlichen Freund Adolf Hitlers. Eckart wird eine Woche nach dem Putsch in München verhaftet. Am 26. Dezember 1923 erliegt Dietrich Eckart, der

Herold des Dritten Reichs, einer weiteren Herzattacke. Zuvor war er wegen seiner schlechten gesundheitlichen Verfassung aus der Haft entlassen worden. Im Sommer 1936, zu den Olympischen Sommerspielen, befiehlt Hitler, die Dietrich-Eckart-Bühne zu eröffnen, die heutige Waldbühne in Berlin. Eckart ist in Berchtesgaden beerdigt, gegenüber dem Obersalzberg.

SWASTIKA »WAS FÜR EIN GLÜCK«

Hitler ist in seinem Zimmer in der Thierschstraße. Draußen wartet ein Stoßtrupp, seine Garde. Er lässt sich in einem gemütlichen Sessel nieder. Auf einem Beistelltisch steht ein Porträt von Dietrich Eckart. Hitler packt das Mitgebrachte aus und legt sich die Totenmaske Eckarts auf den Schoß. Er sitzt eine Weile, ohne sich zu rühren. Vor der Tür stört Dielengeknarze der auf und ab gehenden Männer. Hitler schreit: »Ruhe!« Dann fällt er wieder in Reglosigkeit. Er starrt abwechselnd auf das Foto und die Totenmaske. Draußen wird es dunkel. Ein schwacher Lichtschein dringt durch den Türspalt. Was zunächst sentimental wirkt, wird jetzt zu etwas unerbittlich Brutalem. Hitler hält das Foto fest umklammert. Er sprachspeichelt: »Rache Ewiglich. Für dich.« Dann steht er auf, geht zum Fenster und wartet.
Hitler wolft in Gedenken an den toten Eckart: »München, wie leer du bist ohne ihn. Jene Worte sagtest du mir einmal, Dietrich, aus einem Trauerspiel, sie klingen in mir nach: Keinem gab Natur das Vorrecht der Unsterblichkeit, du wirst zu den Lichtalben aufsteigen. Und du hast mich gebeten, mir die Antwort einzuprägen: Das sei mein Trost, dass all jene zerstörbar sind.«
Er zieht den Vorhang zu und verlässt bitter entschlossen sein Domizil.

SWASTIKA »DRÜCKEBERGERGASSL«

Zetlmeier biegt in die Viscardigasse ein. Er vermeidet damit das Pompöse der Feldherrnhalle. Er strebt dem Abendgebet in der Theatinerkir-

Büste von Dietrich Eckart, Berghof, Obersalzberg 1936.
Ihm widmete Adolf Hitler sein Buch *Mein Kampf.*

che zu, als er am anderen Ende der schmalen Gasse Adolf Hitler erkennt und eine bizarre Szene beobachtet. Hitler weigert sich, in ein schmutziges Auto einzusteigen. Er tritt gegen den Kotflügel der Mercedeslimousine und wendet sich dann abrupt ab. Schnellen Schrittes will er den Weg zur Parteizentrale zurücklegen und kommt nun auf Zetlmeier zu. Der Stoßtrupp hat Mühe, seinem Führer zu folgen. Zetlmeier erkennt, dass er nicht ausweichen kann, geht langsam und korrekt weiter. Hitler: »Sagen Sie mal, sind Sie nicht …? Sie sind doch im Innenministerium? Verzeihung. Sieg Heil!«

»Grüß Gott«, antwortet Zetlmeier und bleibt standhaft abwartend.

Hitler beharrt: »Sie sind aber doch …? Na egal. Wissen Sie, was mich beschäftigt? Das ist jetzt so ein schöner Abend. Ich werde gleich Freunde treffen, und wir werden uns politisch auseinandersetzen. Aber was mich wirklich grad beschäftigt, ist die Frage nach dem Glück. Das Empfinden von Glück. Was ist Glück? Ein unerwarteter Gewinn? Das Finden der Liebe? Ein gesundes Kind? Was sagen Sie? Ein gutes Buch, das ist doch ein Glück, oder?«

Hitler lacht, und Zetlmeier zuckt zusammen. Dann fasst sich der Ministerialrat und sagt: »Schauen Sie, Herr Hitler, das Glück ist etwas, das kann man nicht zwingen. Es ist da, wann es will, und nicht, wann man es braucht.«

Hitler hat bemerkt, dass sein Gegenüber für seine Aura nicht empfänglich ist. Er bellt Zetlmeier an: »Verstehen Sie mich nicht? Rede ich gegen eine Wand?« Es entsteht eine peinliche Pause, die Hitler beendet: »Sie müssen nicht denken, was für ein Degoutant. Das bin ich nicht. Ich bin direkt. ›Glück muss man haben‹, heißt es doch so schön, nicht wahr? Da verspricht doch nur einer von oben einem da unten einen Ausweg. Nein. So geht das nicht. Glück verschenkt die Schicksalsgöttin nur an den, der es auch verdient. An den Stärkeren. Alles andere wäre reine Verschwendung.« Hitler interessiert das Gespräch nicht weiter. Er grüßt und geht. Zetlmeier ebenso.

AUF DREI DINGEN BASIERT DIE WELT: AUF DER WAHRHEIT, AUF DEM RECHT UND AUF DEM FRIEDEN

»Die dunkle Wolke Mensch.«
Nietzsche

I

Patrick fuhr mich ins Hotel. Für den nächsten Tag stand ein wichtiger Termin an. Wir waren in der Synagoge in der Kölner Roonstraße zu einem Interview mit Rabbiner Jaron Engelmayer verabredet.

Im Hotelzimmer angekommen, riss ich erst einmal die Fenster auf. Zwei schnelle Bier sollten für frühen Schlaf sorgen. Ich war müde und nervös zugleich. Aus dem Fenster auf die vorüberhuschenden Autos zu schauen sollte mein Schäfchenzählen sein.

Ich legte mich aufs Bett, lauschte den Brems- und Anfahrräuschen an der Ampel Tel-Aviv-Straße. Endlich glitt ich mit jenem Gedanken in einen leichten Schlaf: Ein Land wie Deutschland, so schön zugleich und hässlich, sah ich noch nie.

II

Warum ich beständig um Köln herumrase, weiß ich nicht. In der schicken, nagelneuen Limousine ist es stickig. Die Klimaanlage soll Abhilfe schaffen. Ich schalte sie ein, und aus allen Lüftungsschlitzen strömen Kellerasseln. Wie eine Welle ergießen sie sich auf meinen Sitz, aus den Lüftungsklappen links vom Lenkrad, aus den breiten Schlitzen in der Mitte ist der Strom besonders ergiebig. Sie krabbeln jetzt aus allen Löchern, und egal, wie viele ich auch zerquetsche, Massen strömen nach. Ich empfinde nur noch Ekel. Die Asseln sind inzwischen überall, in der Nase, in den Ohren, in den Augen, ich will sterben, da fällt mir endlich ein, dass ich die Klimaanlage ausschalten kann. Der Strom versiegt, sie lassen sich zerschlagen und wegwischen. Ich bremse mit quietschenden Reifen am Straßenrand, winde mich aus dem mit Kellerasseln bedeckten Innenraum des Wagens und schlage die Tür sofort wieder zu. Ich sehe mein Gesicht in der Spiegelung des Fensters. Ich bin befreit und zücke mit kalter Leidenschaft eine Waffe, einen Revolver. Ich weiß nicht, wie lange es braucht, um ein Auto zu töten, ich feuere also die ganze Trommel auf den Wagen ab.

»Aufmachen, Polizei!« Aus den Schüssen war ein Klopfen geworden. Ich sah zur Decke. Wo war ich? Ich rollte zur Seite, erkannte ein Hotelhandtuch, hörte einen lärmenden Fernseher, spürte die Fernbedienung im Rücken und schaltete den Horror aus.

III

Drei Uhr morgens. Es gibt keine Zeit in der Nacht, die ich mehr hasse. Möglichst keinen Gedanken an einen Angsttraum verschwenden, sie sind zum Reisegepäck geworden bei der Expedition in Hitlers Unterwelt. Ablenken, arbeiten. Ich war dankbar, dass der Termin bevorstand, und ich ärgerte mich, dass ich das Buch mitgenommen hatte. Ich hatte das nächste Kapitel angelesen: »Volk und Rasse«. Hitler führt ein in seine Weltanschauung mit den Worten:

»Es gibt Wahrheiten, die so sehr auf der Straße liegen, daß sie gerade deshalb von der gewöhnlichen Welt nicht gesehen oder wenigstens nicht erkannt werden.«

Ich wollte echte Wahrheiten auflesen. Ich hatte Jaron Engelmayer geschrieben, dass es darum ginge, Vorurteile zu zertrümmern. Vorurteile, die seit Jahrhunderten durch deutsche Köpfe wuseln wie Ungeziefer.

Ich bereitete mich auf das Gespräch mit dem Rabbi vor. Er hatte mir zwar kein Interview zu *Mein Kampf* zugesagt, sondern ein Gespräch über Religion, deshalb wollte ich, der einstige Domsingknabe, der in einer Prüfung über Gottes allumfassende Weisheit seine Eignung zur Frühkommunion erledigt hatte, gewappnet sein. Ich las Engelmayers Artikel, der in der Wochenzeitung *Jüdische Allgemeine* erschienen war, erneut mit Freude. »Keine krummen Dinger«, so titelte er seine religiösen Überlegungen, und er schrieb von Lug und Trug, von Gerechtigkeit und G'tt.

G'tt: Den Namen des Herrn darf man nicht missbrauchen, nicht zerreißen, nicht schmähen, nicht beschmutzen, nicht einmal aus Versehen, deshalb wird er nicht ausgeschrieben, sondern abgekürzt. Ich mag diese Art des Respekts.

Der Rabbi mahnt in seinem Artikel, dass der, der in Sachen Geld und Steuern lügt und betrügt, direkt gegen die Vorschriften G'ttes verstößt; ein religiöser Mensch müsse unbedingt rechtschaffen sein, fügte er seinen Ausführungen zur jüdischen Religion hinzu: »Von der Thora erwarten wir eher die Anleitung, wie der Mensch eine Verbindung zu G'tt herstellen kann, etwa durch Gebete und Opfergaben … Allein im fünften Buch der Thora heißt es: … denn alle seine Wege sind Recht; ein G'tt der Treue und ohne Trug, gerecht und gerade ist Er.«

Engelmayer vervollständigte seine Argumente zur Tugend, »in G'ttes Wegen zu gehen«.

Er zitierte dazu den jüdischen Gelehrten und Rabbiner Raschi (Rabbi Schlomo ben Jizchak): »Er ist barmherzig, auch du sei barmherzig. Er ist wohltätig, auch du sei wohltätig!«

G'tt ist der Ursprung aller guten Eigenschaften, erinnert der Kölner Rabbiner, und damit der Mensch im Alltag seine Aufgaben nicht vergesse, schreibt er: »Recht und Gerechtigkeit auszuüben ist dem Ewigen vorzüglicher als Opfer.«

Ich zog an einer Zigarette, während ich mir Engelmayers Sätze durch den Kopf gehen ließ: »Er hat dir kundgetan, o Mensch, was gut ist; und was forderte der Ewige von dir, als Recht zu üben, Liebe zu üben und demütig vor deinem G'tt zu wandeln.« Am besten gefiel mir das Passwort für eine bessere Gesellschaft: »Auf drei Dingen basiert die Welt: auf der Wahrheit, auf dem Recht und auf dem Frieden.«

Jaron Engelmayers Artikel war der Grund, warum ich unbedingt mit ihm hatte sprechen wollen.

IV

Wenige Stunden später saß ich in Patricks Wagen, und wir fuhren zur Roonstraße. Ich stand auf den Stufen vor dem Gebäude, hatte den Tonkoffer in der Hand und dachte daran, dass jeder Moment des Daseins wertvoll ist und G'tt und seiner Gerechtigkeit gehört.

Nachdem wir die Sicherheitsschleuse passiert hatten, kam er mit jugendhaftem Lächeln und empfing uns mit herzlicher Offenheit. Wir drehten in der Synagoge ein außergewöhnliches Interview. Seine Worte sind für mich das Gegengift zu dem, was noch kommt.

DIE RASSE DER HAUSMÄUSE

»Ich fürchte einen Doppelsinn des Teufels,
Der Lügen sagt wie Wahrheit –«
Macbeth

I

Ich sitze wieder am Schreibtisch, Hitlers vorletztes Kapitel in seiner Abrechnung lautet: »Volk und Rasse«, Seite 311ff. Adolf Hitler breitet sein Unwissen aus:
»Schon die oberflächliche Betrachtung zeigt als nahezu ehernes Grundgesetz all der unzähligen Ausdrucksformen des Lebenswillens der Natur ihre in sich begrenzte Form der Fortpflanzung und Vermehrung. Jedes Tier paart sich nur mit einem Genossen der gleichen Art. Meise geht zu Meise, Fink zu Fink, der Storch zur Störchin, Feldmaus zu Feldmaus, Hausmaus zu Hausmaus, der Wolf zur Wölfin usw.«

Die Hausmaus amüsiert mich. Ich lache kurz auf, dabei greift schon Entsetzen nach mir.

Hitler schreibt weiter:
»Die Voraussetzung hierzu liegt nicht im Verbinden von Höher- und Minderwertigem, sondern im restlosen Siege des ersteren. …

»Adolf Hitler im Kreise von Teilnehmern der Führerschule«, so die
Original-Unterzeile. Foto aus dem Sammelbilderalbum *Deutschland erwacht*,
Cigaretten-Bilderdienst Hamburg-Bahrenfeld 1933.

Die Folge dieses in der Natur allgemein gültigen Triebes zur
Rassenreinheit ist nicht nur die scharfe Abgrenzung der einzelnen Rassen nach außen, sondern auch ihre gleichmäßige We-
sensart in sich selbst. Der Fuchs ist immer ein Fuchs, die Gans
eine Gans, der Tiger ein Tiger usw., und der Unterschied kann
höchstens im verschiedenen Maße der Kraft, der Stärke, der
Klugheit, Gewandtheit, Ausdauer usw. der einzelnen Exemplare
liegen. Es wird aber nie ein Fuchs zu finden sein, der seiner inneren Gesinnung nach etwa humane Anwandlungen Gänsen
gegenüber haben könnte, wie es ebenso auch keine Katz gibt mit
freundlicher Zuneigung zu Mäusen. Daher entsteht auch hier
der Kampf untereinander weniger infolge innerer Abneigung

etwa als vielmehr aus Hunger und Liebe. In beiden Fällen sieht die Natur ruhig, ja befriedigt zu. Der Kampf um das tägliche Brot läßt alles Schwache und Kränkliche, weniger Entschlossene unterliegen. ... So wenig sie aber schon eine Paarung von schwächeren Einzelwesen mit stärkeren wünscht, soviel weniger noch die Verschmelzung von höherer Rasse mit niederer, da ja andernfalls ihre ganze sonstige, vielleicht jahrhunderttausendelange Arbeit der Höherzüchtung mit einem Schlage wieder hinfällig wäre.«

Hitlers Sozialdarwinismus triebhaftet zur Idiotie: Dass diese Auswürfe einmal tatsächlich als populäre sozialwissenschaftliche Theorie galten, ist schwer erträglich.

Hitler nutzt dieses Kapitel auch, um sich möglichen Bundesgenossen anzudienen:
»Nordamerika, dessen Bevölkerung zum weitaus größten Teile aus germanischen Elementen besteht, die sich nur sehr wenig mit niedrigeren farbigen Völkern vermischten, zeigt eine andere Menschheit und Kultur als Zentral- und Südamerika, in dem die hauptsächlich romanischen Einwanderer sich in manchmal großem Umfange mit den Ureinwohnern vermengt hatten. An diesem einen Beispiele schon vermag man die Wirkung der Rassenvermischung klar und deutlich zu erkennen. Der rassisch rein und unvermischt gebliebene Germane des amerikanischen Kontinents ist zum Herrn desselben aufgestiegen ...«

Während ich das lese, wirkt die Hausmausideologie nach. Sie drückt mich nieder, ich empfinde eine große Beklemmung, weil ich weiß, was daraus wurde. Seine Worte ätzen, lösen einen chemischen Prozess in mir aus.

II

Hitler kommt jetzt so richtig in Fahrt und schaftstiefelt los, er, der die Natur zur Göttin und Herrin über alles stilisiert und einfach nicht begreifen will, dass es der Natur völlig egal ist, ob es den Menschen gibt oder nicht, er ist einfach nur eine Lebensform von vielen, mit der Möglichkeit zur Weiterentwicklung oder zum Untergang: »Indem der Mensch versucht, sich gegen die eiserne Logik der Natur aufzubäumen, gerät er in den Kampf mit den Grundsätzen, denen auch er selber sein Dasein als Mensch allein verdankt. So muß sein Handeln gegen die Natur zu seinem eigenen Untergang führen. Hier freilich kommt der echt judenhaft freche, aber ebenfalls dumme Einwand des modernen Pazifisten: ›Der Mensch überwindet die Natur!‹ Millionen plappern diesen jüdischen Unsinn gedankenlos nach und bilden sich am Ende wirklich ein, eine Art von Naturüberwindern darzustellen.« Seine Sätze perforieren meine Sinne.

»… allein dieser Planet zog schon Jahrmillionen durch den Äther ohne Menschen, und er kann einst wieder so dahinziehen, wenn die Menschen vergessen, daß sie ihr höheres Dasein nicht den Ideen einiger verrückter Ideologen, sondern der Erkenntnis und rücksichtslosen Anwendung eherner Naturgesetze verdanken.« Er ätzt so sehr, dass ich Schaum auf den Lippen spüre. Hitlers Salzsäure frisst sich vorwärts: »Alles, was wir heute auf dieser Erde bewundern – Wissenschaft und Kunst, Technik und Erfindungen – ist nur das schöpferische Produkt weniger Völker und vielleicht ursprünglich einer Rasse. Von ihnen hängt auch der Bestand dieser ganzen Kultur ab. Gehen sie zugrunde, so sinkt mit ihnen die Schönheit dieser Erde ins Grab. … Immer war die letzte Ursache eines solchen Untergangs das Vergessen, daß alle Kultur von Menschen abhängt und nicht umgekehrt, daß also, um eine bestimmte Kultur zu bewahren, der sie erschaffende Mensch erhalten werden muß. Diese Erhaltung aber ist gebunden an das eherne Gesetz der Notwendigkeit und des Rechtes des Sieges der Besten und Stärkeren.«

Ich fühle mich regelrecht angefressen von seinen Lügen. Diese salzsäurehaltigen Gedanken können, wollen nur eins: vernichten, verbrennen, angreifen, töten, morden, hinmetzeln, zerschmettern.
»Wer leben will, der kämpfe also, und wer nicht streiten will in dieser Welt des ewigen Ringens, verdient das Leben nicht. Selbst wenn dies hart wäre – es ist nun einmal so! … Der Mensch, der die Rassengesetze verkennt und mißachtet, bringt sich wirklich um das Glück, das ihm bestimmt erscheint. Er verhindert den Siegeszug der besten Rasse und damit aber auch die Vorbedingung zu allem menschlichen Fortschritt.«
Das ist nicht nur entsetzlich, das ist auch Blasphemie.

Jaron Engelmayer,
zum Zeitpunkt des Gesprächs Rabbiner bei der Synagogen-Gemeinde Köln.
Er lebt heute in Israel.

III

Rabbiner Jaron Engelmayers Worte, seine Gedanken, die er in unserem Interview äußerte, kommen für mich aus einer spirituellen Zeitlosigkeit. Ich verstehe sie als Einsichten, die schon immer galten und immer gelten werden. Seine Ausführungen beziehen sich nicht direkt auf *Mein Kampf,* über das Thema meines Buches wusste er aber Bescheid. Wir sprachen über jüdische Religion. Seine Worte tun gut. Sie wirken wie Balsam gegen den Götzen des Gemetzels.

Rabbiner Jaron Engelmayer sagt: »Auf G'ttes Weg zu gehen bedeutet, sich an seinen Eigenschaften zu orientieren. Er hat uns gezeigt, wie er in seiner Schöpfung umgeht, wie er mit seiner Schöpfung umgeht. Und wir lernen von diesen Eigenschaften. Von seiner Barmherzigkeit, von seiner Fürsorge für die Menschen. Zum Beispiel sehen wir Geschichten, in denen G'tt die Kranken besucht, in denen er die Trauernden tröstet, in denen er sich um die Schwachen und Benachteiligten einer Gesellschaft kümmert. Und von all diesen Eigenschaften lernen wir. Und sollen sie übernehmen in unser Leben. Auch wir sollen Kranke besuchen. Auch wir sollen die Schwachen schützen und sie unterstützen. Auch wir sollen die Trauernden trösten. Das sind die Eigenschaften, die uns zu G'tt führen; wir kommen G'tt näher, wenn wir seinen Taten nachfolgen.

Der Name G'ttes ist heilig für uns. Eines der Gebote lautet, dass man den Namen G'ttes nicht vernichten darf und nicht dafür sorgen darf, dass er vernichtet wird. Darum schreiben wir den Namen G'ttes auch nicht aus. Wir werfen Papiere, auf denen der Name G'ttes geschrieben steht, nicht einfach weg, sondern wir vergraben das Papier auf dem Friedhof.«

IV

Wie fühlt sich Angst an? Für jeden anders. Mir hockte sich die Angst auf die Brust und sorgte für tiefen Schmerz. Ich war an dem Punkt, aufhören zu wollen. Lieber die Fingerkuppen abbeißen, als ein weiteres Wort davon abzutippen.

Jetzt sitze ich wieder am Schreibtisch. Weil das Wissen-Wollen stärker sein muss als das bequeme Ich-mag-nichts-mehr-hören.

Der Inhalt aus *Mein Kampf* sollte aus dem Schatten ins Licht gezerrt werden. Dem Herumgeheimnissen muss ein für alle Mal der Garaus gemacht werden. Nur die klare Sonne bringt's an den Tag, wie Faschismus und seine Geschwister Hitlerismus und Nationalsozialismus, und wie sie aus dieser Familie noch heißen mögen, funktionieren. Lesen, nicht verstecken, nicht in Angst erstarren, das Buch hat keine übermenschlichen Kräfte; im Gegenteil, wissen wollen, macht es klein, nicht wissen, groß.

V

Meine Angst bekam einen ungebetenen Gast – Amon Göth, williger Vollstrecker aus dem Kreis von Adolf Hitlers SS, der Kommandant von Plaszow, dem Lager gleich bei Krakau. Göth stand für totale Angst und totale Macht in seinem Wirkungskreis. Er vollzog *Mein Kampf* auf seine Weise. Ihm wurde 1946 in Krakau der Prozess gemacht.

SWASTIKA »HERRN HITLERS WILLIGES PERSONAL«

Amon Göth nachts in seiner Zelle. Er drängt den polnischen Wärter, der nur ein paar Brocken Deutsch spricht, ihm zuzuhören, als wolle er seinem besten Freund die Wahrheit über sein Leben anvertrauen: »Wenn sie an mich denken, zittern sie. Tag und Nacht. Ihre Angst vererben sie an ihre Kinder und Kindeskinder. Amon Göth verfolgt sie bis in alle Ewigkeit. Das ist die totale Macht.«
Der Wärter antwortet müde vom langen Prozesstag: »Gäät, morgen vorbei. Nix lang hängen.«

Wenige Tage zuvor.
Der Göth-Prozess in Krakau vor dem Obersten Gerichtshof. Die Zeugin Erna Landau tritt auf: »Erna Landau, 33 Jahre, Hausfrau. Im Getto Tar-

now war ich bis September 1943. Einmal kam zu mir ein Bekannter, ein Ordnungsdienstmann, morgens, und sagte: Hör mal, bereite dich vor, weil heute die Aussiedlung gemacht wird. Ich wusste, dass uns allen der Tod drohte. Ich nahm meinen Rucksack, und ich hatte mein Kind bei mir, mein elfjähriges Mädchen, und ging zum Magdeburger Platz, der Sammelstelle. Erst stellte ich mich in eine Reihe. Nach einer Weile schlich ich mich mit meinem Kind heimlich aus der Gruppe und suchte in einer Seitengasse nach einem Versteck für uns.«

Die Zeugin vermeidet jeden Blickkontakt mit dem Angeklagten Amon Göth, der sie fixiert. Der Vorsitzende Richter mahnt den Angeklagten, das zu unterlassen: »So hören Sie doch auf. Das hat hier drin keinen Sinn mehr.«

Göth antwortet nicht und schaut stattdessen aus dem Fenster.

Die Zeugin Erna Landau fährt fort: »Dort war ein niedriges Haus, über ihm ein kleines Dachgeschoss, und dort hatten wir unsere Zuflucht. Ich schlug einen Ziegelstein aus der Wand, um etwas sehen zu können. Plötzlich hörte ich einen Lastwagen. Ich bekam schreckliche Angst. Vor das Haus, in dem wir uns versteckt hatten, fuhren ein offener Wagen und ein Lastwagen vor. Ich hörte: ›Los, heraus!‹«

Die Zeugin kann ihre Nerven kaum kontrollieren. Dem Vorsitzenden Richter gelingt es nicht, sie zu beruhigen. Ihre Todesangst ist fassbar.

Amon Göth sagt verächtlich: »Was dauert das so lang?«

Erna Landau konzentriert sich auf ihre Erinnerungen, sie wiederholt jeden Satz ihrer Aussage: »Der Angeklagte schoss selbst, er stand ganz nah an den Leichen. Schoss selbst und stand ganz nah an den Leichen. Dort war ein Junge mit blonden, gelockten Haaren. Ein Junge mit blondem Haar. Wie ein Engelchen. Er bekam Angst und lief weg. Angst und lief schnell weg. Er rief ihn herbei, ›komm, komm, hab keine Angst! Komm, komm, keine Angst, mein Junge.‹ Der Junge blieb stehen. Stehen. Er drehte sich um und zog aus seiner Hosentasche einen kleinen Spiegel. Einen kleinen Spiegel als Geschenk. Der Junge lächelte. Lächelte. Der Angeklagte lächelte zurück. Zurück. Amon Göth nahm den Spiegel. Ein schöner kleiner Spiegel. Er sah hinein. Sah hinein.

Durch einen Schuss in den Kopf tötete er den Jungen mit dem gelockten blonden Haar. Wie ein Engelchen. Peng. Durch einen Schuss in den Kopf tötete er den Jungen. Peng.«

Der Staatsanwalt versucht – gefasst und leise – Göth endlich ein Geständnis abzuringen: »Hat der Angeklagte den kleinen Jungen erschossen, den er ›komm, komm, hab keine Angst!‹ gerufen hat?«

Amon Göth darauf gespielt überrascht: »Nein. Ich war überhaupt nicht in dieser Gasse, die hier beschrieben wird.«

Der Angeklagte wird wegen Verbrechen gegen die Menschlichkeit zum Tode verurteilt und am 13. September 1946 gehängt. Amon Göth stirbt mit den Worten »Heil Hitler!« auf den Lippen.

VI

Am Schreibtisch. Das Buch vor mir. *Mein Kampf,* Seite 317ff. Kopfzeile: »Der Arier als Kulturbegründer«. Meine Randnotiz: Auweia. Adolf Hitler schreibt:

»Was wir heute an menschlicher Kultur, an Ergebnissen von Kunst, Wissenschaft und Technik vor uns sehen, ist nahezu ausschließlich schöpferisches Produkt des Ariers. Gerade diese Tatsache aber läßt den nicht unbegründeten Rückschluß zu, daß er allein der Begründer höheren Menschentums überhaupt war, mithin den Urtyp dessen darstellt, was wir unter dem Worte ›Mensch‹ verstehen. Er ist der Prometheus.«

Hitler legt fest, wer sich zu dieser Rasse zählen darf und wer nicht. Kulturschöpfend. Kulturbewahrend. Kulturzerstörend. So lauten die Kategorien, in die er Völker und Rassen einteilt. Schon damals blitzt die Gier auf Lebensraum im Osten: »Arische Stämme unterwerfen – häufig in wahrhaft lächerlich geringer Volkszahl – fremde Völker und entwickeln nun, angeregt durch die besonderen Lebensverhältnisse des neuen Gebietes (Fruchtbarkeit, klimatische Zustände usw.) sowie begünstigt durch die Menge der zur Verfügung stehenden Hilfskräfte an Menschen niederer Art ihre in ihnen schlummernden geistigen und organisatorischen Fähigkeiten.«

Wäre das alles nicht so bitterernst, müsste man laut auflachen. Das klingt nach einem Drehbuch aus der Feder eines ewig pubertären Autors. Infantile Sehnsüchte nach Allmacht und Allwissen.

Aber wie immer gibt es da einen Haken, weiß Adolf Hitler:
»Endlich aber vergehen sich die Eroberer gegen das im Anfang eingehaltene Prinzip der Reinhaltung ihres Blutes, beginnen sich mit den unterjochten Einwohnern zu vermischen und beenden damit ihr eigenes Dasein; denn dem Sündenfall im Paradiese folgte noch immer die Vertreibung aus demselben.«

Und um jeder Einfalt klarzumachen, wem die Welt diese Erkenntnisse zu verdanken hat, hitlert der Autor seinen Genius in den Vordergrund:
»Schon aus dieser Skizze der Entwicklung ›kulturtragender‹ Nationen ergibt sich aber auch das Bild des Werdens, Wirkens und – Vergehens der wahrhaften Kulturbegründer dieser Erde, der Arier selber. So wie im täglichen Leben das sogenannte Genie eines besonderen Anlasses, ja oft eines förmlichen Anstoßes bedarf, um zum Leuchten gebracht zu werden, so im Völkerleben auch die geniale Rasse. Im Einerlei des Alltags pflegen oft auch bedeutende Menschen unbedeutend zu erscheinen und kaum über den Durchschnitt ihrer Umgebung herauszuragen; sobald jedoch eine Lage an sie herantritt, in der andere verzagen oder irre würden, wächst aus dem unscheinbaren Durchschnittskind die geniale Natur ersichtlich empor, nicht selten zum Erstaunen aller derjenigen, die es bisher in der Kleinheit des bürgerlichen Lebens sahen – daher denn auch der Prophet im eigenen Lande selten etwas zu gelten pflegt.«

Das wusste Adolf Hitler ja zu verhindern, bedeutungslos zu sein, und trug sich als abgründigste Existenz deutscher Sprache ins Schwarzbuch der Geschichte ein.

VII

Es gibt einen Ausspruch einer oberbayerischen Bäuerin von geradezu salomonischer Weisheit: Das Ei ist eine geschissene Gottesgabe.

Adolf Hitler setzt sich nicht so unter Druck, mal etwas Sinnvolles zu fabrizieren, sondern begnügt sich damit, sich und seiner Rasse der Arier zu entsprechen. Er schreibt die Schöpfung zu einer Vernichtungsgeschichte um:
»Der Fortschritt der Menschheit gleicht dem Aufstiege auf einer endlosen Leiter; man kommt eben nicht höher, ohne erst die unteren Stufen genommen zu haben. So mußte der Arier den Weg schreiten, den ihm die Wirklichkeit wies, und nicht den, von dem die Phantasie eines modernen Pazifisten träumt. Der Weg der Wirklichkeit aber ist hart und schwer, allein er führt endlich dorthin, wo der andere die Menschheit gerne hinträumen möchte, von wo er sie aber leider in Wahrheit eher noch entfernt, als daß er sie näherbringt. ... Damit aber war der Weg, den der Arier zu gehen hatte, klar vorgezeichnet. ... Solange er den Herrenstandpunkt rücksichtslos aufrechterhielt, blieb er nicht nur wirklich der Herr, sondern auch der Erhalter und Vermehrer der Kultur.«

Bevor Hitler von seiner Hausmaus-Rasse persönlichen Aufopferungswillen einfordert, will ich seiner Ideologie etwas Wahrhaftiges entgegensetzen.

Rabbiner Jaron Engelmayer sagt: »G'ttes unwürdig ist, genau im gegenteiligen Sinne zu handeln, zu vergessen, dass man göttliche

Eigenschaften in sich trägt. G'tt hat die ganze Schöpfung erschaffen und lässt der gesamten Schöpfungsgeschichte das Gute zukommen, den Lebensraum, die notwendigen Dinge, um leben zu können. Sich um den anderen zu kümmern, birgt in sich einen total altruistischen Ansatz. Das ist G'ttes Weg. Uns Menschen obliegt also nicht der Egoismus, sondern das Fokussieren auf G'tt und seine Schöpfung. Mitmenschen und Mitgeschöpfen Gutes tun zu wollen, das ist ein g'ttlicher Ansatz, der in uns steckt; und wenn wir ihn ignorieren, dann handeln wir G'ttes unwürdig.

Wir sollen uns von Lügen fernhalten, wir dürfen nicht falsche Tatsachen vorspiegeln. Wir müssen ehrlich sein, geradlinig. Das sind Eigenschaften, die uns unsere jüdische Religion vorschreibt. Es ist ein Schwerpunkt in der Thora, in den fünf Büchern Mose.

Das leiten wir direkt von G'tt ab. Wir sollen von ihm lernen, gerecht zu sein und gerecht zu handeln. Wir sollen mit Ehrlichkeit und Geradlinigkeit durchs Leben gehen. Das ist nicht nur ein menschlicher Aspekt, sondern auch ein religiöser.«

Ein Segen, den Büchern Mose zu folgen, ein Untergang, sie zu ignorieren.

MEISTER
AUS DEUTSCHLAND

»Mein Nam' ist Macbeth.
Der Satan selbst kann keinen scheußlichern mir nennen.
Und keinen furchtbarern!«
Macbeth, Macbeth und der junge Seiward

»… der Tod ist ein Meister aus Deutschland sein Auge ist blau
er trifft dich mit bleierner Kugel er trifft dich genau …«
Paul Celan, *Todesfuge*

I

Mein Kampf, Kopfzeile: »Ursachen und Bedeutung des Ariers«;
Seite 325ff. Adolf Hitler kellerasselt, bis ihm endlich was für seine Zwecke Brauchbares einfällt:
»Je größer dann die Bereitwilligkeit des Zurückstellens rein persönlicher Interessen wird, um so mehr steigt auch die Fähigkeit
zur Errichtung umfassender Gemeinwesen. Dieser Aufopferungswille zum Einsatz der persönlichen Arbeit und, wenn nötig, des eigenen Lebens für andere ist am stärksten beim Arier
ausgebildet. Der Arier ist nicht in seinen geistigen Eigenschaften
an sich am größten, sondern im Ausmaße der Bereitwilligkeit,
alle Fähigkeiten in den Dienst der Gemeinschaft zu stellen. Der

Adolf Hitler, Reichskanzler. Original-Unterzeile: »Besuch in
der Festung Landsberg 1934«, Sammelbilderband *Adolf Hitler*,
Cigaretten/Bilderdient Altona/Bahrenfeld 1936

Selbsterhaltungstrieb hat bei ihm die edelste Form erreicht, indem er das eigene Ich dem Leben der Gesamtheit willig unterordnet und, wenn die Stunde es erfordert, auch zum Opfer bringt.«

Adolf Hitlers Semantik ist der Botenstoff der deutschen Hausmaus. Trotz meines Spotts bin ich mir der Tragödie voll bewusst: Seine Worte drangen ins Gemüt vieler Deutscher. Was die Worte bedeuteten, haben wir bis heute im Ohr. So viele folgten bereitwillig dem Hass und der Hetze.

Dann hitlert er weiter:
»Ja, aus ihr allein heraus kann man verstehen, wie so viele ein kärgliches Leben in Redlichkeit zu ertragen vermögen, das ihnen selber nur Armut und Bescheidenheit auferlegt, der Gesamtheit aber die Grundlagen des Daseins sichert. ... In der Hingabe des eigenen Lebens für die Existenz der Gemeinschaft liegt die Krönung alles Opfersinnes. ... Gerade unsere deutsche Sprache aber besitzt ein Wort, das in herrlicher Weise das Handeln nach diesem Sinne bezeichnet: Pflichterfüllung.«

In jenem Wort steckt alles drin. Es symbolisiert den diabolischen Doppelsinn der Sprache Adolf Hitlers. Damit perfektionierte der Meister aus Deutschland mit den blauen Augen die Dämonie der Phrase; Pflichterfüllung diente und dient als Entschuldigung für alles.

II

Rabbiner Jaron Engelmayer sagt: »Auf drei Säulen ruht die Welt. Auf der Thora, also den fünf Büchern Mose, der göttlichen Anleitung; auf dem Dienst, damit kann Gottesdienst oder die Arbeit gemeint sein; und auf der Wohltätigkeit. Dann gibt es eine weitere Lehre, die besagt, dass die Welt auf drei Dingen basiert: auf Gerechtigkeit, Wahrheit und Frieden.«

III

Die Kopfzeile in *Mein Kampf* lautet: »Reinster Idealismus tiefste Erkenntnis«. Hitler schmiedet jetzt den Nibelungenpakt mit seinem Leser, seinem Volk:
»Reinster Idealismus deckt sich unbewußt mit tiefster Erkenntnis. Wie sehr dies zutrifft und wie wenig wahrer Idealismus mit spielerischer Phantasterei zu tun hat, kann man sofort erkennen, wenn man das unverdorbene Kind, den gesunden Knaben z. B. urteilen läßt. Der gleiche Junge, der den Tiraden eines ›idealen‹ Pazifisten verständnislos und ablehnend gegenübersteht, ist bereit, für das Ideal seines Volkstums das junge Leben hinzuwerfen. … Ja selbst die Nachwelt vergißt die Männer, die nur dem eigenen Nutzen dienten, und rühmt die Helden, welche auf eigenes Glück verzichteten.«

Ich lese das und denke, Adolf Hitler, was für ein säuischer Charakter.

IV

Mein Kampf, Kopfzeile: »Arier und Jude«. Adolf Hitler schreibt: »Den gewaltigsten Gegensatz zum Arier bildet der Jude. Bei kaum einem Volke der Welt ist der Selbsterhaltungstrieb stärker entwickelt als beim sogenannten auserwählten. … Da nun der Jude – aus Gründen, die sich sofort ergeben werden – niemals im Besitze einer eigenen Kultur war, sind die Grundlagen seines geistigen Arbeitens immer von anderen gegeben worden. Sein Intellekt hat sich zu allen Zeiten an der ihn umgebenden Kulturwelt entwickelt. Niemals fand der umgekehrte Vorgang statt.

Denn wenn auch der Selbsterhaltungstrieb des jüdischen Volkes nicht kleiner, sondern eher noch größer ist als der anderer Völker, wenn auch seine geistigen Fähigkeiten sehr leicht den Eindruck zu erwecken vermögen, dass sie der intellektuellen Veranlagung der übrigen Rassen ebenbürtig wären, so fehlt doch vollständig die allerwesentlichste Voraussetzung für ein Kulturvolk, die idealistische Gesinnung.«

Rabbiner Jaron Engelmayer sagt: »Den Begriff des Auserwähltseins muss man genauer erklären und definieren. Auserwählt sein ist nicht unbedingt ein positiver Begriff. Im Sinne, dass man Privilegien genießt. Das Privileg, das damit gemeint ist, bedeutet, mehr Gebote erhalten zu haben und diese erfüllen zu dürfen. Und durch die Gebote G'tt näher zu sein. Das ist eigentlich das Privileg, das mit dem Begriff des Auserwähltseins einhergeht, aus jüdischem Verständnis gesehen. Das ist kein geheimes Privileg und nicht eines, das nur dem jüdischen Volk offensteht, weil jeder sich dem anschließen kann. Wer möchte, kann auch zum Judentum übertreten, die Gebote auf sich nehmen und damit Teil dieses Privilegs werden. Unsere Auffassung ist es, dass auch Nichtjuden Gebote zu erfüllen haben: die sieben Noachidischen Gebote. Also ihr Seelenheil bleibt ihnen nicht vorenthalten, weil sie nicht jüdisch sind, sondern im Gegenteil: Aufgrund rechtschaffenen Daseins und Lebens in den sieben Noachidischen Geboten erhalten Nichtjuden ihren Anteil an der künftigen Welt.
Die Noachidischen Gebote gehen zurück auf Noah. Noah überlebte mit seiner Frau und seiner Familie die Sintflut. Somit begründete er die Menschheit neu. Er erhielt von G'tt auch das letzte der sieben Noachidischen Gebote, dass man vom lebendigen Tiere nicht essen darf. Diese Gebote sind für die gesamte Menschheit relevant.«
Als Noachidische Gebote werden im Judentum sieben Ge-

bote bezeichnet, die für alle Menschen Geltung haben sollen. Nichtjuden, die diese einhalten, können als Zaddik, »Gerechte«, »Anteil an der kommenden Welt« erhalten. Deshalb betreibt das Judentum keine Mission Andersgläubiger. Die Gebote richten sich gegen: Mord, Diebstahl, Götzenanbetung, Ehebruch, Gotteslästerung, Brutalität gegen Tiere. Außerdem gibt es das Gebot: Gerichte einzusetzen, zur Wahrung des Rechts.

V

Mein Kampf, Kopfzeile: »Folgen des jüdischen Egoismus«. Adolf Hitler hetzt:
»Der Jude ist nur einig, wenn eine gemeinsame Gefahr ihn dazu zwingt oder eine gemeinsame Beute lockt; fallen beide Gründe weg, so treten die Eigenschaften eines krassesten Egoismus in ihre Rechte, und aus dem einigen Volk wird im Handumdrehen eine sich blutig bekämpfende Rotte von Ratten.«

Mein Kampf, Kopfzeilen: »Der Jude kein Nomade« und »Der Jude ein Parasit«. Jetzt schaftstiefelt Hitler auch noch durch den Wilden Westen:
»Man muß bedenken, daß in der Zeit der Erschließung des amerikanischen Kontinents zahlreiche Arier sich ihr Leben als Fallensteller, Jäger usw. erkämpften, und zwar häufig in größeren Trupps mit Weib und Kind, immer herumziehend, so daß ihr Dasein vollkommen dem der Nomaden glich. Sobald aber ihre steigende Zahl und bessere Hilfsmittel gestatteten, den wilden Boden auszuroden und den Ureinwohnern standzuhalten, schossen immer mehr Siedlungen in dem Land empor. ... Bei dem Juden hingegen ist diese Einstellung überhaupt nicht vorhanden; er war deshalb auch nie Nomade, sondern immer nur Parasit im Körper anderer Völker «

Ihm, als schlimmsten Schmarotzer und brutalsten Meister der Lüge, gebührt das Attribut: Adolf Hitler, größter Parasit aller Zeiten.

Rabbiner Jaron Engelmayer sagt: »Wir beginnen unseren Tag damit, dass wir Gott danken. Dafür, dass wir wieder aufstehen dürfen, dass wir eine Seele, einen Körper erhalten haben. Wir waschen uns rituell die Hände. Wir sprechen Segenssprüche. Dann beginnen wir den Tag mit dem Morgengebet. Wir denken und leben nach dem Grundsatz: Liebe deinen Nächsten wie dich selbst. Das ist ein Satz, der aus der Thora stammt, aus dem 3. Buch Mose. Das meint, man möge die Interessen des Mitmenschen nicht weniger in den Vordergrund stellen als seine eigenen. Das sollte immer Teil der persönlichen Überlegungen sein.«

VI

Mein Kampf, Kopfzeile: »Die jüdische Religionslehre«. Adolf Hitler schreibt:

»… aus dem ursprünglichen eigenen Wesen kann der Jude eine religiöse Einrichtung schon deshalb nicht besitzen, da ihm der Idealismus in jeder Form fehlt und damit auch der Glaube an ein Jenseits vollkommen fremd ist. Man kann sich aber eine Religion nach arischer Auffassung nicht vorstellen, der die Überzeugung des Fortlebens nach dem Tode in irgendeiner Form mangelt. Tatsächlich ist auch der Talmud kein Buch zur Vorbereitung für das Jenseits, sondern nur für ein praktisches und erträgliches Leben im Diesseits.«

Rabbiner Jaron Engelmayer sagt: »Ein Leben nach dem Tod gehört zu unseren Glaubensgrundsätzen. Es ist die Vorstellung von einem nicht physischen, einem rein seelischen Dasein in der künftigen Welt. Paradies ist ein besetzter Begriff. Es assoziiert physische Vorstellungen. Wir kennen das Paradies als Garten

Eden, der im 1. Buch Mose beschrieben wird; ein physischer Ort mit wunderbaren Früchten und Bäumen. Das ist aber nicht unsere Vorstellung vom Leben in der kommenden Welt. Wir würden lieber den Begriff Seelenwelt verwenden. Unser Verständnis von G'tt ist die Unkörperlichkeit, und da ist unsere Seele G'tt eigentlich am nächsten: Sie ist Bestandteil G'ttes, ein Funke, der von G'tt kam und wieder zu ihm zurückkehrt.«

VII

Mein Kampf, Kopfzeile: »Der Werdegang des Judentums«.
Adolf Hitler sprachspeichelt von a) bis l) Lügen und heuchelt Historisches. Sein Konstrukt einer vermeintlichen Bedrohung erinnert an den *Hexenhammer.* Der aus Hochmut des Inquisitors Heinrich Kramer geborene Anspruch auf Deutungshoheit hatte letztlich immer nur ein Ziel: den Tod.

Ich fasse zusammen. Adolf Hitler schreibt:
»a) Mit dem Entstehen der ersten festen Siedlungen ist der Jude plötzlich ›da‹. Er kommt als Händler und legt anfangs noch wenig Wert auf die Verschleierung seines Volkstums. … b) Allmählich beginnt er sich langsam in der Wirtschaft zu betätigen, nicht als Produzent, sondern ausschließlich als Zwischenglied. … Er beginnt mit dem Verleihen von Geld, und zwar wie immer zu Wucherzinsen. … Die Gefahr dieser neuen Einrichtung wird zunächst nicht erkannt, sondern um der augenblicklichen Vorteile wegen sogar begrüßt. c) Der Jude ist vollkommen seßhaft geworden, d.h. er besiedelt in den Städten und Flecken besondere Viertel und bildet immer mehr einen Staat im Staate. … d) Das Geldgeschäft und der Handel sind restlos sein Monopol geworden. Seine Wucherzinsen erregen endlich Widerstand, seine zunehmende sonstige Frechheit aber Empörung, sein Reichtum Neid. …«

Rabbiner Jaron Engelmayer sagt: »Antisemitismus wird gespeist aus Vorurteilen, die sich gegenseitig widersprechen. Als Beispiel, wenn Juden reich sind, dann heißt es: Die reichen Juden, die nehmen das Geld von anderen. Wenn Juden arm sind, dann heißt es: Juden sind Parasiten, sie nehmen das Geld von anderen. Es ist die Identifikation mit negativen Eigenschaften, auf das jüdische Volk übertragen. Indes: Die Aufzeigung der Gegensätzlichkeit erklärt nicht das Modell des Antisemitismus, sondern stellt lediglich ein Phänomen der Irrationalität desselben dar, und wo auch immer man anpackt, erkennt man, es lässt sich nicht letztschlüssig erklären.«

Hitler:
»e) Nun beginnt der Jude aber seine wahren Eigenschaften zu enthüllen. Mit widerlicher Schmeichelei macht er sich an die Regierungen heran, läßt sein Geld arbeiten und sichert sich auf solche Art immer wieder den Freibrief zu neuer Ausplünderung seiner Opfer. … f) In dem Maße, in dem die Macht der Fürsten zu steigen beginnt, drängt er sich immer näher an diese heran. … Dieses Spiel wiederholt sich immer von neuem, wobei die Rolle der sogenannten ›deutschen Fürsten‹ genau so erbärmlich wie die der Juden selber ist. … Sie verbündeten sich mit dem Teufel und landeten bei ihm.«
Er vergewaltigt die deutsche Geschichte in einem fort: »g) So führt seine Umgarnung der Fürsten zu deren Verderben. … So hat jeder Hof seinen ›Hofjuden‹ – wie die Scheusale heißen, die das liebe Volk bis zur Verzweiflung quälen und den Fürsten das ewige Vergnügen bereiten. Wen will es da wundernehmen, daß diese Zierden des menschlichen Geschlechtes endlich auch äußerlich geziert werden und in den erblichen Adelsstand emporsteigen, so mithelfend, auch diese Einrichtung nicht nur der Lächerlichkeit preiszugeben, sondern sogar zu vergiften. … h) In der Judenheit beginnt sich jetzt ein Wandel zu vollziehen.

Sie waren bisher Juden, d.h. man legte keinen Wert darauf, als etwas anderes erscheinen zu wollen und konnte dies auch nicht bei den so überaus ausgeprägten Rassemerkmalen auf beiden Seiten. Noch in der Zeit Friedrichs des Großen fällt es keinem Menschen ein, in den Juden etwas anderes als das ›fremde‹ Volk zu sehen, und noch Goethe ist entsetzt bei dem Gedanken, daß künftig die Ehe zwischen Christen und Juden nicht mehr gesetzlich verboten sein soll. … Nun aber sollte dies anders werden. Im Laufe von mehr als tausend Jahren hat er die Sprache des Gastvolkes so weit beherrschen gelernt, daß er es nun wagen zu können glaubt, sein Judentum künftig etwas weniger zu betonen und sein ›Deutschtum‹ mehr in den Vordergrund zu stellen; denn so lächerlich, ja aberwitzig es zunächst auch erscheinen mag, nimmt er sich dennoch die Frechheit heraus und verwandelt sich in einen ›Germanen‹, in diesem Falle also in einen ›Deutschen‹. … Die Rasse aber liegt nicht in der Sprache, sondern ausschließlich im Blute …«

Rabbiner Jaron Engelmayer sagt: »Das Judentum ist sowohl eine Religion als auch eine Nationalität, eine Volkszugehörigkeit. Es ist aber keine Rasse. Es ist nicht etwas, das nur angeboren wird. Man kann zum Judentum übertreten. Wird man als Nichtjude geboren, besteht die Möglichkeit, zur jüdischen Nationalität hinzuzukommen, die Volkszugehörigkeit zu ändern und jüdisch zu werden. Man ändert mit dem Konvertieren also nicht nur die religiösen Einstellungen, sondern auch seine Volkszugehörigkeit.

Vom Stamm Jehuda, einem der zwölf Stämme, leitet sich Judäa ab, und daraus stammt die Bezeichnung Jude. Das Judentum wird übertragen als Nationalität, als Volkszugehörigkeit qua Geburt, wenn man von einer jüdischen Mutter geboren wird.

Ich besitze die Schweizer Staatsangehörigkeit. Aber ich bin von meiner Volkszugehörigkeit jüdisch.

MÜNCHEN

München, Hauptstadt der Bewegung

Heute haben wir ja, G'tt sei Dank, keine Gettos mehr. Wir leben gemeinsam in einer Gesellschaft, sind Teil dieser Gesellschaft; es herrscht Alltag, ein zu befürwortender Alltag, man lebt gemeinsam, ist miteinander befreundet, pflegt im Arbeitsleben und privat Beziehungen miteinander.«

VIII

Ich hatte einen Traum: von einem gespenstisch echt wirkenden Adler aus Stein, der in seinen Krallen das Hakenkreuz hielt. Groß und gewaltig hockte er auf dem Haus der Kunst. Direkt über dem Säulengang. Ich stand auf der Straße davor. Mitten in der Nacht. Als könnte er meine Gedanken lesen, krächzte der Adler: »Was willst du wissen?« Ich fragte: »Warum?« Er antwortete: »Warum nicht?«

Der Adler hob an. Seine Schwingen verursachten eine gewaltige Böe von eisiger Kälte. Er flog in die Nacht über den Englischen Garten.

Mein Kampf, Seite 342ff. Kopfzeile: »Der Werdegang des Judentums«. Noch unter h) giftet Hitler:
»Der Grund, warum sich der Jude entschließt, auf einmal zum ›Deutschen‹ zu werden, liegt auf der Hand. … denn je höher er klimmt, um so lockender steigt aus dem Schleier der Vergangenheit sein altes, ihm einst verheißenes Ziel heraus, und mit fiebernder Gier sehen seine hellsten Köpfe den Traum der Weltherrschaft schon wieder in faßbare Nähe rücken. So ist sein einziges Streben darauf gerichtet, sich in den Vollbesitz der ›staatsbürgerlichen‹ Rechte zu setzen. Dies ist der Grund der Emanzipation aus dem Ghetto. i) So entwickelt sich aus dem Hofjuden langsam der Volksjude, das heißt natürlich: der Jude bleibt nach wie vor in der Umgebung der hohen Herren, … allein zu gleicher Zeit biedert sich ein anderer Teil seiner Rasse an

das liebe Volk an. … Aber noch mehr: der Jude wird auf einmal auch liberal und fängt an, vom notwendigen Fortschritt der Menschheit zu schwärmen.«

Adolf Hitler dirigiert sein Verschwörungsorchester allegro: »Er wird zum Besitzer oder doch zum Kontrolleur der nationalen Arbeitskraft … kämpft für die religiöse Toleranz – und hat in der ihm vollständig verfallenen Freimaurerei ein vorzügliches Instrument zur Verfechtung wie aber auch zur Durchschiebung seiner Ziele. … So kommt zur Freimaurerei als zweite Waffe im Dienste des Judentums: die Presse. In ihren Besitz setzt er sich mit aller Zähigkeit und Geschicklichkeit. Mit ihr beginnt er langsam das ganze öffentliche Leben zu umklammern und zu umgarnen, zu leiten und zu schieben, da er in der Lage ist, jene Macht zu erzeugen und zu dirigieren, die man unter der Bezeichnung ›öffentliche Meinung‹ heute besser kennt als noch vor wenigen Jahrzehnten. … Während er von ›Aufklärung‹, ›Fortschritt‹, ›Freiheit‹, ›Menschentum‹ usw. überzufließen scheint, übt er selber strengste Abschließung seiner Rasse. Wohl hängt er seine Frauen manchmal einflußreichen Christen an, allein er erhält seinen männlichen Stamm grundsätzlich immer rein. … Zur Maskierung des Treibens und zur Einschläferung seiner Opfer jedoch redet er immer mehr von der Gleichheit aller Menschen, ohne Rücksicht auf Rasse und Farbe. … Sein Endziel in diesem Stadium aber ist der Sieg der Demokratie oder, wie er es versteht; die Herrschaft des Parlamentarismus. … j) Die ungeheure wirtschaftliche Entwicklung führt zu einer Änderung der sozialen Schichtung des Volkes …«

Dann, mitten in seine Hetze hinein, schreibt Adolf Hitler über den Alltag des Proletariats und zeigt damit, wie geschickt und perfide er vorgeht, um die Menschen in ihrer Sozialwirklichkeit abzuholen.

Mein Kampf, Kopfzeile: »Der Stand des Fabrikarbeiters«.

»… Immer neue, in die Millionen gehende Menschenmassen siedelten aus den bäuerlichen Orten in die größeren Städte über, um als Fabrikarbeiter in den neugegründeten Industrien das tägliche Brot zu verdienen, Arbeits- und Lebensverhältnisse des neuen Standes waren schlimmer als traurig. … Die formale Übernahme der alten Arbeitszeiten in den industriellen Großbetrieb wirkte geradezu verhängnisvoll; denn die tatsächliche Arbeitsleistung von einst war infolge des Fehlens der heutigen intensiven Arbeitsmethoden nur klein. Wenn man also vorher den Vierzehn- oder Fünfzehnstunden-Arbeitstag noch ertragen konnte, dann vermochte man ihn sicher nicht mehr zu ertragen in einer Zeit, da jede Minute auf das äußerste ausgenützt wird. … die Gesundheit wurde vernichtet und der Glauben an ein höheres Recht zerstört. Endlich kam hierzu noch die jämmerliche Entlohnung einerseits und die demgemäß ersichtlich um so viel bessere Stellung des Arbeitgebers andererseits.«

Das ist Hitler. Nach 348 Seiten *Mein Kampf* ahne ich, warum sein Buch ein Erfolg war. Er erschleicht sich mit Sozialkritik Zustimmung, ergaunert ein Ja, dann auch für die Lügen, die Hetze, den ganzen Dreck.

Der 36-jährige Adolf Hitler schaftstiefelt unbeirrt auf sein Ziel zu: »Der neue Stand war in seiner breiten Masse noch nicht von dem Gifte pazifistischer Schwäche angekränkelt, sondern robust und, wenn nötig, auch brutal.«

Die Kopfzeile ändert Hitler jetzt in »Die Taktik des Judentums«: »Erst benützte er das Bürgertum als Sturmbock gegen die feudale Welt, nun den Arbeiter gegen die bürgerliche. … Das in jedem arischen Menschen irgendwie schlummernde Bedürfnis nach sozialer Gerechtigkeit steigert er in unendlich kluger Weise zum Haß gegen die vom Glücke besser Bedachten und gibt dabei dem Kampfe um die Beseitigung sozialer Schäden ein ganz bestimmtes weltanschauungsmäßiges Gepräge. Er begründet die marxistische Lehre. … So entsteht eine reine Handarbeiterbewegung unter jüdischer Führung, scheinbar darauf ausgehend, die Lage des Arbeiters zu verbessern, in Wahrheit aber die Versklavung und damit die Vernichtung aller nichtjüdischen Völker beabsichtigend. … Entsprechend den Schlußzielen des jüdischen Kampfes … teilt der Jude die Organisation seiner marxistischen Weltlehre in zwei Hälften, die, scheinbar voneinander getrennt, in Wirklichkeit aber ein untrennbares Ganzes bilden: in die politische und die gewerkschaftliche Bewegung. … Tatsächlich zertrümmert der Jude mittels der Gewerkschaften, die ein Segen für die Nation sein könnten, die Grundlagen der nationalen Wirtschaft. … Langsam legt sich die Furcht vor der marxistischen Waffe des Judentums wie ein Alpdruck auf Hirn und Seele der anständigen Menschen. Man beginnt vor dem furchtbaren Feinde zu zittern und ist damit sein endgültiges Opfer geworden.«

Unter Punkt k) wird Hitler richtig widerwärtig: »Der schwarzhaarige Judenjunge lauert stundenlang, satanische Freude in seinem Gesicht, auf das ahnungslose Mädchen, das er mit seinem Blute schändet und damit seinem, des Mädchens Volke raubt. Mit allen Mitteln versucht er die rassischen Grundlagen des zu unterjochenden Volkes zu verderben. … Juden waren es und sind es, die den Neger an den Rhein bringen, immer mit dem gleichen Hintergedanken und klaren Ziele, durch die dadurch zwangsläufig eintretende Bastardierung die ihnen verhaßte weiße Rasse zu zerstören, von ihrer kulturellen und politischen Höhe zu stürzen und selber zu ihrem Herren aufzusteigen. … l) Nun beginnt die große, letzte Revolution. Indem der Jude die politische Macht erringt, wirft er die wenigen Hüllen, die er noch trägt, von sich. Aus dem demokratischen Volksjuden wird der Blutjude und Völkertyrann. … Das furchtbarste Beispiel dieser Art bietet Rußland, wo er an dreißig Millionen Menschen in wahrhaft fanatischer Wildheit teilweise unter unmenschlichen Qualen tötete oder verhungern ließ, um einem Haufen jüdischer Literaten und Börsenbanditen die Herrschaft über ein großes Volk zu sichern.«

Rabbiner Jaron Engelmayer sagt: »Tatsache ist, dass es den jüdischen Bürgern in Russland, im zaristischen Russland, sehr schlecht ging zum Ende des 19. Jahrhunderts. Zu Beginn des 20. Jahrhunderts gab es immer wieder Pogrome, sogar befördert und bestimmt nicht verhindert von der Regierung. Viele Juden haben sich viel erhofft von einer Umwälzung und sie aktiv unterstützt. Trotzki war zum Beispiel eine der bekannten Persönlichkeiten, die an der Oktoberrevolution mitgewirkt und sie sogar angeführt haben: in der Hoffnung auf eine bessere Welt, in der Hoffnung darauf, dass Juden nicht mehr unterdrückt würden.

Dann konnten die Nazis das Schreckgespenst des Kommunismus an die Wand malen und das noch mit einem jüdischen Aspekt verbinden, was eigentlich in keinem zwingenden Zusammenhang stand, sich aber als Feindbild gut nutzen ließ. Das ist ja genau das Werk der Propaganda: Verbindungen herzustellen und so Assoziationen zu wecken, auch auf einer emotionalen Ebene, die sich rational nicht rechtfertigen lassen.«

IX

Um sein Germanotopia zu erreichen, schürt Hitler Ängste. Kein Vergleich ist ihm zu faul, »nach dem Tode des Opfers stirbt auch früher oder später der Vampir«, keine Geschichtsklitterung zu schmierig, »die Niederlagen auf dem Schlachtfeld im August 1918 wären spielend leicht zu ertragen gewesen … nicht sie haben uns gestürzt, sondern gestürzt wurden wir von jener Macht, die diese Niederlagen vorbereitete, indem sie seit vielen Jahrzehnten planmäßig unserem Volke die politischen und morali-

Plakat zum zweiten Wahlgang der Reichspräsidentenwahl im April 1932

schen Instinkte und Kräfte raubte, die allein Völker zu Dasein befähigen und damit auch berechtigen«.

Adolf Hitler verkündet den Untergang und offeriert dann seine Lösung:
»Völker, die sich bastardieren oder bastardieren lassen, sündigen gegen den Willen der ewigen Vorsehung, und ihr durch einen Stärkeren herbeigeführter Untergang ist dann nicht ein Unrecht, das ihnen zugefügt wird, sondern nur die Wiederherstellung des Rechtes. … Alles auf der Erde ist zu bessern. Jede Niederlage kann zum Vater eines späteren Sieges werden. Jeder verlorene Krieg zur Ursache einer späteren Erhebung, jede Not zur Befruchtung menschlicher Energie, und aus jeder Unterdrückung vermögen die Kräfte zu einer neuen seelischen Wiedergeburt zu kommen – solange das Blut rein erhalten bleibt. … Aus dieser inneren Erkenntnis heraus sollten sich für uns die Leitsätze sowie die Tendenz der neuen Bewegung formen …«

Am Ende des Kapitels »Volk und Rasse« schwört Adolf Hitler seine Leser auf den »völkischen Organismus« ein, den er »einen germanischen Staat deutscher Nation« nennt.

Rabbiner Jaron Engelmayer sagt: »Shoah ist ein jüdischer Begriff, aus dem Hebräischen, für die Katastrophe, das ist auch seine Übersetzung: die Katastrophe, welche die Nazis den Juden im Zweiten Weltkrieg angetan haben. Die Ermordung von über sechs Millionen Juden, das wird im Allgemeinen Holocaust genannt. Holocaust ist aber nicht der bevorzugte Begriff aus unserer Sicht. Holocaust bedeutet ›Brandopfer‹. Was die Nazis den Juden angetan haben, war nicht ein Opfer. Niemand war bereit dafür, diese Opfer zu bringen. Sondern es war einfach die grausame Ermordung eines Volkes. Die Katastrophe fügten die Nazis nicht nur dem jüdischen Volk zu, sondern auch vielen anderen Minderheiten. Wir glauben, dass G'tt trotzdem existiert, dass er die Geschicke weiterhin lenkt. Wir wissen, dass das Judentum nicht völlig vernichtet wurde, dass es weiterhin lebt und fortbesteht, dass weiter aufgebaut wird, was zerstört wurde.

Bei uns gibt es ein jüdisches Fest, das nennt sich Chanukka, ein Lichterfest wie Weihnachten. Es dauert acht Tage. Im Dezember. An Chanukka feiern wir die Religionsfreiheit. Vor etwa 2200 Jahren wollten die antiken Griechen das Judentum vernichten. Es kam zu einem jüdischen Aufstand, der gegen jegliches Naturgesetz erfolgreich war: Wenige, die viele besiegten. Ungeübte, die geübte Soldaten und Kämpfer besiegten. Das garantierte den Fortbestand der jüdischen Religion. Das feiern wir bis heute.«

NERODOLF

»Dem Schicksal soll er trotzen kühn,
Dem Tode blind entgegenfliehn,
Nichts fürchten, sinnlos alles wagen,
Nach seinem eitlen Trugbild jagen.«
Macbeth, Hekate

I

»Wie tickt Adolf Hitler?«, fragte ich. Endlich konnte ich diese Frage stellen, und endlich würde sie mir beantwortet werden.

»Er ist ein großes Kind«, sagte Ursula Gasch, die Kriminalpsychologin.

»Das ist alles?«

»Ja, aber das macht ihn gerade so gefährlich, wie übrigens manch anderen Mörder oder Gewaltverbrecher auch«, erwiderte sie unaufgeregt. »Wir haben ja schon festgestellt, dass er sehr narzisstische Wesenszüge hat und eben solche Persönlichkeitsmerkmale aufweist. Er verfügt über keinerlei echte Empathie. Dieses nur auf sich bezogen sein bedeutet, dass er womöglich, was seine Reifung angeht als Mensch, so komisch das jetzt klingen mag, noch auf einem ganz anderen Stand ist, nämlich auf einem kindlichen Ich-will-Stand.«

Ich spürte diese prickelnde Freude, wie beim Memoryspiel, wenn man die Zwillingskarte gefunden hat.

II

Am Tag zuvor war Ursula Gasch nach München gekommen. Sie wohnte im Blauen Bock, das ist nicht nur ein Hotel, sondern auch ein Münchner Traditionswirtshaus. Der Blaue Bock hat eine gute Aura. Ein gewisser Herr Hitler flog dort noch zu Beginn seines Aufstiegs hochkant hinaus.

Nach ihrer Ankunft gingen wir spazieren. Ich zeigte ihr das Hofbräuhaus, Hitlers NSDAP-Gründungstempel, die Feldherrnhalle, vor der der Putsch blutig scheiterte, und das Haus in der Thierschstraße 41, in dem Hitler von 1920 bis 1929 zur Untermiete wohnte.

Adolf Hitler als Kind

Wir aßen gemeinsam zu Abend, sprachen viel, sie verriet jedoch keine Silbe aus ihrem Gutachten. Am nächsten Morgen stand ich pünktlich um acht Uhr fürs Interview bereit. Ich hatte Bilder und Bücher mitgebracht. Damit drapierte ich das Hotelzimmer, in dem nun das Hitlerprofil besprochen werden sollte. Ursula Gasch amüsierte mein Theater, allein ein Bild machte sie nachdenklich: das ausfaltbare Foto der Standartenweihe im Luitpoldhain von 1933, auf dem man wohl mehr als eine Million Hitleranhänger sieht. Sie betrachtete das Foto lange. Dann sagte sie: »Die Masse entzog sich ihm nicht, sie gab ihm die Macht. Das ist ein entscheidender Faktor. Auf dieser Bühne spielte der Narzisst.«

Ich war so wissbegierig und drängte: »Fangen wir bitte an?«

»Ja«, sagte sie, »wir fangen am Anfang an, mit dem

ASSERVAT *MEIN KAMPF*.

Wenn wir von Herrn Hitler reden, reden wir von einer Person, die längst nicht mehr unter uns weilt; alles, was aus der Zeit auffindbar ist oder jedenfalls jetzt mir zugänglich war, erfüllt nicht gerade das, was man sonst als Grundlage hat, um ein Psychogramm von jemandem zu erstellen. Insbesondere wenig Höchstpersönliches. Daher war das für mich ein Stück Cold-Case-Management, wie man in der Kriminalistik zu sagen pflegt.«

»Und das bedeutet?«, fragte ich und übte mich in Geduld, was sich lohnen sollte.

Ursula Gasch sagte: »Cold-Case-Management bezieht sich auf einen Kriminalfall in der Vergangenheit, ein schweres Verbrechen betreffend, das nicht gelöst werden konnte. Da hat man quasi irgendwelche Asservate in einem Archiv, die aber nicht zuzuordnen waren – jedenfalls der Fall konnte nicht gelöst werden. Wenn wir uns insofern mit Hitler beschäftigen, ist natürlich die Frage: ›Gab's Opfer?‹, hinfällig. Wir wissen, dass es Millionen Tote gab. Wir kennen hier sogar den Täter, aber wir haben eigentlich gar kein wirkliches Wissen über die Person des Täters. Deshalb ist es für mich eine spezielle Form von Cold-Case-Management. Adolf Hitler ist nach wie vor nebulös und schillernd aus meiner Sicht. Wir wissen von ihm genau, wer er ist, im Sinne von, er stand dahinter, er hat nicht nur die Ideologie, die zu allem Nachfolgenden führte, gesät, verbreitet und kultiviert, war nicht nur Brandstifter, sondern wirklich im verlängerten Sinne auch der Täter schlichtweg, dennoch bleibt der Mensch Hitler nebulös und schillernd.

Alle Ansätze, die ich finden konnte, sich ihm als Person zu nähern, saßen entweder einem gewissen Zeitgeist auf oder waren an Schulen orientiert. Beispiel: Psychoanalyse. Mir persönlich ist es zu wenig, zu vermuten, er hat einen höchst brutalen Vater gehabt, der ihn stark gezüchtigt hat, und aufgrund der Traumatisierung hat er sich so entwickelt. Es gibt für mich noch wesentlich mehr und auch andere Gründe, weshalb er seinen Werdegang genommen hat.«

»Aber wir haben doch etwas, das einzigartig ist. Wir haben das Buch, sein Buch.«

Ursula Gasch nickte zustimmend: »Ja, das ist eine echte Primärquelle. Das kann man so sagen. Das ist wahrlich ein Manifest. *Mein Kampf* ist auch Programm, das später umgesetzt wurde, das kann man nicht anders sehen, wenn man es gelesen hat. Daraus ergibt sich, was seine Person angeht, eine bestimmte Eigendarstellung, die interessant ist: Seine Selbstdarstellung in seinem Manifest, er führt uns als Leser an seine Ideologie heran und hindurch. Von daher ist diese Primärquelle wertvoll, da es nichts Näheres gibt von ihm. Wir kennen Fotografien von ihm, zig Bilder. Diese netten Klebebildchen, die man da in manchen Büchern auffindet; sie zeigen ihn in diversen Rollen, wie er ja überhaupt in der Lage war, viele Rollen einzunehmen. Aber eine bleibt einfach prädominant: die des Führers in jeder Lebenslage.

Privatissime gibt es eigentlich bei ihm nichts, also etwas, was ihn näher zeigt. Selbst wenn er lächelnd einem Kind gegenübersteht, habe ich den Eindruck, dass er eine Mordsrolle spielt. Aber dieses Werk *Mein Kampf,* da haben wir etwas, das hat er formuliert, womöglich nicht so ganz allein. Ich habe an manchen Stellen das Gefühl, dass er sich da bedient bei anderen Schriftstellern; er war ja sehr belesen, er hat seine Zeit genutzt. Seine Bildgewalt und seine Superlative im Buch nutzt er, um seine Idee zu verdeutlichen und um sich einen Nimbus aufzubauen, eine Aura als Retter des Volkes, als Auserwählter.«

»Das heißt, nix Genaues weiß man nicht?«, fragte ich.

»Sei halt nicht so ungeduldig oder musst du weg?«

»Nein, natürlich nicht.«

»Als Gerichtsgutachterin komme ich ja immer erst dazu, wenn die Tat schon war«, erklärte Ursula Gasch. »Und das birgt natürlich ein Problem:

SEINE UNBARMHERZIGKEIT.

Bei Anders Behring Breivik [Anm.: Breivik tötete im Jahr 2011 in Norwegen 77 Menschen, die meisten davon in einem Jugend-Ferienlager auf der Insel Utøya] war es das Gleiche. Der hatte sich auch mit einem ideologischen Manifest verewigt. Das war auch so ein Fall.

Wenn man *Mein Kampf* liest, denkt man schon: Nein, das kann gar nicht sein, dass dem eine Masse folgen konnte. Man will es vielleicht auch gar nicht wahrhaben. Aber die Geschichte wiederholt sich regelmäßig, und es wird immer einen geben, der mit seinen Ideen auf die richtigen Menschen trifft, wenn er zur richtigen Zeit am richtigen Ort ist.

Mir ist sofort aufgefallen, dass er sehr gut in der Lage ist, Empfundenes und Wahrgenommenes darzustellen, sodass es sich mit der Wahrnehmung von zig Millionen Menschen aus seiner Zeit deckt. Streckenweise ist es sogar sehr aktuell, was seine Kapitalismuskritik betrifft, die Darstellung der Armut und Chancenlosigkeit, aber!, seine Schlussfolgerungen sind vollkommen kriegerisch und ohne Rücksicht, ohne Ausnahme. Diese Unbarmherzigkeit, diese Kompromisslosigkeit, nicht nach links und rechts schauend, sein: das muss in die Richtung gehen, um das zu erreichen, was ich mir denke, um mein Ziel zu erreichen, dafür nehme ich alles in Kauf, definiert ihn,

ALSO DIE GRANDIOSE EIGENINSZENIERUNG.

Insbesondere spricht er monumental und bildgewaltig. Grandios drückt er sich aus. Immer noch besser, immer noch größer, immer das Ziel verfolgend, hartnäckig, diszipliniert. Tugenden, seiner Meinung nach und der vieler Deutscher damals, tatsächlich aber platte Eigeninszenierung.«

Ich fragte: »Konntest du die Wirkungsgeschichte des Buches ausblenden? Mir fiel das meist sehr schwer.«

Ursula Gasch: »Berufsbedingt anders als du; ich saß dann mit Leuchtstift und Kuli und habe das analysierend gelesen. Aber es hat natürlich auch Wirkung auf mich gehabt. Ich hatte dann die Bilder im Kopf von den Aufmärschen von Millionen, von Massen im wahrsten Sinne des Wortes ihren Führer anbetend, wie eine riesige Sektengemeinschaft. *Mein Kampf* ist aber kein Science-Fiction-Roman, sondern wirkt manchmal wie ein Roman vom Werdegang eines Verzweifelten, eines gefährlich in die Irre Geleitenden.«

III

Wir machten eine kurze Zigarettenpause. Dann erklärte Ursula Gasch: »Das Buch ist eine Primärquelle und noch mehr, gleichsam der Samen, der gesät wurde. Dieses Buch ging durch die ganze Bevölkerung. Es hat einen Weg bereitet. Es wurde in einer bestimmten Zeit geschrieben, das ist bei dieser Art von Menschen immer ähnlich, nämlich in Festungshaft, also in einer Zeit der Kasernierung, in einer Zeit, wo er in seiner Mobilität eingeschränkt war, wo er nur die Möglichkeit hatte, sich geistig zu bewegen. Das hat er getan. Er hat losgelegt. Die Bedeutung von Propaganda hatte er ja zutiefst verinnerlicht. Du schaust mich so fragend an?«

»Was ist Hitler?«

»Er ist ein:

MEISTER IM SPURENVERWISCHEN,

ein Selbstdarsteller. Damit trägt das Buch eine spezielle Färbung, seine. Es gibt, was seinen Werdegang angeht, jede Menge Spekulationen, wenig Gesichertes. Ich kann daher nur anhand der wenigen Dinge, die bekannt sind, gewisse Schlüsse ziehen. Im Übrigen, so weiß man heute, hat er selber schon in den 1930er-Jahren alles vernichten lassen, was Rückschlüsse auf seine Vergangenheit zugelassen hätte. Er war ein Meister darin, Spuren zu verwischen, das muss man ihm lassen. Also: Eine These besagt, dass sein Vater ein sehr gewalttätiger Mann war, der ihn jeden Tag geschlagen haben soll. Angeblich hätte das ein Halbbruder von Adolf Hitler auch berichtet. Wie gesagt, alles vom Hörensagen. Wenn ich mir jetzt aber die Quelle Alice Miller [Anm.: Autorin und Psychologin] anschaue, die sagt, weil er es so kennenlernte, hat sich die Gewalttätigkeit bei ihm, in seiner Person, dann fortgesetzt, möchte ich dazu anmerken: Zum einen widerspricht sich Alice Miller, indem sie selbst zugibt, sie habe keine gesicherten Erkenntnisse, sie gehe vom Ergebnis aus, weil Hitler so agierte, wie er eben agierte, deshalb müsste er diese Vergangenheit gehabt haben. Das ist ein unzulässiger Zirkelschluss, der für mich diese These ad absurdum führt. Zum anderen existiert da noch ein kriminologischer Aspekt: Eine Zeit lang herrschte die These vor, jeder, der Gewalt erfahren hat als Kind oder in der Jugend, muss fast notwendigerweise selbst mit dem Gesetz in Konflikt geraten. Tja. Weißt du, was das bedeuten würde? Wir müssten uns wirklich sehr in Acht nehmen, denn keiner von uns könnte mehr über die Straße gehen, ohne dass ihm etwas auf den Schädel geschlagen würde. So zu vereinfachen ist Blödsinn. Zusammengefasst will ich der Kausalität, Adolf Hitler habe einen äußerst gewalttätigen Vater gehabt, der ihn ständig geprügelt habe, und deshalb sei er so geworden, nicht folgen. Selbst wenn dem so gewesen wäre, wäre es für mich als Kriminalpsychologin kein hinreichender Grund, darauf zu schließen: Er wird zum Massenmörder. Sondern es ist etwas anderes, das mich bewegt,

SEINE FÜRSORGLICHE MUTTER.

Porträt von Klara Hitler, nachträglich koloriert.
Sie vergötterte ihren Sohn bedingungslos.

Das geht übrigens auch aus seinem Buch hervor; ich habe Stellen gefunden, die mir das eher belegen, dass er eine sehr fürsorgliche Mutter gehabt hat. Von sechs Kindern überlebten ja nur zwei, Adolf und seine etwa sieben Jahre jüngere Schwester Paula. Adolf war wohl wirklich das Ein und Alles seiner Mutter Klara. Er war gewünscht, geliebt und wurde auch von ihr sehr verhätschelt. Sie hat ihm die Wünsche von den Augen abgelesen. Hitlers Vita ist aber nicht nur davon geprägt: Er ist an allem gescheitert, was eine intellektuelle Anstrengung vorausgesetzt hat. Schule. Akademie. Dass er daraus eine große Abneigung gegen alles Intellektuelle entwickelte, ist ganz menschlich. Was ja deutlich auch aus der Genese seines Buches *Mein Kampf* hervorgeht. Sein Vater verstarb früh. Hitler schreibt: Mit dem 13. Lebensjahr verlor er den Vater. Der Vater hätte ja gern den Sohn in seinen Fußstapfen gesehen. Staatsbeamter, das wollte er auch für seinen Sohn Adolf.

Alois Hitler verstarb schon so früh, deshalb denke ich nicht, dass er dann noch maßgeblich für die berufliche Sozialisation seines Sohnes eine Rolle gespielt hat. Vier Jahre später stirbt die Mutter. Hitler hat bis dahin keine Notwendigkeit gesehen oder erfahren, für sich selbst zu sorgen, wenn überhaupt nur in Ansätzen. Das spricht für mich dafür, dass er vorher ziemlich gut behütet war. Da war kein Nachdruck, in der Schule Leistungen zu erbringen, um sich für Weiteres, Höheres zu qualifizieren, eine Notwendigkeit, die ihm bekannt gewesen sein dürfte.«

Ich sagte: »Er schreibt doch vom jungen Rebell, der lieber malen als lernen wollte.«

Ursula Gasch verneinte mit energischem Kopfschütteln. »Ich halte das eher für eine Schutzbehauptung. Es gibt eine andere, viel prägendere Konstante in Hitlers Jugend:

MUTTI GIBT UND ER KRIEGT.

Die Mutter hat ihn verhätschelt, und zwar durchweg. Er hat nicht gelernt, dass das Leben ein Geben und Nehmen ist. Alles, was unsere Persönlichkeitsstruktur in den ersten Jahren sehr prägt, hat er nicht gelernt. Er hat erfahren und verinnerlicht: Mutti gibt und er kriegt. Sie liest ihm an den Augen schon die Wünsche ab, bevor er sie überhaupt äußern kann und muss. Ihr Krebstod ist für ihn ein ziemlich hartes Ankommen in der Realität. Er realisiert, dass die Welt anders funktioniert, dass da niemand mehr da ist, der ihm die Wünsche erfüllt, sondern dass er nur einer von vielen ist, die ums Überleben kämpfen müssen. Das kennt er nicht. Ich denke, dass das für ihn eine zutiefst erschreckende Erfahrung darstellt. Zum anderen hat er durchs Verzärteln schon eine Persönlichkeitsstruktur entwickelt, die man durchaus als narzisstisch bezeichnen kann.«

Ursula Gasch stand unvermittelt auf und ging zum Riesenfoto mit den Millionen Hitleranbetern vorm Reichstag 1933. Sie studierte es, kroch geradezu hinein und sagte mehr zu sich: »Wie viel Macht die Masse ihm gegeben hat, seine Bühne, seine Verehrer, seine Show …«

Dann meinte sie trocken: »So. Jetzt geht's los,

SCHLAG AUF SCHLAG.

Adolf Hitler, als Kind ein kleiner König. Die Mutter? Bedingungslos verfügbar. Die Mutter stirbt plötzlich. Sein Primärbezugsobjekt, das ihn genährt hat mit allem, was für ihn wichtig war, ist tot. Das Kind, der Jugendliche, aber ist durchdrungen von seinem Willen, seiner sozusagen gottgegebenen Anspruchshaltung. Jähzorn, wenn er nicht das kriegen kann, was er will. Manipulation, um das Bedürfnis nach größter Aufmerksamkeit, nach tiefster Zuwendung, nach bedingungsloser Verfügbarkeit zu bekommen.«

»Was passierte nach dem Tod der Mutter, als er all das nicht mehr bekommen konnte?«, fragte ich.

Ursula Gasch zählte auf: »Entsetzen, Zorn, Wut und zunächst mal Orientierungslosigkeit. Er ist herumgetingelt, hat versucht, sich mit seinen Zeichnungen über Wasser zu halten. Hat in der Zeit heftige Erfahrungen gemacht, wie es sich eben lebt, wenn man mittellos ist, hat viel gesehen, womöglich auch am eigenen Leib erlebt.«

»Das reicht, die Welt in Brand zu setzen?«, wollte ich wissen.

Ursula Gasch bestätigte und fügte hinzu: »Ich habe Erfahrungen mit Menschen, ob ich jetzt Glaubwürdigkeitsgutachten schreibe oder Schuldfähigkeitsgutachten, ob das jetzt täterbetreffend oder opferbetreffend ist, deren Persönlichkeitsstruktur von der Norm abweicht. Ich habe es dabei überzufällig häufig mit Menschen zu tun, die entweder antisoziale Persönlichkeiten sind oder auch eine narzisstische Persönlichkeitstendenz oder gar Störung haben; und ich muss sagen, wenn ich mir Hitler so angucke, quellentechnisch, und wenn ich sein Buch lese, dann springt mir da ein absolut narzisstisches Wesen entgegen. Im Buch schreibt er vom aristokratischen Grundgedanken der Natur: Indem das parlamentarische Prinzip der Majoritätsbestimmung die Autorität der Person ablehnt und an deren Stelle die Zahl des jeweiligen Haufens setzt, sündigt es wider den aristokratischen Grundgedanken der Natur. Im Grunde beschreibt er da seinen Narzissmus. Die Autorität der Person, damit meint er sich. Er ist die Person. Er ist der Führer. Es kann gar nicht sein, dass irgend so eine dahergelaufene demokratische Geschichte, Wahlen und so was, sich über den einzelnen, führenden Kopf einer Bewegung hinwegsetzt. Das sieht er als aristokratischen Grundgedanken der Natur, das heißt, er fühlt sich nicht etwa qua Gott berufen, sondern qua Natur.«

»Die Natur, Mutter Natur«, fiel mir dazu ein.

Und Ursula Gasch feixte: »Jaja, die Mutter, die darf …«

»Du lachst, du meinst das ironisch?«

»Nein. Das ist nur so grotesk, dass ich einfach lachen muss.«

IV

Ich fragte: »Darf man das überhaupt tun, was wir tun? Ist es sinnvoll? Hitler war ein Diktator, ein Tyrann, ein Verbrecher. Ist doch völlig egal, warum? Zählen Worte oder Taten?«

Ich kassierte einen verständnislosen Blick und eine scharfe Antwort: »Hör auf, in Zweifeln zu baden. Da kommst du jetzt mal raus, und dann machen wir weiter.«

Die Kriminologin fuhr fort: »Wir sollten jetzt mal unmissverständlich klären, was Narzissmus bedeutet, im klinisch-psychologischen Sinn. Ich halte mich da ganz eng an die Definition der Weltgesundheitsorganisation im Jahr 2015. Wir reden hier von Eigenschaften, die unflexibel sind, unangepasst und überdauernd. Wir haben es zu tun mit einem tief greifenden Muster von Großartigkeit in Fantasie und/oder Verhalten, dem Bedürfnis nach Bewunderung und gleichsam dem Mangel an Empathie. Der Beginn dieses Krankheitsbildes liegt im frühen Erwachsenenalter und zeigt sich dann auch in verschiedenen Situationen über alle Lebensbereiche hinweg. Die Grundlagen werden schon in der Kindheit gesät. So, wie ich es vorhin gesagt habe. Das

GRANDIOSE GEFÜHL
DER EIGENEN WICHTIGKEIT

herrscht vor. Da werden eigene Leistungen und Talente übertrieben, und es wird auch erwartet, ohne entsprechende Leistung zu erbringen, als überlegen anerkannt zu werden. Jemand, der ganz eingenommen ist von seiner eigenen Macht, seinem Glanz, seiner Schönheit oder einem Ideal. Hier meint oder spricht die Weltgesundheitsorganisation vom Begriff der ›idealen Liebe‹, ich würde ergänzen wollen: Da kann es auch um eine ›Ideologie‹ gehen. Adolf Hitler war schwer verliebt in seine eigene Ideologie, war sozusagen besessen von seiner Führerfantasie, davon: Als Messias haue ich das deutsche Volk raus.

Widersprecher und Institutionen sind unter seiner Würde. Sein Verlangen nach übermäßiger Bewunderung: Wer mich nicht bewundert – weg. Sein Anspruchsdenken, seine übertriebene Erwartungshaltung betreffend einer bevorzugten Behandlung. In zwischenmenschlichen Beziehungen ist so ein Mensch ausbeuterisch. Das sind also nicht emotionale Bande, die er knüpft, sondern aufgesetzte Verhaltensmuster, rein utilitaristisch. Sein Mangel an Empathie, nicht willens sein, die Gefühle und Bedürfnisse anderer anzuerkennen. Punkt.«

»Das Echolot seiner Psyche?«

»Ja. Es geht noch weiter. Ein weiteres Merkmal einer narzisstischen Persönlichkeit ist Neid. Der Narzisst ist häufig neidisch auf andere oder glaubt, dass andere auf ihn neidisch sind. Charakteristisch sind auch eine arrogante Verhaltensweise oder überhebliche Haltungen. Bei Hitler im Speziellen sind mir dieses Großartigkeitsmerkmal, das Überdauernde, das Ausbeuterische aufgefallen. Freundschaft kennt er nicht wirklich: im Sinne von füreinander da sein. Er wird gefürchtet, bewundert. Jeden seiner sogenannten Treuen der ersten Stunde hätte er hinrichten lassen, ohne mit der Wimper zu zucken, wenn sie sich gegen ihn erhoben hätten. Es gibt also durchaus andere Erklärungen zu all dem, was so en vogue ist an Hitlerdeutungen.«

»Es schlägt zwölf. Banalität von Alltag und Geschichte.«

»Es ist nicht banal, es ist erschreckend. Sein Charakter war sittlich-moralisch eben nicht gereift«, sagte Ursula Gasch.

»Was meinst du mit sittlich-moralisch?«

»Der Gegenbegriff wäre verwerflich. Ich habe den Begriff als aus der Rechtsgeschichte und aus der Entwicklungspsychologie stammend im Kopf. Wenn wir uns die Reifung eines Menschen ansehen, dann ist sie in den Kinderjahren bis zum Einsetzen der Pubertät mit etwa elf, zwölf Jahren geprägt von einem: Ich will. Und zwar, koste es, was es wolle. Das Kind kann auch nur wollen, es hat gar keine anderen Voraussetzungen, weder kognitiv noch gehirnanatomisch. Mit der Pubertät beginnen langsam die Hirnstrukturen heranzureifen, vornehmlich das Frontalhirn, sie steuern, dass wir risikobewusst, vorausschauend, moralisch, also im Rahmen gewisser Gesetze oder Verhaltensnormen, mit uns selbst und mit anderen Menschen umgehen sollen. Was wir lernen, was uns von unseren Eltern gezeigt wird und von anderen sogenannten Sozialisationsinstanzen, verinnerlichen wir. Das kommt aber erst später. Auch das beeinflusst unsere Gehirnstrukturen, und zwar bis wir etwa 20 Jahre alt sind. Die Pubertät geht also nicht bis 18, sondern bis 20. Ausdruck findet das Ganze in unseren deutschen Gesetzen, Beispiel: Schuldfähigkeit. Ich prüfe immer bei jemandem, der schon 18, aber noch keine 21 ist, ob der von seiner Reifung den Stand eines Erwachsenen oder den eines Jugendlichen hat. Der Begriff der Reife, der hier noch im Gesetz verankert ist, hat ganz viel mit der Ausformung der Moral zu tun, also mit dem, was ich zuvor beschrieb. Moralisch zu sein hat auch etwas mit Empathie zu tun und wie ich sie umsetze. Das heißt, all diese Dinge müssen mit gereift sein in der Zeit der Pubertät, um mich moralisch verhalten zu können. Darauf folgt: Ein Kind kann im Grunde gar nicht moralisch sein.«

»Was bedeutet das jetzt auf ihn bezogen?«, fragte ich.

Ursula Gaschs Antwort: »Er ist ein großes Kind.«

»Das ist alles?«

»Ja. Aber das macht ihn gerade so gefährlich, im Übrigen wie manch anderen Mörder oder Gewaltverbrecher auch. Wir haben ja schon festgestellt, dass er sehr narzisstische Wesenszüge hat und ebensolche Persönlichkeitsmerkmale aufweist. Er verfügt über keinerlei echte Empathie. Dieses nur auf sich bezogen sein bedeutet, dass er womöglich, was seine Reifung angeht als Mensch, so komisch das jetzt klingen mag, auf einem ganz anderen Stand noch ist, nämlich auf einem kindlichen Ich-will-Stand.«

»Jetzt werden alle aufschreien: Was für ein fauler Zauber! Hitler, das große, ungezogene Kind hat mit der ganzen Welt gezündelt …«, sagte ich.

»Nein, natürlich nicht«, wies Ursula Gasch meine Bedenken zurück: »Wir dürfen ihn nicht – sonst machen wir den alten Fehler – wieder nur eindimensional betrachten. Wir müssen Hitler ganzheitlich betrachten. Ganzheitlich bedeutet eben, dass ihm außer seinen Fähigkeiten, die er tatsächlich hatte, jener Entwicklungsprozess fehlte, der notwendig gewesen wäre, es in die richtige Richtung zu leiten. Er hat sich nur mit seiner Ideologie, seinem Lieblingskind, in eine Richtung bewegt: rücksichtslos über Leichen zu gehen.«

»Und seine ›Talente‹ waren?«

»Er war ein brillanter Redner. Er konnte sein Gegenüber gut einschätzen, er hätte von daher sogar die Grundlage für Empathie gehabt. Er war aber nicht in der Lage, empathisch, sittlich-moralisch zu handeln.«

V

»Er ist nur ein Mensch«, fasste ich zusammen. Ihr Psychogramm Hitlers wirkte in mir nach und suchte eindeutige, klare Feindbilder, zweifelsfreie Deutungen von Gut und Böse, die Ursula Gasch jedoch vehement vermeiden wollte.

»Ja, nur ein Mensch«, bestätigte sie. »Du brauchst auch so deine zementierten Feindbilder?«

»Wie meinst du das?«

»Du weißt, was ich meine, wenn du immer sagst: ›Er ist böse, abgrundtief böse.‹ Deine Kategorisierung ist dein Wunsch nach Schublade«, meinte Ursula Gasch und lächelte. »Er war nur ein Mensch, Adolf Hitler. Er war zu keiner Zeit ein Übermensch, zu keiner Zeit hatte er etwas Mystisches an sich, ihm wuchsen keine Hörner auf der Stirn, er war auch nicht das personifizierte Böse.

Adolf Hitler 1927, aus einer Serie seines Leibfotografen
Heinrich Hoffmann, München

Ein Mensch hat verschiedene Möglichkeiten, sich zu verhalten, das Ergebnis seines Handelns ist dann gut oder böse. Ganz grundsätzlich muss ich klarstellen: Gut und böse sind nicht meine Kategorien. Ich bin keine Theologin. Ich bin Kriminalpsychologin. Ich würdige Verhalten nach objektiven Kriterien oder klinisch-psychologischen.«

VI

»Der Mensch ist nicht so gut, wie er gerne glaubt«, stellte Dr. Ursula Gasch, die Kriminologin aus Tübingen, abschließend fest.

Ich wollte aber noch etwas wissen. Ich war fast am Ende meiner Expedition durch *Mein Kampf* angekommen, hatte den Inhalt intus und eine für mich essenzielle Frage im Kopf: »Wie konnte aus dem Volk der Dichter und Denker die Rasse der Richter und Henker werden? Das ist für mich ein großes

ECHO DER EPOCHE,

ein Scharfziehen von Ursache und Wirkung.«

Ursula Gasch musste nicht lange nachdenken. Sie war vorbereitet und sagte: »Was heißt hier Dichter und Denker? Das sehen wir ein bissel zu romantisch. Es bedurfte einer bestimmten Zeit mit einer energischen Stimmung. In den 1920er-Jahren herrschte eine Aufbruchsstimmung, Altes und Neues kollidierten mit unglaublicher Wucht: Ein Culture Clash fand statt. Zusammengefasst – es regierte das maximale Chaos. Eigentlich eine Zeit, in der es um den nächsten Quantensprung der Menschheit hätte gehen können. Und den es ja auch gegeben hat. Nur andersherum. Nicht nach vorne, sondern zurück.

Der Mensch neigt dazu, diese maximal gute Zeit für einen Aufbruch nach vorne nicht zu nutzen, sondern er pervertiert die Möglichkeit, er macht wieder dicht. Er macht den Käfig zu.

Wenn ich einen Vogel nehme, der im Käfig aufgewachsen ist, und öffne ihm die Tür, dann muss ich die Erfahrung machen, dass er sich erst nicht raus traut, oder aber, er traut sich raus, flattert ein bissel unbeholfen herum und fliegt nach ein paar Schlückchen Freiheit schnell wieder in den Käfig zurück. Das ist ein Phänomen, das trifft ebenso auf Menschen zu wie auf Gemeinschaften oder auf Völker. Man stelle sich mal jetzt die breite Masse des Volkes damals vor: die Schrecken des Ersten Weltkrieges, Not, Armut, Arbeitslosigkeit, Ausweglosigkeit, Schwarzer Freitag 1929, kein Ende in Sicht. Ich meine das nicht zynisch, sondern ehrlich: Das Vögelchen hatte Angst und kehrte in den Käfig zurück. Einen sicheren und komfortablen Käfig versprachen ja Hitler und seine Bewegung.«

»Im Käfig tanzten sie den Adolf Hitler bis zum bitteren Schluss?«, fragte ich.

Ursula Gasch antwortete: »Ja. Und nun muss ich zurückfahren, mich für eine Verhandlung vorbereiten; ich bin als forensische Glaubwürdigkeitsgutachterin fürs Gericht bestellt worden.«

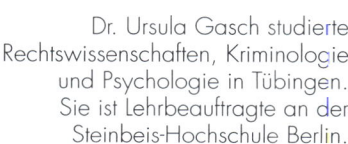

Dr. Ursula Gasch studierte
Rechtswissenschaften, Kriminologie
und Psychologie in Tübingen.
Sie ist Lehrbeauftragte an der
Steinbeis-Hochschule Berlin.

ILSEBILL SALZTE NACH

»In meiner Brust wohnt ein bezaubert Leben,
Das keinem weichet, den ein Weib gebar.«

»Nun, so verzweifle denn an deinem Zauber
Und lass den Teufel dir, dem du von je
Gedient, kund tun, dass Macduff vor der Zeit
Aus seiner Mutter Leib geschnitten ist.«
Macbeth, Macduff

I

Mein Kampf vor mir auf dem Schreibtisch. Meine Lese-Expedition erreicht das letzte Kapitel. Seite 363 ff., Kopfzeile: »Die Erste Entwicklungszeit der Nationalsozialistischen Deutschen Arbeiterpartei«.

Hitler gefällt sich in der Rolle des Erfüllers und findet die Worte, die seiner Meinung nach viele andere ersehnen:
»Daß aber Millionen im Herzen den Wunsch nach einer grundsätzlichen Änderung der heute gegebenen Verhältnisse tragen, beweist die tiefe Unzufriedenheit, unter der sie leiden. Sie äußert sich in tausendfachen Erscheinungsformen, bei dem einen

in Verzagtheit und Hoffnungslosigkeit, beim anderen in Widerwillen, in Zorn und Empörung, bei diesem in Gleichgültigkeit und bei jenem wieder in wütendem Überschwange. Als Zeugen für diese innere Unzufriedenheit dürfen ebenso die Wahlmüden gelten, wie auch die vielen, zum fanatischen Extrem der linken Seite sich Neigenden.«

Ich erkenne hier eine gewisse Aktualität, will die aber nicht weiter ausführen. Wer sehen will, wird sehen; wer erkennen will, wird erkennen. Den anderen ist nicht zu helfen.

Hitler schreibt weiter:
»Und an diese sollte sich auch die junge Bewegung in erster Linie wenden. Sie soll nicht eine Organisation der Zufriedenen, Satten bilden, sondern sie soll die Leidgequälten und Friedlosen, die Unglücklichen und Unzufriedenen zusammenfassen, und sie soll vor allem nicht auf der Oberfläche des Volkskörpers schwimmen, sondern im Grunde desselben wurzeln.«

Adolf Hitler, geprägt vom Immer-mehr-haben-Wollen, wiederholt sich auf den folgenden Seiten. Deshalb hier beispielhaft ein paar Bilder seines fortwährenden Größenwahns:
»Mit einem einzigen furchtbaren Hieb wird diese kurz zuvor noch regierende Klasse zu Boden gestreckt … erträgt in zitternder Feigheit jede Demütigung … des rücksichtslosen Siegers«.
Dann noch dies: »Die beste Waffe ist totes, wertloses Material, solange der Geist fehlt, der bereit, gewillt und entschlossen ist, die zu führen. Deutschland wurde wehrlos, nicht weil Waffen mangelten, sondern weil der Wille fehlte, die Waffe für die völkische Forterhaltung zu wahren.«
Kurz darauf umschmeichelt Adolf Hitler die Hinterbliebenen, die ihre Söhne hergaben oder hergeben mussten: »Die junge deutsche Intelligenz, die in den Kriegsfreiwilligenregimentern

im Herbst 1914 in der flandrischen Ebene den Tod fand, fehlte später bitter.«

Nur wenige Sätze später erklärt er der bürgerlichen Mitte und dem Kapital, wie er die Masse zu gewinnen denkt: »Unüberwindbar hingegen erscheinen die Millionen, die aus politischer Überzeugung der nationalen Erhebung entgegentreten – unüberwindbar solange als nicht die Ursache ihrer Gegnerschaft, die internationale marxistische Weltanschauung, bekämpft und ihnen aus Herz und Hirn gerissen wird.«

II

Unter der Kopfzeile »Die Nationalisierung der Massen« emsigt Adolf Hitler sein Unheil zusammen, in 14 programmatischen Zielen der Braunen Bewegung. Er schreibt:

»So waren wir uns bereits im Jahre 1919 darüber klar, daß die neue Bewegung als oberstes Ziel zunächst die Nationalisierung der Massen durchführen muß. Daraus ergab sich in tatsächlicher Hinsicht eine Reihe von Forderungen. 1. Um die Masse der nationalen Erhebung zu gewinnen, ist kein soziales Opfer zu schwer. ... 2. Die nationale Erziehung der breiten Masse kann nur über den Umweg einer sozialen Hebung stattfinden, da ausschließlich durch sie jene allgemein wirtschaftlichen Voraussetzungen geschaffen werden, die dem einzelnen gestatten, auch an den kulturellen Gütern der Nation teilzunehmen. 3. Die Nationalisierung der breiten Masse kann niemals erfolgen durch Halbheiten, durch schwaches Betonen eines sogenannten Objektivitätsstandpunktes, sondern durch rücksichtslose und fanatisch einseitige Einstellung auf das nun einmal zu erstrebende Ziel.« Dann kommt er zu seiner emotionalen Strategie: »Der Glaube ist schwerer zu erschüttern als das Wissen, Liebe unterliegt weniger dem Wechsel als Achtung, Haß ist dauerhafter als Abneigung ...«

Seine Worte sind einschwörend. Er schreibt: »4. Die Gewinnung der Seele des Volkes kann nur gelingen, wenn man neben der Führung des positiven Kampfes für die eigenen Ziele den Gegner dieser Ziele vernichtet. 5. Alle großen Fragen der Zeit sind Fragen des Augenblicks und stellen nur Folgeerscheinungen bestimmter Ursachen dar. ... 6. Die Eingliederung der heute im internationalen Lager stehenden breiten Masse unseres Volkes in eine nationale Volksgemeinschaft bedeutet keinen Verzicht auf die Vertretung berechtigter Standesinteressen. ... Endlich aber ist es nicht das Ziel, eine Umschichtung im an sich nationalen Lager vorzunehmen, sondern ein Gewinnen des antinationalen. ... 7. Diese einseitige, aber dadurch klare Stellungnahme hat sich auch in der Propaganda der Bewegung auszudrücken. ... 8. Das Ziel einer politischen Reformbewegung wird nie erreicht werden durch Aufklärungsarbeit oder durch Beeinflussung herrschender Gewalten, sondern nur durch die Erinnerung der politischen Macht. ... Der Erfolg ist der einzige irdische Richter über das Recht oder Unrecht eines solchen Beginnens. ... 9. Die junge Bewegung ist ihrem Wesen und ihrer inneren Organisation nach antiparlamentarisch, d.h. sie lehnt im allgemeinen wie in ihrem eigenen inneren Aufbau ein Prinzip der Majoritätsbestimmung ab, in dem der Führer nur zum Vollstrecker des Willens und der Meinung anderer degradiert wird. ... 10. Die Bewegung lehnt jede Stellungnahme zu Fragen, die entweder außerhalb des Rahmens ihrer politischen Arbeit liegen oder für sie als nicht von grundsätzlicher Bedeutung belanglos sind, entschieden ab. ... Sie sieht in beiden religiösen Bekenntnissen gleich wertvolle Stützen für den Bestand unseres Volkes ... 11. Die Frage der inneren Organisation der Bewegung ist eine solche der Zweckmäßigkeit und nicht des Prinzips. ...«

Hitler beschreibt dann die Kaderschulung seiner Bewegung, die er zunächst auf München konzentrieren will. Von München aus soll die Idee über die üblichen politischen Organisationsstrukturen in Deutschland publik gemacht werden und Fuß fassen. Hitler weiter: »12. Die Zukunft einer Bewegung wird bedingt durch den Fanatismus, ja die Unduldsamkeit, mit der ihre Anhänger sie als die allein richtige vertreten und anderen Gebilden ähnlicher Art gegenüber durchsetzen. ... 13. Die Bewegung hat grundsätzlich ihre Mitglieder so zu erziehen, daß sie im Kampfe nicht etwas lässig Auferzogenes, sondern das selbst Erlebte erblicken. Sie haben die Feindschaft der Gegner mithin nicht zu fürchten, sondern als Voraussetzung zur eigenen Daseinsberechtigung zu empfinden. ... Wenn diese Grundsätze in Fleisch und Blut unserer Anhänger übergehen, wird die Bewegung unerschütterlich und unbesiegbar werden«, proklamiert Adolf Hitler seinen Kreuzzug mit keinen neuen politischen Ideen, sondern nur mit altbekanntem Hass. Zum Schluss seiner Aufzählung: »14. Die Bewegung hat die Achtung vor der Person mit allen Mitteln zu fördern; hat nie zu vergessen, daß im persönlichen Wert der Wert alles Menschlichen liegt, daß jede Idee und jede Leistung das Ergebnis der schöpferischen Kraft eines Menschen ist, und daß die Bewunderung vor der Größe nicht nur einen Dankeszoll an diese darstellt, sondern auch ein einigendes Band um die Dankenden schlingt.«

Diese 14 Punkte zeigen für mich deutlich, wie er und seine Bewegung tickten und dass die Mechanismen des Terrors immer gleich funktionieren.

III

Unter der Kopfzeile »Die Gefahr der Nichtbeachtung der Bewegung« zetert das gierige Kind Adolf Hitler:
»In der ersten Zeit des Werdens unserer Bewegung hatten wir unter nichts so sehr zu leiden wie unter der Bedeutungslosigkeit, dem Nichtbekanntsein unserer Namen und dem dadurch allein

schon in Frage gestellten Erfolg. … Hätte man uns damals ange-
griffen, ja, hätte man uns auch nur verlacht, wie wären glücklich
gewesen … Denn das Niederdrückende lag nur in der vollstän-
digen Nichtbeachtung, die wir damals fanden, und unter der ich
am meisten damals litt.«

Dann lässt er seine Leser an seinen Erfahrungen aus der An-
fangszeit der Deutschen Arbeiterpartei teilhaben. Auf Seite 390,
unter der Kopfzeile »Die erste Versammlung«, schreibt er:
»Nach dreißig Minuten waren die Menschen in dem kleinen
Raum elektrisiert …«

Hitlers rhetorisches »Erweckungserlebnis« fand damals im Hof-
bräuhauskeller statt, nicht mit dem Hofbräuhaus-Festsaal zu
verwechseln, wie er selbst schreibt. Dann folgen Slogans, die
keiner braucht, wie: »Unmöglich ist gar nichts, und es geht alles,
wenn man will«, oder »Terror bricht man nicht durch Geist,
sondern durch Terror«.

Kapitel »Allgemeine Stimmungsbilder aus der SA«, Bildband *SA – Illustrierter Beobachter.*
Original-Kommentar zum Foto: »Adolf Hitler im Kreise seiner SA-Kameraden«

Was Adolf Hitler wenig später als Vorwurf »all der Jammer-
lappen« geiselt, erscheint mir als eine treffende Charakterisie-
rung der Bewegung: die rohe Anbetung des Gummiknüppels.

Dann kommt Hitler zur Gründungsversammlung. Am 24. Februar 1920 proklamiert Hitler im Münchner Hofbräuhaus seine
Nationalsozialistische Deutsche Arbeiterpartei, die NSDAP. Er

Illustration aus dem Sammelbilderalbum *Deutschland erwacht*,
Cigaretten-Bilderdienst Hamburg-Bahrenfeld 1933. Für mich eine
Verherrlichung des SA-Terrors

verordnet seiner Partei seine Kenntnisse von Propaganda und »Geduld im Erwarten der Wirkung«. Als Parteifarbe wählt Hitler Rot und schreibt:

»… sie ist die aufpeitschendste und musste unsere Gegner am meisten empören und aufreizen …«

Über die erste Massenversammlung im Hofbräuhaus der neuen Partei, fast zweitausend Menschen zählte Hitler, schreibt er:

Original-Unterzeile des Bildes: »Die jüngsten Trommler der Nation«. Aus dem Sammelbilderband *Adolf Hitler,* Cigaretten/Bilderdienst Altona/ Bahrenfeld 1936. Für mich: Kinder noch – verführt und verraten

»… und als die letzte These so den Weg zum Herzen der Masse gefunden hatte, stand ein Saal voll Menschen vor mir, zusammengeschlossen von einer neuen Überzeugung, einem neuen Glauben, von einem neuen Willen.«

So endet die vorletzte Seite von *Mein Kampf*. Etwas habe ich bislang ausgelassen, das er zuvor noch im Fluss des Textes versteckt, eine Phrase, ein Leitmotiv, das im Dritten Reich eine zentrale Rolle in der Erziehung spielen wird. Die Kopfzeile lautet: »Soldaten als Grundstock der Bewegung«:
»Dazu passten nur Wesen, in denen sich Geist und Körper jene militärischen Tugenden zu eigen gemacht hatten, die man vielleicht am besten so bezeichnen kann: Flink wie Windhunde, zäh wie Leder und hart wie Kruppstahl.«

IV

Diese Einflüsterung Hitlers hatte eine nachhaltige Wirkung, weil sie in Kinderköpfe hineingegiftet wurde. Auch mein Vater hatte an diese Idee geglaubt, dann dagegen angekämpft. Um seinen Mut zu beweisen, war er von einer Eisenbahnbrücke 20 Meter hinunter in den Main gesprungen. Er tauchte tief in den Fluss ein, brachte sein Herz fast zum Stillstand und kam, seiner kindlichen Muskelkraft alles abfordernd, wieder an die Oberfläche. Diese Wette gegen seine Kameraden gewann er. Nur wenige Monate später, am Ende des Krieges, sah er, dass es in Lagerhäusern der SA all das gab, was dem Volk fehlte. Er schrie seine Empörung heraus: »Ihr Schweine! Alles gelogen!«

Letzte Andenken an meinen Vater kurz vor seinem Tod – steht auf der Schublade, die ich in meine Erinnerungen behutsam eingeschoben habe. Lange lag der Roman *Der Butt* von Günter Grass auf seinem Nachttischchen. Dieses dicke Buch mit der unheimlich wirkenden Zeichnung des Autors auf dem

Umschlag. Eines Morgens war das Buch weg. Ich suchte es und fand den Wälzer im Bücherschrank. Ich fragte meinen Vater neugierig: »Bist du fertig?«

»Ja«, antwortete er einsilbig, wahrscheinlich hatte er einen harten Tag hinter sich.

»Was steht in dem Buch, um was geht's?«

»Das Märchen vom Fischer und seiner Frau, und um dem Butt, den allwissenden Fisch, der jeden Wunsch auf der Welt erfüllen kann.«

»Hat es dir gefallen?«, fragte ich interessiert, denn den Autor hatte ich einmal im Fernsehen gesehen. Er hatte mir imponiert, stach deutlich ab von den dumpfen Politikern, mit denen er zusammen in einer Diskussionsrunde saß.

Mein Vater antwortete: »Er macht es einem manchmal schwer. Dann wieder kann man ihn gut lesen. Er ist schon anders als das, was ich bisher kannte. ›Ilsebill salzte nach‹, ist der erste Satz. Der gefällt mir.« Er lachte herzerfrischend und salzte in der Luft eine imaginäre Pellkartoffel.

Wenn ihn etwas aufbrachte, haute mein Vater, ein treuer CDU-Wähler, gern mal einen klasse Spruch raus, wie: »Der Kapitalismus kennt keine Gnade, auch nicht mit Kapitalisten. Das ist wie beim Butt: Immer mehr ist nicht Himmel, sondern Hölle.«

Mein Vater sagte ab und an Dinge, die ich gerne in mir aufnahm. Damals, eine Woche vor seinem Tod, fühlte ich, was ich erst viel später auch formulieren konnte: Was ist Leben? Es ist nicht das Morgen, sondern das Jetzt. Wunschträume sterben rascher, als sie gezeugt werden. Keinem gibt die Natur das Recht, zweimal zu leben.

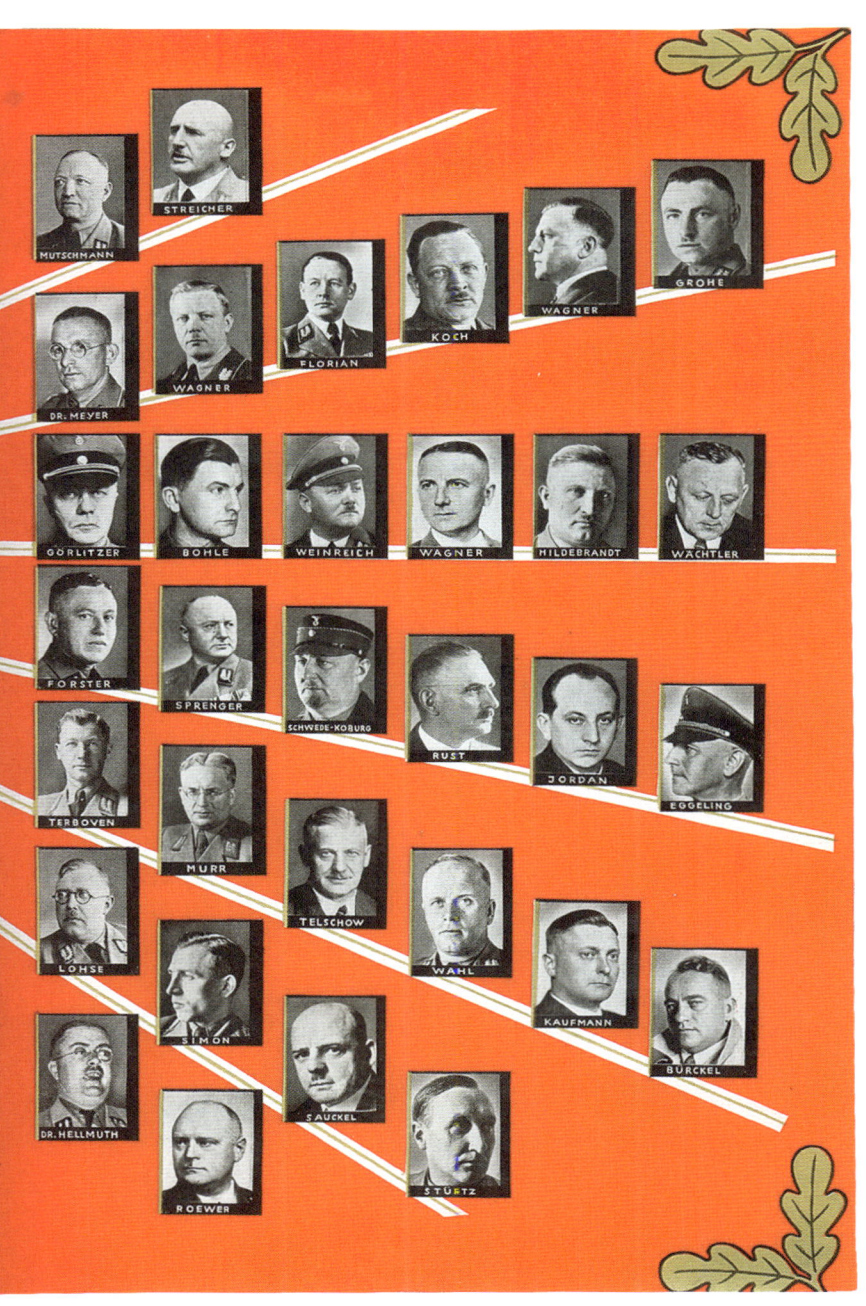

Illustration aus der Zeitschrift *Freude und Arbeit* von 1938. Das doppelseitige Bild zeigt den Kosmos der Hakenkreuz-Regierung. Am 30. Januar 1933, Mittagszeit, betraute Reichspräsident Generalfeldmarschall von Hindenburg Adolf Hitler von der NSDAP mit der Führung des Reiches: die Machtübernahme.

V

Mein Kampf, Seite 406. Hitlers letzter Satz lautet:
»Die Bewegung nahm ihren Lauf.«

Ich klappe das Buch zu. Meine Expedition ist zu Ende. Jetzt weiß ich, was in Adolf Hitlers Buch steht. Ich kenne seine Worte. Die Wahrheit über Adolf Hitlers *Mein Kampf* ist simpel: Es gibt keine Wahrheit. Es gibt aber eine Erkenntnis. Die beste Medizin gegen diesen Koch und sein Gift ist die Demokratie. Das ist für mich die Wahrheit über Adolf Hitlers *Mein Kampf.* Wahrheit ist immer einfach. *Mein Kampf* war, ist und bleibt Gift. Ich finde darin so viel Aktuelles über Propaganda, Gewalt, politische Hybris, dass mir klar geworden ist, wie sehr die Demokratie unterschätzt wird. Ich liebe diesen alten Werbeslogan und habe ihn für mich abgewandelt: NIE WAR DEMOKRATIE SO WERTVOLL WIE HEUTE. Deshalb müssen wir sie verteidigen. Wo unser Schweigen beginnt, fängt der Faschismus an.

VI

Das Dritte Reich zerfiel nicht einmal 20 Jahre nach dem Erscheinen von *Mein Kampf;* nachdem der Autorw seine im Buch festgehaltenen Ideen und Ziele fast vollständig verwirklicht hatte. Das Ende, das auf ihn, der mittlerweile zum Führer aufgestiegen war, zutoste, war so schicksalhaft erbarmungslos, wie er es in seinem Buch so gern als Drohung verwendete.

SWASTIKA »AUS UND VORBEI«

Helga Susanne liest ihrer Schwester Hildegard Traudel ganz leise aus einem Buch vor. Die anderen Geschwister schlafen. Ein schwacher Lichtschein kommt vom Flur, kriecht über den Boden in den kahlen Raum der Kinder, schimmert den Abglanz eines Regimes auf die Buch-

Adolf Hitler und die kleine Helga Goebbels.
Der Original-Kommentar zum Bild lautet: »Tage der Ruhe«

staben, die Helga Susanne vorträgt: »Ein Feuer war entzündet, aus dessen Glut dereinst das Schwert kommen muss, das dem germanischen Siegfried die Freiheit, der deutschen Nation das Leben wiedergewinnen soll. Und neben der kommenden Erhebung fühlte ich die Göttin der unerbittlichen Rache schreiten … Gefällt dir das?«, fragte sie und klapt *Mein Kampf* energisch zu.

Hildegard Traudel hebt abgeklärt die Augenbrauen: »Ist doch eh aus und vorbei. Da kommt niemand mehr.«

Helga Susanne lacht auf und flüstert: »Am meisten werde ich deine freche Schnauze vermissen … Ich hab dich so lieb.«

»Ick dir doch ooch«, berlinert Hildegard Traudel absichtlich.

Die Mädchen rutschen zusammen. Sie hören im Flur jemanden jaulen. Sie kennen seine Stimme, die früher hämmerte, wie Schaftstiefel auf Parkett. Jetzt röchelt sie und repetiert wie eine Schellackplatte mit Kratzer: »Alles was ihr seid, seid ihr nur durch mich! Alles seid ihr nur durch mich! Mich!«

Die Mädchen schauen sich an, hören Schritte, sie wissen, das ist die Mutter, und legen sich brav unter ihre Decken. Die Mutter schaut herein und sagt, was sie immer sagt: »Jetzt wird aber geschlafen.« Dann schließt sie die Tür. Vollständige Dunkelheit.

[Anm.: Helga Susanne Goebbels: Im Alter von zwölf Jahren mit Gift getötet. Hildegard Traudel Goebbels: Im Alter von elf Jahren mit Gift getötet.]

VII

Im Jetzt. Literaturnobelpreisträger Günter Grass warnt. Er sagt: »Es gibt überall Krieg. Wir laufen Gefahr, dieselben Fehler wie früher zu machen. Ohne es zu merken, als wären wir Schlafwandler, können wir in einen neuen Weltkrieg gehen.«

Der Schriftsteller, Jahrgang 1927, kritisiert das soziale Elend überall in der Welt: »All diese irrationalen Mengen Geld, die weltweit fließen, haben mit der Realwirtschaft nichts mehr zu tun.« Der Kapitalismus zerstöre sich unterdessen selbst, fügt er schließlich hinzu. Wir sollten seine Worte ernst nehmen. Sie sind wie ein Vermächtnis.

[Anm.: Die Auszüge stammen aus einem Interview mit Günter Grass, das am 21. März 2015, knapp drei Wochen vor seinem Tod, in der spanischen Zeitung *El Pais* erschienen ist.]

EPILOG

Während der Recherche habe ich jemanden Außergewöhnliches kennengelernt. Er könnte ein großer Bruder sein, doch ich bin nicht mit ihm verwandt. Sein Name: Leo Kessler. Er ist Kölner, Jude, Deutscher. In dieser Reihenfolge stellt er sich selbst vor. Leo ist der Sohn von Sally Kessler, einer Institution im Nachkriegsköln. Viele Angehörige aus Leo Kesslers Familie sind von Nazis ermordet worden.

Leo Kessler sagt:
»Dass *Mein Kampf* geschrieben wurde, war schon ein Unglück. Dass die beschriebenen Vorhaben fast umgesetzt werden konnten, ist nicht zu verstehen.

Die Konsequenzen haben die Geschichte, die Gegenwart und die Zukunft für immer verändert. Die Geschehnisse dürfen sich nicht wiederholen, dies ist ein Wunsch vernünftiger Menschen. Die Gegenwart und die junge Vergangenheit lehren uns etwas anderes.

Die Vergangenheit hat viele Familien, Völker, Opfer wie Täter, Befehlende und Ausführer, Verfolger und Verfolgte, Überlebende wie Verstorbene, Soldaten wie Zivilisten, Verräter und Verratene, Gläubige und Ungläubige, Kinder, Frauen, Männer, in ein nicht auslöschbares Unglück gestürzt. Wie konnten Menschen Menschen so etwas antun? Wie konnten Menschen in so einer Welt weiterleben? Wie können wir aus den Fehlern lernen und unser Leben miteinander leben? Warum werden friedlich Andersdenkende zu Feinden? Wieso können wenige Menschen viele Menschen zu Untaten mitreißen? Wenn wir nicht alle anfangen zu handeln, werden einige wenige Menschen die Zukunft der Menschheit weiterhin in eine falsche Richtung lenken. Fangen wir an, endlich aus der Vergangenheit die richtigen Lehren zu ziehen. Sagen wir, was wir zu sagen haben. Wir haben etwas zu sagen!«

Bildnachweis

S. 8, S. 16, S. 18, S. 27, S. 35, S. 115, S. 135, S. 142, S. 144, S. 158, S. 159, S. 179, S. 184 links, S. 185, S. 187, S. 200, S. 218, S. 219, S. 223, S. 226, S. 228, S. 229, S. 236, S. 237 oben, S. 244, S. 263, S. 297, S. 305, S. 313, Panorama: © Bayerische Staatsbibliothek München/Bildarchiv; S. 160 (Bild 102-15282A/o. Ang.), S. 216 (Bild 146II-849): Bundesarchiv/CC-BY-SA 3.0/via Wikimedia Commons; S. 85, S. 122, S. 208, S. 254: © Matthias Kessler; S. 279: © Münchner Stadtmuseum, Sammlung Graphik/Plakat/Gemälde; S. 51, S. 299: © privat; S. 29, S. 283, S. 289: Wikimedia Commons

Quellennachweis

S. 82 aus: »Die klare Sonne bringt's an den Tag«, in: *Die schönsten Märchen der Brüder Grimm. Mit 204 Illustrationen von Fritz Fischer,* Bertelsmann Lesering: Rheda-Wiedenbrück 1965, S. 286f.

S. 93 Zeichnung von A. Steinke, aus: *Freude und Arbeit* 12 (1937), S. 110.

S. 182 aus: Oberste SA.-Führung (Hg.): Franz Eher Nachf.: München 1938, S. 52.

S. 184 rechts, aus: Cigaretten-Bilderdienst–Altona-Bahrenfeld (Hg.): *Deutschland erwacht. Werden, Kampf und Sieg der NSDAP,* Hamburg 1933. Die Auswahl und künstlerische Durcharbeitung der Lichtbilder übernahm Heinrich Hoffmann, München, S. 14f.

S. 193 aus: Oberste SA.-Führung (Hg.): Franz Eher Nachf.: München 1938, S. 53.

S. 231 aus: Ebd. S. 49.

S. 232 aus: *Freude und Arbeit* 8 (1937), S. 58.

S. 237 unten, aus: Cigaretten-Bilderdienst Altona-Bahrenfeld (Hg.): *Adolf Hitler. Bilder aus dem Leben des Führers,* Hamburg 1936. Die Auswahl und künstlerische Durcharbeitung der Lichtbilder übernahm Heinrich Hoffmann, München, S. 15.

S. 251 aus: Ebd. o. S.

S. 272f. aus: *Freude und Arbeit* 8 (1937), S. 28f.

S. 306 aus: Cigaretten-Bilderdienst Altona-Bahrenfeld (Hg.): a.a.O. o. S.

S. 307 aus: Cigaretten-Bilderdienst Altona-Bahrenfeld (Hg.): *Adolf Hitler. Bilder aus dem Leben des Führers,* Hamburg 1936. Die Auswahl und künstlerische Durcharbeitung der Lichtbilder übernahm Heinrich Hoffmann, München, S. 105.

S. 310f. aus: *Freude und Arbeit* 4 (1938), o. S.

Trotz sorgfältiger Recherche konnten nicht alle Bildbeiträger bzw. deren Rechtsnachfolger ausfindig gemacht werden. Sollten unberücksichtigte Rechtsansprüche bestehen, so sind diese beim Verlag geltend zu machen.

Januar 1923. Erster Reichsparteitag der NSDAP in München. Standartenweihe auf dem Marsfeld in München.